Marion Giebel
Das Geheimnis der Mysterien

Bildnachweis

Seite 10: Demeter und Kore, Relief, Museum von Eleusis. Bildarchiv Foto Marburg. *19:* Weihrelief von Eleusis, Athen, Nationalmuseum, Foto M. Hirmer aus: R. Lullies / M. Hirmer, Griechische Plastik. München 1956. *32:* Mysterieneinweihung. Relief von einem Sarkophag, Neapel, Nationalmuseum. Aus: Th. von Scheffer, Hellenistische Mysterien und Orakel. Stuttgart 1940. *35:* Weihetafel der Niinnion, Eleusis, Museum, aus: G. E. Mylonas, Eleusis and the Eleusinian Mysteries. Princeton 1961. *41:* Grotte des Hades, Eleusis. Foto G. Giebel. *43:* Blick auf den Weihetempel von Eleusis. Foto G. Giebel. *59:* Tanzende Mänade, Vasenbild von einer Spitzamphora des Kleophradesmalers. München, Antikensammlungen. Foto M. Hirmer aus: E. Simon / E. u. A. Hirmer, Die griechischen Vasen. München 1976. *67:* Vasenbild mit Eros und zwei Frauen, von einem Glokkenkrater aus Neapel, aus: Festschrift für Ad. E. Jensen. München 1964, Foto Museum. *68:* Vasenbild einer Frau mit Spiegel, sog. Pilgerflasche. Frankfurt, Museum für Vor- und Frühgeschichte. Foto Museum. *80–82:* Fries der Mysterienvilla von Pompeji, Foto L. von Matt, aus: Th. Kraus / L. von Matt, Lebendiges Pompeji. Köln 1977. *89:* Tempel von Samothrake, Foto G. Stawa. *95:* Sog. Kabirenscherbe, von einem Gefäß aus Theben. Athen, Nationalmuseum. Aus: E. Neumann, Die Große Mutter. Olten–Freiburg 1985. *97:* Rekonstruktionszeichnung des Arsinoeions von Samothrake. Aus: H. Ehrhardt, Samothrake. Stuttgart 1985. *102:* Bildnis der vergöttlichten Königin Arsinoë II. Alexandria, Museum, um 270 v. Chr. Aus: Götter. Pharaonen (Ausstellungskatalog) Mainz 1978. *116:* Die Göttin Kybele auf einem Wagen mit Löwen. Bronze, 2. Jh. n. Chr. Metropolitan Museum of Art. Stiftung von Henry C. Marquand. Foto Museum. *134:* Attis von Ostia. Rom, Vatikanische Museen (vorm. Lateranmuseum). Aus: M. J. Vermaseren, Cybele and Attis. London 1977. *142:* Kybele und Attis auf einer Silberplatte aus Parabiago, Mailand, Ende des 4. Jh. n. Chr. Aus: M. J. Vermaseren, Cybele and Attis. London 1977. *151:* Isis mit Horus, Louvre, Paris. Bildarchiv Foto Marburg. *159:* Isis-Stele aus Fayum, 1. / 2. Jh. n. Chr. Kairo, Museum. Aus: Nofret – die Schöne. Die Frau im Alten Ägypten (Ausstellungskatalog). Mainz 1984. *161:* Kopf des Sarapis. London, Guildhall Museum. Aus: St. Perowne, Römische Mythologie. Wiesbaden 1969. *166:* Isisgottesdienst aus Herculaneum, Neapel, Nationalmuseum. Aus: Th. Kraus / L. von Matt, Lebendiges Pompeji. Köln 1977. *177:* Statue der Isis, Rom, Kapitolinisches Museum, 2. Jh. n. Chr., aus: St. Perowne, Römische Mythologie. Wiesbaden 1969. *197:* Nemrud Dag (Osttürkei), Foto A. Mugler. *201:* Mithräum von San Clemente, Rom. Foto G. Giebel. *204:* Mithras beim Stieropfer, aus Rom, 2. Hälfte 2. Jh. n. Chr. Museum Liebieghaus Frankfurt am Main. Bildarchiv Foto Marburg. *213:* Mithras beim Stieropfer. Relief aus Osterburken. Karlsruhe, Landesmuseum. Bildarchiv Foto Marburg.

Marion Giebel

Das Geheimnis der Mysterien

Antike Kulte in Griechenland, Rom und Ägypten

Patmos

Bibliographische Information Der Deutschen Bibliothek

Die Deutsche Bibliothek verzeichnet diese Publikation
in der Deutschen Nationalbibliothek;
detaillierte bibliographische Daten sind im Internet unter
http://dnb.ddb.de/ abrufbar.

Dritte Auflage

Umschlaggestaltung: Urs Berger-Pecora, unter Verwendung
des Gemäldes «Heiliger Hain» von Arnold Böcklin
(Kunstmuseum Basel).
Druck und Verarbeitung: Clausen & Bosse, Leck
ISBN 3-491-69106-0
www.patmos.de

Inhaltsverzeichnis

«ICH KAM AN die Grenzscheide von Leben und Tod. Ich übertrat in der Unterwelt die Schwelle der Proserpina, und nachdem ich durch alle Elemente gefahren, kehrte ich wieder zurück. Zur Mitternacht sah ich die Sonne in hellem Lichte strahlen. Ich trat den Göttern der Tiefe wie den Göttern der Höhe von Angesicht zu Angesicht gegenüber und betete sie aus nächster Nähe an.»

Ein Eingeweihter in die Isis-Mysterien
(Apuleius, Metamorphosen 11,23)

Zur Einführung

«NUR FÜR EINGEWEIHTE», «mit allen Wassern gewaschen» – unsere Sprache bewahrt noch so manche Erinnerung an die antiken Mysterienkulte, die vom 7. Jahrhundert vor Christus bis ins 4., ja bis ins 5. nachchristliche Jahrhundert in der griechisch-römischen Welt bestanden und in der Kaiserzeit von Kleinasien und Ägypten bis nach Germanien und Britannien Verbreitung fanden. Im Gegensatz zur offiziellen Religion waren die Mysterien Geheimkulte. Mitglied dieser religiösen Gemeinschaften mit ihrem verborgenen Wissen und ihren geheimen Riten wurde man erst nach einer Vorbereitungs- und Prüfungszeit, die mit der feierlichen Einweihung, der Initiation, abschloß.

Die bekanntesten Mysteriengottheiten sind Demeter, die Göttin der Erde und des Getreidesegens im griechischen Eleusis, das ägyptische Götterpaar Isis und Osiris, die kleinasiatische Muttergöttin Kybele mit ihrem Begleiter Attis, der persische Lichtgott Mithras und der griechische Dionysos, römisch Bacchus genannt. Die verschiedenen Mysterienkulte bestanden neben den offiziellen, von Staat und Gemeinde sanktionierten Kulten; einige waren sogar den gleichen Göttern geweiht, die auch im traditionellen Kultus verehrt wurden, wie Demeter und Dionysos.

Warum entstanden nun neben der althergebrachten Religion noch besondere religiöse Vereinigungen, «Sekten»? Offenbar vermochte der allgemeine Kult, also die von Homer geprägte olympische Götterwelt, die religiösen Bedürfnisse auf die Dauer nicht zu befriedigen. Es fällt auf, daß die Mysterienkulte jeweils in Krisen- und Umbruchzeiten einen beson-

Demeter und ihre Tochter Kore-Persephone als Mysteriengottheiten. Demeter auf ihrem Thron, wie im Tempel von Eleusis, mit Mohn als Fruchtbarkeitssymbol, Kore mit Fackeln, auf die Suche der Demeter und die Reinigung der Mysten weisend.

deren Aufschwung erlebten. In solchen Zeitläuften entsteht ein Ungenügen an den althergebrachten Lebens- und Denkformen; neue existentielle Fragen werden gestellt, auf die man bei den traditionellen Institutionen keine Antwort findet. So war es um die Wende vom 7. zum 6. Jahrhundert v. Chr., als die Mysterien von Eleusis eine Hochblüte erlebten und Dionysos hervortrat: eine «Achsenzeit» (Karl Jaspers), in der die Adelsgesellschaft mit ihrer festgefügten Wertewelt dem Ende zuging und die Epoche der griechischen Stadtkultur heraufkam, während gleichzeitig die Philosophie nach den Ursprüngen des Seins forschte und damit die homerische Götterwelt in Frage stellte. So war es dann auch in der Zeit nach dem Tode Alexanders des Großen, als der Mensch aus dem Zusammenhang eines überschaubaren Gemeinwesens, seiner Polis, heraustrat und sich – Chance und Bedrohung zugleich – in den anonymen Staatsgebilden der hellenistischen Königreiche als Individuum erfuhr. Damals traten die orientalischen Mysterien ihren Siegeszug an. Als Heilslehren drangen der Isis- und Mithraskult schließlich bis in die äußersten Provinzen des römischen Reiches vor, nachdem der Staatskult in der Kaiserzeit allmählich zum Formalismus erstarrt, die Philosophie als Ersatzreligion aber fragwürdig geworden war.

Die Zeiten besonderer Mysterienfrömmigkeit waren also gekennzeichnet durch eine Loslösung aus althergebrachten Lebens- und Denkformen sowie einen allgemeinen Individuationsprozeß. Der einzelne, der sich aus seinem traditionellen Umfeld gelöst sah, suchte eine neue Verankerung im Religiösen. Aber die althergebrachte, von Homer geprägte Religion mit ihren Göttern, die im hohen Olymp thronten, gab keine befriedigenden Antworten auf die Fragen des Individuums: Woher komme ich? Wohin gehe ich? Wo finde ich Schutz in einer sich wandelnden Welt? Das Jenseits ist bei Homer ein trauriger, finsterer Ort, an dem die Toten ein Schattendasein führen. Der frühverstorbene Held des Trojanischen Krieges, Achilleus, wünscht sich, lieber als Tagelöhner auf Erden das Feld zu bestellen, als hier in der Unterwelt Herrscher über die wesenlosen Schatten zu sein. Selbst ihm, dem Sohn einer Göttin, war kein besseres Schicksal beschieden. «Der Mensch ist nur ein Schatten im Traum, in einem Augenblick wandelt sich sein Geschick», sagte der Dichter Pindar. Die Götter aber waren als die ῥεῖα ζώοντες *(rheía zôntes)*, die leicht und sorglos Lebenden, «himmelweit» geschieden von den βροτοί *(brotoí)*, den Sterblichen. Mit dieser wenig tröstlichen Perspektive konnte sich der Mensch auf die Dauer nicht zufriedengeben. Nicht nur sein Schutzbedürfnis, auch sein Anspruch als Individuum verlangten nach einer religiösen Bindung, die sich auf seine persönliche Existenz bezog und diese sicherte, auch über das Hier und Jetzt hinaus. Dieses Bedürfnis nahm noch zu, je differenzierter das Bewußtsein wurde. Gedanken an ein persönliches Heil, wie sie seit dem Hellenismus aufkamen, hatte man in der Zeit, als sich der olympische Götterglaube bildete, nicht gekannt. Damals genügten die ordnungsgemäßen Opfer und Gebete, durch die man die Götter günstig zu stimmen hoffte. Später aber suchte man nach einer göttlichen Beziehung, die der persönlichen Lebenssituation des Menschen Rechnung trug und Halt bot in einer immer freier, offener und mobiler werdenden Gesellschaft.

Die Form des Mysterienkultes mit dem zentralen Begriff der Initiation, der Einweihung, entsprach diesen Bedürfnissen. Initiation hat ihren ursprünglichen Platz in den stammesgeschichtlichen Übergangsriten zur Einführung eines Jugendlichen in die Erwachsenenrolle. Durch Unterweisung in der Religion und Kultur seines Stammes wird der junge Mensch in die Gemeinschaft seines Volkes und seiner Götter aufgenommen. Ebenso erhält der Mysteriengläubige bei seiner Einweihung ein geheimes Wissen, das ihn befähigt, Göttliches und Menschliches tiefer zu erkennen, und er gelangt in eine besondere Beziehung zu seiner Mysteriengottheit, die ihm Nähe und Schutz verheißt. Man wird daraus keine direkte Entwicklung der Mysterien aus Stammesinitiationen ableiten können, ebensowenig wie aus Fruchtbarkeitsriten, die ähnliche Szenarien aufweisen. Die Mysterien von Eleusis werden Gemeinsamkeiten und Unterschiede aufzeigen können. Eines ist aber festzuhalten: Initiation stiftet immer eine höhere Existenz, die über die Spanne des Menschenlebens hinausweist und den Menschen als Glied in einer Kette göttlich-menschlichen Lebens sieht.

Von welcher Art war nun die Botschaft der Mysteriengötter – solch verschiedener Gottheiten wie der griechischen Demeter, der ägyptischen Isis, der phrygischen Kybele, des persischen Mithras? Alle diese so unvereinbar scheinenden Gottheiten haben eines gemeinsam. Sie sind nicht, wie die olympischen Götter, unwandelbar und entrückt von Leid und Tod, sie haben vielmehr «Schicksal», wie Demeter, die ihre Tochter verliert, wie Isis, die ihren toten Gemahl beklagt. Sie sind mit Leben und Tod, mit Werden, Vergehen und Wiedererstehen verbunden und führen in den Mysterien ihre Eingeweihten durch dieses Schicksal hindurch. Der Myste, der Eingeweihte, erlebt bei seiner Initiation die heilige Geschichte seines Gottes mit; er durchlebt sie in Schwellen- und Grenzsituationen, in denen er sich öffnet für die Erfahrung eines sein Menschenleben übergreifenden Zusammenhangs, in dem er als ein «neuer Mensch» leben wird.

Die Botschaft der Mysteriengötter war nur für die Eingeweihten bestimmt; sie war esoterisch, das heißt nur für einen «inneren Kreis» bestimmt, im Gegensatz zur offiziellen Kultpraxis, die «exoterisch», das heißt «nach draußen» gerichtet war. Esoterisch bedeutete aber nicht elitär – ganz im Gegenteil. Die meisten Mysterienkulte zeichneten sich gerade dadurch aus, daß sie keine Schranken des Ranges und Standes, der Abstammung und des Geschlechtes kannten. Freie und Sklaven, Reiche und Arme, Männer und Frauen hatten Zutritt zu ihnen. Auch waren die Mysterienkulte nicht exklusiv. Wer einem von ihnen angehörte, nahm weiterhin an den offiziellen Riten teil, ja man konnte sich sogar in mehrere verschiedene Kulte einweihen lassen. Dann hatte man sich rückversichert, man war – da reinigende Waschungen, «Taufen», zu jedem Kult gehörten – «mit allen Wassern gewaschen». Es gab keine zentrale Hierarchie, keine Glaubensartikel, somit auch keine Ketzer. Insofern hat man zu Recht gesagt, daß es sich hier um keine Religionen in dem festumgrenzten Sinne handelt wie beim Judentum, Christentum und Islam. Der allgemein übliche Wortgebrauch «Mysterienreligionen» – bereits in der Antike sprachen Heiden wie Christen von *religio* für einzelne Kulte – sollte also mit den entsprechenden Modifizierungen verstanden werden.

Ein wichtiger Unterschied zum allgemeinen Kultus bestand darin, daß man den Mysterienkult aufgrund invidueller und freier Entscheidung wählte. Als Bürger einer Stadt, Untertan eines Königs, als Ausübender eines Berufs, Angehöriger einer Kriegergemeinschaft, als Jungfrau oder Mutter war man an die Kultpraxis der Gesellschaft gebunden. Man verehrte in gemeinschaftlichen Feiern die Stadtgottheit, den Schutzpatron des Herrschers oder des Handwerks, den Kriegsgott oder die göttlichen Hüterinnen von Ehe und Familie. Bei der Wahl seines Mysterienkultes konnte sich der einzelne von seinen religiösen Wünschen und Gefühlen leiten lassen und selbst entscheiden, welche Hoffnungen und Anschauungen er mit Gleichgesinnten teilen wollte. Dies gilt besonders für die Zeit seit dem Hellenismus, als durch die allgemeine Freizügigkeit im Mittelmeerraum die verschiedenen Kulte überall Fuß gefaßt hatten.

Die freie Wahl und die bewußte Entscheidung legten dem Einzelnen auch die Verpflichtung auf, sich den Regeln seines Kultes zu unterwerfen. Hierzu gehörte vor allem die Geheimhaltung, zu der sich die Eingeweihten durch ein Gelübde verpflichteten. Das Wort *mysterion*, «Weihehandlung», kommt von μύειν *(myein)*, und dieses leitet sich aller Wahrscheinlichkeit nach von einer indogermanischen Wurzel MU her, «den Mund schließen», daher *myein*: eingeweiht werden, das heißt Schweigen bewahren»[1]. Erst später wurde das Wort gleichgesetzt mit «Geheimnis». Die Römer übersetzten *myein* mit *initiare*, «in etwas einführen» (von *initium* – der Anfang), und die Einweihung hieß *initiatio*. Sie sahen also die Initiation, das Eingeweihtwerden und damit den Übergang in eine neue religiöse Seinsform als das entscheidende Kriterium an, das diese Kulte von der allgemeinen Religionsausübung unterschied.

Das «heilige Schweigen» betraf freilich nur die tiefsten Geheimnisse, zu deren Verständnis eine besondere Unterweisung und Einführung nötig war, nicht aber den Mythos des Gottes und seine Kultfeiern im allgemeinen. Eine völlige Geheimhaltung in der Art einer «Untergrundreligion» hätte dem missionarischen Charakter der Mysterienkulte widersprochen. Der magische Charakter, der Ritualen mit heiligen Namen und Gebräuchen stets anhaftet, verbietet deren Profanierung. Zum andern diente eine solche Geheimhaltung dazu, die Solidarität der Gruppe nach innen zu verstärken und die Autorität und Attraktivität des Kultes nach außen zu erhöhen.

Das Schweigegebot wurde von den Eingeweihten aller Kulte zu allen Zeiten so streng eingehalten, daß wir bis heute kein vollständiges Wissen über Lehre und Rituale der einzelnen Mysterienkulte besitzen. Das gilt besonders für jene Stufe, da sich der Eingeweihte seinem Gott gegenübersieht – eine religiöse Erfahrung, die im Grunde auch nicht mitteilbar ist. So sind wir darauf angewiesen, uns aus einzelnen Hinweisen und Andeutungen antiker Autoren ein Bild zu machen. Wir besitzen auch Äußerungen christlicher Schriftsteller, die über die mißliebige Konkurrenz der Mysterien allerlei oft negativ Gefärbtes zu berichten wußten. Außerdem verfügen wir über archäologische Quellen wie Inschriften, Vasenbilder, Kult- und Grabdenkmäler, und schließlich bietet die Ethnologie manche Parallele aus dem Bereich früher Kulturen.

Aus diesen verschiedenartigen Zeugnissen läßt sich wie aus Mosaiksteinen ein Bild des antiken Mysterienglaubens zusammensetzen. Wenn auch das eine oder andere Mosaikteilchen bisweilen verschoben werden kann, so ergibt sich im ganzen doch das Bild einer ungemein vielfältigen und lebendigen Religiosität. Von den Urthemen des Mythos ausgehend konnten die Mysterien über mehr als ein Jahrtausend hinweg dem immer neuen Suchen des Menschen nach existentiell-religiöser Geborgenheit Rechnung tragen. Mit ihrem zentralen Erlebnis einer persönlich erfahrenen Gottheit vermochten sie die Menschen schließlich auch einzustimmen auf die Begegnung mit dem Christentum.

I. Die Mysterien von Eleusis

DER ÄLTESTE UND ehrwürdigste Mysterienkult Griechenlands, der auch auf andere Kulte ausgestrahlt hat, war der Göttin Demeter in Eleusis geweiht. Wir besitzen zahlreiche literarische und archäologische Zeugnisse über die eleusinischen Mysterien, die von der griechischen Frühzeit bis in die christliche Ära gefeiert wurden. So können wir charakteristische Züge der antiken Mysterienfrömmigkeit an diesem Kult gewissermaßen ablesen.

Demeter – die Große Mutter der Erde

Demeter ist eine der ältesten Gottheiten Griechenlands. Für die frühgriechischen Dichter ist sie die Göttin des Ackerbaus und des Getreides, doch ihr Name De-meter, der bereits in der Antike als Erdmutter gedeutet wurde (*dē* gleich *gē*) weist darauf hin, daß sie ursprünglich eine große, umfassende Muttergottheit, eine Spenderin des Lebens und der Vegetation war. Homer und Hesiod erzählen von ihr, daß sie sich einst auf Kreta mit dem sterblichen Helden Iasion in Liebe verband, «auf dreimal geackertem Saatfeld»[2], ein uralter Fruchtbarkeitsritus, der sich bis in die Neuzeit erhalten hat. Die Göttin vollzieht hier den ἱερὸς γάμος *(hieròs gámos)*, die Heilige Hochzeit, wie jene, die zu Anfang der Welt von Himmel und Erde begangen wurde. Die Erwähnung von Kreta verweist uns für die Herkunft Demeters auf die mediterrane und vorderasiatische Kultur des zweiten Jahrtausends vor Christus, die von der Verehrung der Großen Göttin und Mutter geprägt war. Dieser Göttin stand das selbstverständliche Recht zu, sich einen sterblichen Liebespartner zu wählen, auf den sie in der Heiligen Hochzeit ihre lebensspendende Kraft übertrug. Demeter gebar dem Iasion den Plutos, die Verkörperung des Getreidesegens, der Reichtum bedeutete. Als Kornmutter schenkte sie den Lebensunterhalt, als Erdmutter aber war sie zugegen im Wachsen, Blühen und Gedeihen, aber auch im Welken und Absterben der Natur. Im Erdenschoß birgt sie das Abgestorbene und sendet neues Leben empor. χθών – *chthōn* ist Erde, Boden und Erdinneres. Das Chthonische ist die Kraft der Erdentiefe, die Leben und Tod als polare Einheit in sich schließt – dies ist der Wirkungsbereich jener Demeter als einer Erdmutter.

Kornmädchen und Kornmutter

Zwei mystische Orte im Bereich von Eleusis künden von dieser Polarität: Der erste ist das nahegelegene rharische Feld, berühmt wegen seines Getreidereichtums. In der Erntezeit hellschimmernd von Weizenähren, war es der «blonden Demeter» geweiht. Hier hatte, so wird erzählt, Demeter einst dem jungen Königssohn von Eleusis, Triptolemos, die erste Ähre geschenkt und ihn den Getreideanbau gelehrt. Dann hatte sie ihn auf ihrem Wagen ausgesandt, um allen Menschen die Kunst des Säens und Erntens und damit eine höhere Gesittung zu bringen. Der zweite mythische Ort aber ist ein heute noch sichtbarer Platz inmitten des heiligen Bezirks von Eleusis, eine Höhle mit zwei Kammern, die Grotte des Hades, die als Eingang zur Unterwelt galt, zur Erdentiefe, die die Toten birgt. Beides aber gehört zusammen; es findet Ausdruck im Mythos von Persephone, der Tochter Demeters, die in Eleusis Kore, das Mädchen, genannt wird, das Kornmädchen als Tochter der Kornmutter. Sie wird von Hades, dem Gott der Unterwelt, geraubt und zu seiner Gemahlin gemacht. Auf Betreiben ihrer Mutter aber darf sie jeweils einen Teil des Jahres bei ihr an der Oberwelt zubringen.

Weihrelief von Eleusis, um 430 v. Chr. Der Königssohn Triptolemos empfängt von Demeter die ersten Kornähren; er soll den Getreideanbau unter den Menschen verbreiten. Kore setzt ihm einen Kranz auf; er gilt zugleich als der erste Eingeweihte in die Mysterien von Eleusis.

Wir können in dieser engen Verbindung von Mutter und Tochter, der Urbeziehung des Weiblichen[3], noch eine ursprüngliche Einheit erkennen – die stete Verjüngung des weiblichen, lebensspendenden Prinzips der Welt. Im Bilde von Demeter, die als Kore wiederkehrt, erlebt der Mensch den Jahresablauf mit dem Absterben und Wiederaufblühen der Vegetation. Und er tritt selbst in eine besondere Verbindung zu den göttlich wirkenden Kräften, da die Kornmutter ihn in das Geheimnis von Saat und Ernte eingeweiht hat, ein sakrales Geschehen, durch das der Mensch teilhat, ja mitwirkt an der Ordnung und Erneuerung der Welt.

Die Heilige Hochzeit – Einweihungsriten der Frühzeit

Das rharische Feld, die Grotte des Hades, Stiftung des Getreideanbaus und Raub des Kornmädchens – wir sehen, wie sich hier im Bereich von Eleusis Kristallisationspunkte für einen Fruchtbarkeits- und Vegetationskult finden, wie er für die frühen Ackerbaukulturen des mediterranen Raumes typisch ist. Die jährlich vollzogenen Riten mit ihrem magischen Charakter ziehen die göttlichen Kräfte herbei und gewährleisten die neue Ernte. Zu diesen Riten gehört der Nachvollzug einer Heiligen Hochzeit, wie jener des Iasion und der Demeter «auf dreimal geackertem Saatfeld», hier in Eleusis auf dem der Göttin heiligen rharischen Feld. Dieser Brauch zeigt, wie bäuerliche Technik und religiöser Ritus damals noch nicht geschieden waren: Das Feld hatte vorher zur Erholung brachgelegen und war dann im Frühling, im Sommer und zum drittenmal bei der Aussaat im Herbst gepflügt worden. Es war von menschlicher Hand vorbereitet und empfing nun, durch den Nachvollzug einer göttlichen Handlung, noch den Segen der Gottheit. In den Rahmen solch heiliger Bräuche gehört ein ritueller Ruf, der auch in Eleusis erklungen sein soll. Man rief den Himmel an: *Hýe* – regne. Und dann die Erde: *Kýe* – empfange. Um diese Riten und Praktiken in genauer Ordnung zu bewahren und dadurch die ewige Dauer von Saat und Ernte, Wachsen und Gedeihen zu gewährleisten, mußten die heiligen Kenntnisse jeweils an die junge Generation weitergegeben werden. Wenn wir sagen, die jungen Leute wurden als die künftigen Träger der Ackerbaukultur in die religiös fundierten Geheimnisse der Bodenbearbeitung und Pflanzenzucht «eingeweiht», so erfassen wir zugleich den für die späteren Mysterienreligionen zentralen Begriff der Einweihung in seiner umfassenden Bedeutung. Aus der Stammesgeschichte archaischer Kulturen von Jäger- und Ackerbaugesellschaften kennen wir die Pubertätsriten, mit denen die Zeit der Kindheit des jungen Menschen endgültig abgeschlossen und der Übergang ins Erwachsenenalter markiert wurde[4]. Am Ende der kulturell jeweils verschiedenen Vorbereitungsphasen und Zeremonien hat der Initiand, der junge Mann oder das junge Mädchen, eine neue, höhere Seinsweise erreicht. Mit seinem nun erworbenen Wissen um die Zusammenhänge des Lebens, bei dem Göttliches und Irdisches noch nicht getrennt sind, ist der junge Mensch ein vollgültiges Mitglied seiner Gesellschaft, Träger der von den Ahnen begründeten Kultur. Er ist hier in Eleusis zu Triptolemos geworden, dem Zögling der Demeter.

Nach einer Notiz des Aristoteles sollen in Eleusis bereits in der frühen athenischen Königszeit, um 1500–1300 v. Chr., Mysterien gefeiert worden sein, die ältesten in Griechenland, «wegen der Feldfrucht der Demeter»[5]. Diese Mysterien werden wir uns als Fruchtbarkeits- und Vegetationsriten vorzustellen haben, wie sie hier im Jahreskreis von Saat und Ernte gefeiert wurden. Wir werden diese kollektiv begangenen althergebrachten Riten jedoch nur als Vorform jener eleusinischen Mysterien ansehen, wie sie uns etwa seit der Wende vom 7. zum 6. Jahrhundert v. Chr. faßbar sind. Die später weltbekannten eleusinischen Mysterien wurden nicht durch die Gabe des Getreides begründet, sondern durch das Wiederfinden von Demeter und Kore hier in Eleusis, und gefeiert wurden sie nicht von einer Agrargesellschaft, sondern hauptsächlich von den Bürgern der Großstadt Athen.

Der Raub der Persephone: der Demeterhymnos

Diese heilige Geschichte von Eleusis, die zur Stiftung der eleusinischen Weihen führte, wird uns ausführlich erzählt in einem Hymnus auf Demeter, der auf das späte 7. Jh. v. Chr. datiert wird. Er gehört zu den sogenannten homerischen Hymnen, anonymen Gedichten im homerischen, das heißt episch-hexametrischen Stil, die von Rhapsoden bei Götterfesten vorgetragen wurden. Die Dichtung beginnt mit einer idyllischen Szene. Im Kreise ihrer Gefährtinnen pflückt Persephone (Proserpina) – für ein gemeingriechisches Publikum wird Kore mit ihrem mythologischen Namen genannt – Blumen auf einer Wiese, die in zauberhaftem Frühlingsschmuck prangt. Da tut sich plötzlich die Erde auf, und mit einem Rossegespann stürmt Hades, der Gott der Unterwelt, hervor und raubt das Mädchen, das vergebens nach Hilfe ruft. Ihr Vater Zeus hat sie selbst seinem Bruder Hades zugesprochen. Die Mutter hört den Klageruf der Tochter und macht sich voller Schmerz und Kummer auf die Suche nach ihr. In dunklem Gewand, mit Fackeln in den Händen, ohne zu essen und zu trinken, durchwandert sie die Welt. Nach neun Tagen erfährt sie schließlich vom Sonnengott Helios, daß Hades ihre Tochter ins Reich der Schatten entführt habe, mit Billigung des Zeus. Helios rät der Göttin, ihren maßlosen Zorn und Jammer zu stillen, der Bruder des Zeus ist kein verächtlicher Schwiegersohn. Als die drei höchsten Götter die Welt unter sich teilten, habe er ein Dritteil, die Unterwelt, erhalten, und seine Untertanen seien wahrhaft ohne Zahl. Demeter hört es: *«Ihr aber ward das Gemüt noch weher vom grausigen Elend; / Hündischer fühlte sie sich. Dem dunkel umwölkten Kroniden / Grollte sie, mied dann der Götter Verein und den weiten Olympos»*[6].

In eine alte Frau verwandelt geht Demeter zu den Städten

der Menschen. Trauernd läßt sie sich schließlich in Eleusis an einem Brunnen nieder. Dort trifft sie die Töchter des Königs Keleos von Eleusis, die ihr einen Dienst als Amme des Königssohnes im Palast vermitteln. Demeter betritt den Palast, hoheitsvoll trotz ihrer Verkleidung, und setzt sich abseits nieder auf einen Hocker, über den die Magd Jambe ein Widderfell geworfen hat. Hier verharrt sie mit verhülltem Haupt in schweigender Betrübnis, bis es Jambe gelingt, sie durch Scherze aufzuheitern. Den angebotenen Wein weist sie zurück und läßt sich den Kykeon reichen, einen Trank aus Gerstensaft mit Minze. Als Amme pflegt die Göttin nun den Königssohn Demophon, der wie ein Götterkind gedeiht. Des Nachts hält sie ihn heimlich ins Feuer, um ihn unsterblich zu machen. Aber als die Mutter dazukommt und in laute Klagen ausbricht, gibt Demeter zürnend ihr Werk auf und gibt sich zu erkennen: *«Ich bin Demeter, die Ehrenvolle, zur größten / Freude und Hilfe für Götter und Menschen geschaffen. Wohlan denn, euer ganzes Volk soll mir einen mächtigen Tempel bauen, den Altar daneben, nahe der Stadt ... Weihen aber will ich stiften, damit ihr in Zukunft / Schuldlos in Handel und Wandel mein Herz zur Versöhnung bereit macht. Also sprach die Göttin, änderte Größe und Aussehen, / Warf ihr Alter ab und Schönheit wehte und wallte / um sie herum, gar lieblich entströmt es den duftenden Kleidern, / Weithin strahlt es von Licht aus ihrem unsterblichen Körper. Blonde Haare fielen herab auf die Schultern, das feste / Haus erfüllte ein strahlendes Funkeln, als wären es Blitze.»* (V. 269 ff.)

Die Bevölkerung beginnt sogleich mit dem Tempelbau, der mit göttlicher Hilfe rasch vonstatten geht. Die Göttin nimmt Wohnung in dem Tempel und trauert dort weiterhin um ihre Tochter. Sie läßt die Felder verdorren, kein Samenkorn keimt mehr, Hungersnot breitet sich aus. *«Und sie hätte das ganze Geschlecht der sterblichen Menschen / Ausgerottet durch gräßlichen Hunger, hätt' rühmende Ehren, / Opferspenden entzogen den Herrn im Palast des Olympos. / Da bemerkt' es Zeus und beriet sich in seinem Gemüte»* (V. 310 ff.). Er läßt Demeter rufen, doch diese kommt nicht. Nie mehr werde sie den Olymp betreten, nie mehr die Frucht der Erde keimen lassen, ehe nicht ihre Tochter vor ihr stehe. Da sendet Zeus seinem Bruder Hades die Botschaft, er möge Persephone zu ihrer Mutter bringen. Lächelnd nickt Hades Gewährung; er schirrt die Rosse an und verkündet seiner Gattin, die sich in tiefer Betrübnis nach ihrer Mutter sehnt, das bevorstehende Wiedersehen. Bevor er sie aber auf den Wagen steigen läßt, gibt er ihr einen Granatapfelkern zu essen, *«heimlich, und dachte dabei an sich, daß jene nicht dauernd / dort bei Demeter bleibe«* (V. 372ff.). Zugleich bittet er Persephone, keine bitteren Gefühle mehr zu hegen, sei er doch als Bruder des Zeus kein verächtlicher Gatte, und sie selbst werde Herrscherin sein über alles, was lebt und wandelt, und große Ehren genießen bei Göttern und Menschen. Hades bringt Persephone zum Tempel von Eleusis, vor dem die Mutter wartend sitzt. Jubelnd springt die Tochter vom Wagen und umarmt die Mutter. Beide geben sich der Wiedersehensfreude hin, doch als Demeter erfährt, daß Persephone im Hades Speise zu sich genommen und vom Granatapfel gegessen hat, erklärt sie, nun dürfe die Tochter nicht mehr für immer an der Oberwelt bleiben. Sie müsse ein Drittel des Jahres im Schattenreich zubringen, zwei Drittel aber dürfe sie bei ihrer Mutter auf der Erde und im Olymp sein: *«Wenn die Erde sich schmückt mit buntesten, duftenden Blumen, / Wie sie der Frühling bringt, dann wirst du aus dämmrigem Düster / Wiederum auferstehn – ein Wunder für Götter und Menschen»* (V. 401ff.). Mutter und Tochter erfreuen sich an ihrem Wiedersehen, Zeus aber schickt seine Mutter Rheia, um Demeter endgültig zu versöhnen. Die ehrwürdige Göttin kommt zur Erde, vorbei am rharischen Feld, einst eine Kornkammer, jetzt aber ein trauriger, verödeter Platz. Doch soll es bald wieder im Schmuck mannshoher Ähren prangen. Rheia verkündetet ihrer Tochter, Zeus sei einverstanden, daß die Tochter zwei Drittel des Jahres mit der Mutter und den andern Göttern zubringe. Nun solle sie aber auch die Feldfrucht wieder wachsen lassen, den Menschen zur Nahrung. Demeter gehorcht, und sogleich beginnt ein Wachsen und Blühen auf der Erde. Dann aber geht sie zum König und seinen Adligen in Eleusis, zu Keleos, Triptolemos und Eumolpos, und zeigte *«Allen den Opferdienst und beschrieb die erhabenen Weihen ... / Keiner darf sie je verletzen, erforschen, verkünden, denn große / Ehrfurcht vor den Göttern läßt Menschenrede verstummen. / Selig der Erde bewohnende Mensch, der solches gesehen! / Doch wer die Opfer nicht darbringt, oder sie meidet, wird niemals / Teilhaft solches Glücks; er vergeht im modrigen Düster. ... Hochselig die erdebewohnenden Menschen, denen die beiden Göttinnen sich gütig und liebend erzeigen, sie schicken / Plutos bald in ihr großes Haus als Genossen am Herde; / Der aber stiftet reiches Vermögen den sterblichen Menschen«* (476ff.; 486ff.).

Die patriarchalische Götterwelt ohne die Erdmutter Demeter

Der Hymnus ist so eng mit Eleusis verbunden, daß er als «heilige Geschichte des Weiheortes» (Lesky) gelten kann. Wir sehen, wie die Stiftung des Geteideanbaus mit der Erwähnung des rharischen Feldes bereits vorausgesetzt wird. Nun nimmt Demeter ihr Geschenk zurück, sie setzt die Menschen dem Hungertode aus, um ihre Tochter – und ihr mütterliches Recht über sie – zurückzugewinnen. Dann aber erneuert sie ihr Geschenk und überhöht es noch durch die Stiftung der Weihen, die segenbringend sind wie die Kornähre, im Leben und nach dem Tode.

Die Demeter des homerischen Hymnus ist keine Große Muttergottheit mehr; die olympischen Götter haben nun die Herrschaft angetreten. Zeus vergibt seine Tochter an Hades, ohne die Mutter zu fragen. Und er tötete Iasion mit dem Blitzstrahl, jenen Mann, mit dem Demeter die Heilige Hochzeit auf dem dreimal gepflügten Feld vollzogen hatte. Er verargte es der Göttin, sich einen Liebespartner unter den Sterblichen gesucht zu haben. Der Übergang von einer Zeit, die von der Großen Göttin und Mutter geprägt war, zu einer patriarchalischen Epoche läßt sich nicht besser und kürzer charakterisieren als durch diese wenigen Verse der Odyssee über Demeter und Iasion (5,125–128). Es ist nur folgerichtig, daß Demeter bei Homer nicht im Kreise der olympischen Götter auftritt. Der streng patriarchalische Olymp Homers ist ein Abbild der archaischen Adelsgesellschaft des 8./7. Jh. v. Chr. und bietet für eine Große Muttergottheit keinen Platz. Auch Hera, die ranghöchste Göttin, ist vor allem Gemahlin des Zeus. In der aristokratischen Welt der Krieger und Feudalherren ist auch kein Raum für Demeter als Göttin der Feldfrucht und des Ackerbaus. Ihr Name wird zum bloßen Synonym für Ernte und Getreide. Athene ist Homers Lieblingsgöttin – statt einer «Bauerngöttin», einer Erd- und Kornmutter, die kriegerische Jungfrau, mutterlos dem Haupt des Zeus entsprungen. Doch diese Verdrängung hatte ihre Konsequenzen. In der olympischen Religion gibt es keine Kornmutter, damit aber auch kein Kornmädchen als Göttin der Unterwelt. Die Einheit von Demeter und Kore, die stete Wiederkunft der Mutter als verjüngte Tochter, eins mit dem Kreislauf der Natur – sie ist ebenfalls aufgegeben. Wenn aber Kore nicht mehr emporsteigt aus der dunklen Höhle, um sich mit ihrer Mutter zu vereinen, dann ist die Unterwelt ein Ort trostloser Finsternis.

Die Schrecken der Unterwelt

In Homers Schattenreich herrscht eine düstere Persephone, die der «blassen Hel» des germanischen Götterkreises ähnlich ist, keine Tochter Demeters. Sie ist die «erhabene Herrin Persephoneia», von der Odysseus bei seiner Unterweltsfahrt fürchten muß, daß sie ihm das versteinernde Haupt der Medusa sendet (Od. 11,634f.). Der strahlende Glanz der olympischen Religion hat seine Kehrseite in der hoffnungslosen Düsternis des Totenreiches, der Preis für die Zurückdrängung der mütterlich bergenden Kräfte des Erdenschoßes. Aber

Heldentum und Heroenverehrung vermochten auf die Dauer nicht darüber hinwegzuhelfen, daß hier ein existentielles Manko bestand. In der nachhomerischen Zeit, seit dem 7. Jh. v. Chr., erscheinen auf Tempelfriesen und Vasenbildern eine Fülle von Dämonengestalten, Gorgo, Medusa, bedrohliche wilde Tiere als Todesdämonen, Anzeichen für ein Gefühl der Angst und Unsicherheit. Der Mensch fühlte sich ausgesetzt und nicht mehr aufgehoben in einem größeren Lebenszusammenhang. Die frühgriechischen Lyriker, die selbstbewußt als erste «Ich» sagen, bekennen sich gleichzeitig zum Gefühl der ᾿Αμηχανίη *(Amechaníē)*, einer allgemeinen Hilf- und Ratlosigkeit angesichts einer in raschem Wandel begriffenen Welt[7].

Die Mysterien: «Wiederfinden» der Mutter und der Tochter

Wir können uns vorstellen, daß in dieser Zeit – beginnend etwa um die zweite Hälfte des 7. Jh. –, aus der auch ein Tempelneubau bezeugt ist, die Mysterien von Eleusis in ihrer endgültigen Form entstanden sind. Das Thema des Demeterhymnus läßt sich von hier aus verstehen als ein Zurückgewinnen, Wiederfinden eines verlorenen und vermißten Seinszusammenhangs. Demeter gewinnt ihr mütterliches Recht und ihre Tochter wieder, und sie nimmt durch die Stiftung der Weihen die Menschen in dieses Wiederfinden mit hinein. Der Hymnus gibt keine Mysteriengeheimnisse preis, aber der Dichter bietet uns, unbeschadet seiner Schweigepflicht, einen wichtigen Hinweis, und zwar dort, wo er von der allgemein bekannten Mythenerzählung abweicht. Wo die Geschichte vom Raub der Kore-Persephone erzählt wird, z. B. in den griechischen Quellen, die Ovid benutzte[8], endet sie so, daß Zeus angesichts der Ansprüche der Mutter und des Gatten auf Persephone das Urteil fällt, diese solle einen Teil des Jahres in der Unterwelt, den anderen aber bei ihrer Mutter und den olympischen Göttern zubringen. Im Demeterhymnus aber ist es die Göttin selbst, die diese Lösung bestimmt, die dann von

Zeus lediglich bestätigt wird. Demeter erfährt von der Tochter, daß diese im Hades Speise zu sich genommen hat; ihr Gatte gab ihr einen Granatapfelkern zu essen. Nach den Satzungen der Unterwelt aber bleibt jeder, der drunten Speise genossen hat, den unterirdischen Mächten verfallen. Demeter erkennt von sich aus dieses Gesetz der Unterwelt an, und sie läßt damit auch die Rechte des Mannes gelten. Denn der Granatapfel ist seiner zahllosen Kerne wegen ein Symbol der Fruchtbarkeit und damit ein Siegel der Ehe. Aber auch die mütterlichen Rechte der Göttin bleiben gewahrt, indem die Tochter jedes Jahr, wenn die Erde im Frühlingsschmuck prangt, wieder zu ihr zurückkehrt[9]. Indem Demeter – die Demeter von Eleusis – diese Entscheidung nicht als Schiedsspruch von oben hinnimmt, sondern von sich aus trifft, wird der unterweltliche Aspekt nicht «verdrängt», sondern in das Wesen der Göttin hineingenommen. Das «Wiederfinden» der Göttinnen deutet, soviel läßt sich aus dem Hymnus für die Mysterien erkennen, auf das Wiedergewinnen einer neuen Einheit, einer engen Verbundenheit, wie sie sich auch in der in Eleusis üblichen Benennung von Mutter und Tochter zeigt: τὼ θεώ *(tō theō)*, die beiden Göttinnen, wurden sie in der engen Form des Duals («Zweiform» statt des Plurals) genannt. Die Weihen, die Demeter stiftet, werden im Hymnus ὄργια *(orgia)* genannt; das Wort hängt mit ἔργον *(ergon)*, Werk, zusammen, also: heiliges Tun. Erst später bekam das Wort seine heutige Bedeutung «Orgie» – als es zu Verfallserscheinungen kam und man seit der christlichen Ära die oft mit den Mysterien verbundene Rolle des Sexuellen im Kult nicht mehr als religiös verstehen konnte. (vgl. S. 51 f.).

Demeter vertraute die Weihen den adligen Geschlechtern von Eleusis an, und die priesterlichen Ämter sind in der Tat bis zum Ende des Mysterienkultes in diesen Familien verblieben. Die Eumolpiden, die Nachfahren des Eumolpos («Schönsänger»), stellten jeweils den Hierophanten, den Weihe- und Oberpriester, und die Demeterpriesterin; beides waren Ämter auf Lebenszeit. Aus der Familie der Kerykes kam der Hierokeryx, der Opferherold, und der Daduchos, der Fackelträger. Aus dem hohen Respekt, den man den Angehörigen dieser Familien über Jahrhunderte entgegenbrachte, wird man schließen können, daß sie die Weisheit der Göttinnen von Eleusis unverfälscht auch durch dunkle Jahrhunderte hindurch bewahrt hatten.

Auf einem in Eleusis gefundenen Weihrelief (5. Jh. v. Chr.) sieht man den jungen Königssohn Triptolemos, der von Demeter die Kornähre erhält. Auf der anderen Seite steht Kore-Persephone, sie trägt eine Fackel und hält einen Kranz über das Haupt des Jünglings. Den Kranz trugen die Eingeweihten, die Fackel diente der Reinigung. Triptolemos ist hier der erste Myste, dem sich die Göttinnen, wie es im Hymnus heißt, «gütig und liebend erzeigen». Sie spenden ihm Reichtum mit dem Getreidesegen und nehmen ihm mit dem Blick auf die Verbundenheit der Erdmutter mit der Unterweltskönigin die Angst vor dem Totenreich.

Eleusis und Athen

Wie sehr die Mysterien von Eleusis einem allgemeinen geistig-religiösen Bedürfnis entgegenkamen, sieht man aus ihrer großen Bedeutung, die auch mit dem Ende der politischen Autonomie von Eleusis keine Einbuße erlitt. Als sich Eleusis um die Wende zum 6. Jh. v. Chr. der Vormacht Athens beugen mußte, war das Ansehen der Mysterien und ihrer Priesterschaft so groß, daß der Tempelbezirk und die Einweihungsfeier weiterhin in der Hand der adligen Priestergeschlechter blieben. Die Feier der Mysterien wurde jetzt auf Athen ausgedehnt, das mit Eleusis durch die Heilige Straße verbunden war. Der eigentlichen Einweihung, den Großen Mysterien, gingen nun die Kleinen Mysterien voraus, die in Agrai abgehalten wurden, am Flüßchen Ilissos am Südrand von Athen. Jeder, der in Eleusis eingeweiht werden wollte, mußte zuvor an den Kleinen Mysterien in Agrai teilgenommen haben. Die Teilnahme stand ursprünglich nur Eleusiniern und dann auch Athenern offen, wie es der Herkunft aus agrarischen Riten entsprach, denn nur Einheimische können für die Fruchtbarkeit ihres Landes beten. Es wurde erzählt, daß Herakles einst sich einweihen lassen wollte. Als Fremder habe er sich von Athenern adoptieren lassen müssen. Als die Mysterien allen Griechen offenstanden, entwickelte sich aus dieser «Adoption» der Brauch, jedem Adepten einen Mystagogen, den geistlichen Führer, «Paten», beizugeben, der ihn unterwies und mit ihm zusammen auch an der Einweihungsfeier teilnahm. Seit dem 6. Jh. v. Chr. war jedermann zur Einweihung zugelassen, Männer, Frauen, Sklaven. Bedingung war nur, daß man frei von Blutschuld war und die griechische Sprache beherrschte, damit man die rituellen Formeln verstand und ihre Wirksamkeit an sich erfahren konnte.

Die Kleinen Mysterien

Die Kleinen Mysterien wurden zu Frühlingsbeginn abgehalten, im Monat Anthesterion («Blütenmonat», Februar/März). Sie dienten zur Vorbereitung der Einzuweihenden. Diese wurden von den Priestern und Priesterinnen unterwiesen im Mythos, der heiligen Geschichte der Göttinnen, unterzogen sich Reinigungszeremonien, fasteten, brachten Opfer dar und verehrten die Gottheiten mit Gebeten, Hymnen und Tänzen. Man wird in den Zeremonien anläßlich dieser «Einkehrtage» kein äußerliches Beiwerk sehen; sie ergriffen und verwandelten vielmehr den ganzen Menschen. Damit ergab sich auch eine sittliche Wirkung, die freilich ganz vom einzelnen abhing. Für Aristophanes, der in seiner Komödie «Die Frösche» Teile der eleusinischen Mysterien parodiert – respektvoll und unbeanstandet –, ist es freilich eine Selbstverständlichkeit, daß nur Menschen mit geläutertem Sinn an der Hauptfeier teilnehmen sollen, keine Spitzbuben, üblen Geschäftemacher oder Staatsfeinde. Nur den Geweihten, die stets frommen Sinn gegenüber Fremden (Barbaren!) wie Mitbürgern bewiesen haben, werden auch die Verheißungen der Göttinnen nach dem Tode zuteil werden – angesichts des bekannten Nationalstolzes der Griechen und besonders der Athener zweifellos eine moralische Forderung [10]. Hierauf wird im Zusammenhang mit den Mysterien von Samothrake noch näher einzugehen sein (vgl. S. 98ff.).

Über eine läuternde Wirkung der Mysterien gab es freilich auch skeptische Stimmen. So wird von dem Kyniker Diogenes berichtet, er habe auf die Frage, warum er sich nicht in die Mysterien einweihen lasse, geantwortet, er hielte nichts davon. Denn er könne nicht glauben, daß ein stadtbekannter übler Bursche, nur weil er eingeweiht sei, ein besseres Los im Jenseits haben solle als ein verdienter Staatsmann, der nicht eingeweiht sei [11]. Man wird dennoch die Bedeutung der eleusinischen Mysterien nicht deshalb geringschätzen wollen, weil sie die Welt und die Menschen nicht erkennbar besser gemacht haben. Mit einem solchen Urteil würde man jeder Religion unrechttun.

Die weisen Priester von Eleusis hatten die Gruppeninitiation untersagt; sie wollten damit offenbar der Oberflächlichkeit vorbeugen und dem einzelnen die Möglichkeit zu einer Selbst- und Gotteserkenntnis bieten. So wird es auch in symbolischer Weise auf einem Vasenrelief gezeigt. Der Einzuweihende sitzt mit verhülltem Haupt auf einem Stuhl mit einem Widderfell, wie einst Demeter im Palast von Eleusis saß, und hinter ihm steht eine Priesterin, die das Liknon über seinen Kopf hält, die Getreideschwinge, die die Spreu vom Weizen sondert, ein Prozeß der Reinigung und Erkenntnis zugleich.

Die Großen Mysterien

Die Teilnehmer an den Feiern in Agrai waren dann zu den Großen Mysterien zugelassen, die im Monat Boëdromion

Mysterieneinweihung. Der Myste sitzt mit verhülltem Haupt auf einem Hocker, ein Priester gießt die Trankspende aus, links die Priesterin mit gesenkten Fakkeln.

(Sept. / Okt.) neun Tage lang begangen wurden. Während dieser Zeit ruhten alle Kriegshandlungen in Griechenland, es herrschte «Gottesfriede». Seit Eleusis zu Athen gehörte, begannen die Feierlichkeiten dort. In einer Prozession wurden am 14. des Monats die Kultgegenstände und die Götterbilder nach Athen überführt. Sie wurden im Eleusinion-Heiligtum aufbewahrt, wo am nächsten Morgen die Feierlichkeiten mit einem Opfer und der Proklamation an die Einzuweihenden begannen. Jeder, der an den Mysterien teilnehmen wollte, erschien gemeinsam mit seinem Mystagogen und tat öffentlich seinen Willen kund. Der folgende Tag diente der Reinigung und begann mit einem Bad im Meer, in der Bucht von Phaleron.

Das «Glücksschwein» der Eingeweihten

In der Frühe erging der Ruf der Priester: «Zum Meer, ihr Mysten!» Jeder trug ein Ferkel bei sich, das ebenfalls gewaschen und dann als Einweihungsopfer dargebracht wurde – das Tieropfer als stellvertretendes Opfer für den Mysten, der ja durch die Weihe in eine neue Existenz einging. Warum gerade Schweine die Opfertiere der Demeter waren, wurde damit erklärt, daß ein Hirte, Eubuleus, gerade an der Stelle seine Schweine gehütet habe, wo Hades aus der Erde aufstieg, um Persephone zu rauben. Die Tiere seien in einen Erdspalt hinabgerissen worden, der Hirte aber habe Demeter das Geschehen gemeldet. Doch ist dieser Mythos bereits eine «Rationalisierung» späterer Zeit, eine Erklärung für den aus der frühen Ackerbaukultur stammenden, inzwischen unverständlich gewordenen Brauch, Ferkel als Versenkungsopfer in Erdspalten zu werfen (wie es noch bei dem den Frauen vorbehaltenen Demeterfest der «Thesmophorien» geschah), oder sie zerstükkelt auf den Feldern auszustreuen. Das fruchtbarste Haustier sollte jeweils die Fruchtbarkeit der Äcker gewährleisten. Da Fruchtbarkeits- und Sühneriten eng zusammenhängen, leitete man aus dem Brauch der Ferkelopfer den Glauben ab, Ferkel hätten besonders reines Blut und könnten das Unreine im Menschen gewissermaßen absorbieren. So opferte man sie zur Reinigung und Entsühnung, wie bei dem Muttermörder Orest in Delphi. Auch im griechisch-unteritalischen Kult der Demeter [12] und im römischen, wo sie als Ceres verehrt wurde, übernahm man das Ferkelopfer. Man weihte der Göttin auch kleine Tierfiguren als Votivstatuetten, wie sie heute noch in Museen zu finden sind – die Vorläufer unseres Glücksschweins. Am nächsten Tag wurden Opferkuchen dargebracht, aus Weizen und Gerste vom heiligen rharischen Feld. Dann verbrachten die Mysten einen Tag in ihren Häusern und Quartieren.

Fasten und Gerstentrank statt Rauschmittel

In der Nachfolge der trauernden Demeter fasteten sie und bereiteten den Kykeon, einen Trank aus Gerstenmehl oder Graupen mit Minze, wie ihn sich Demeter im Palast des Keleos zubereiten ließ. Ein solches Getränk, «eine Art dicker Kaltschale» (Ameis-Hentze), mit darübergestreutem geriebenem Käse, ist uns aus der Ilias als Stärkungsmahlzeit für den greisen Nestor bekannt[13]. Man hat vielfach in Verbindung mit den Mysterien von Eleusis an Rauschmittel gedacht, z. B. halluzinogene Substanzen aus dem Mutterkorn[14]. Doch lehnt die Göttin im Demeterhymnus sogar einen Becher süßen Weines ab und besteht auf der Zubereitung des Kykeon aus Gerste und Wasser, den sie dann «des heiligen Brauches wegen» trinkt, also um ihn zur Stärkung der Fastenden bei ihren Weihen einzuführen. Wir finden keinerlei antike Hinweise auf Rauschmittel irgendeiner Art in Eleusis und werden daher auf diese – zugegebenermaßen für den modernen Betrachter bequeme – Erklärung religiöser Phänomene hier verzichten.

Der Zug nach Eleusis auf der Heiligen Straße

Am folgenden Tag versammelten sich alle in der Frühe zur Prozession nach Eleusis. Als erste kamen die Priester mit den Kultbildern und die Priesterinnen, die in Körben die heiligen Gegenstände des Kultes trugen. Ein solcher Korb hieß Κίστη *(kistē)*, als *Cista mystica* auch aus anderen Kulten bekannt. Es war ein zylinderförmiges Gefäß mit Deckel, das die Priesterinnen auf dem Kopf trugen. Ein archäologisches Zeugnis, die Votivtafel der Niinnion aus dem 4. Jh. v. Chr. (benannt nach

Weihetafel der Niinnion (Name der Stifterin links unten). Prozession zu den Göttinnen von Eleusis. Die Mysten tragen Myrtenzweige und ihr Bündel am Stab. Vorne links der göttliche Jüngling Iakchos. Aus Eleusis, 4. Jh. v. Chr.

der namentlich aufgeführten Stifterin) gibt uns einen Eindruck vom Zug der Mysten. Jeder trug einen Stab, der mit Blumenrosetten und Myrtenzweigen umwunden war und an dem ein Bündel hing. Es enthielt Proviant und die neuen Gewänder, die man am Tag nach der Weihenacht anlegte, um zu bezeugen, daß man ein «neuer Mensch» geworden war. Die Frauen balancierten auf dem Kopf ein Kykeongefäß, die Männer trugen kleine Kännchen. Viele Teilnehmer hatten auch noch den Kernos bei sich, eine Opferschale mit muldenförmigen Vertiefungen für kleine Näpfchen. Diese enthielten verschiedene Sorten von Getreidekörnern sowie Erstlingsgaben wie Honig und Früchte, die geweiht und gemeinsam verzehrt wurden. Alle Prozessionsteilnehmer waren mit Myrtenkränzen geschmückt. Die Myrte stammt aus dem Nahen Osten und war dort der Ischtar heilig, der großen Fruchtbarkeitsgöttin und Himmelsherrin. Sumerisch-akkadische Mythen erzählen von ihr, daß sie in die Unterwelt hinabgestiegen sei, entweder um auch dort die Herrschaft anzutreten oder um die Menschen vom Tode zu befreien. Ischtar wird aber von ihrer Schwester Ereschkigal, der Herrscherin in der Unterwelt, überwunden und gefangengesetzt. Auf der Erde erstirbt daraufhin alle Fruchtbarkeit und Vegetation. Die Götter greifen ein und befreien Ischtar, und das Leben auf der Erde beginnt erneut. Die Myrte Ischtars aber gehörte seitdem zum Bereich der Fruchtbarkeit wie auch zur Totenwelt. Bei den Griechen war sie der lebensspendenden Aphrodite heilig, aber auch den Göttinnen von Eleusis, die als Mutter und Tochter ebenso die polare Einheit von Ober- und Unterwelt vertreten wie die Schwestern Ischtar und Ereschkigal im vorderasiatischen Mythos.

Auf der Tafel der Niinnion sind nicht nur solch aufschlußreiche Ausrüstungsgegenstände der Prozessionsteilnehmer zu sehen, der ganze Zug atmet frohe, festlich gestimmte Erwartung, wie sie durch die Gemeinschaft mit Gleichgesinnten und die andächtige Hochstimmung auch heute noch auf Wallfahrten zu spüren ist.

Durch das Heilige Tor zog die Prozession aus Athen auf die Heilige Straße, auf dem über 20 km langen Weg in nordwestlicher Richtung nach Eleusis, wo man gegen Abend ankam. Es war eine riesige Menschenmenge, von bis zu 3000 Teilnehmern wird berichtet, außer den Mysten und ihren Mystagogen noch Freunde und Verwandte, die den Ihrigen das Geleit bis zum heiligen Bezirk gaben, und Eingeweihte, die ein weiteres Mal an der heiligen Schau teilnehmen wollten. Unterwegs gab es verschiedene Stationen, so beim Überqueren des damals noch breiteren Flüßchens Kephissos. Dort fanden die sogenannten Brückenspäße *(Gephyrismoi)* statt. Sie erinnerten an Jambe[15], die Magd im Palast von Eleusis, der es gelungen war, die trauernde Demeter durch Scherze aufzuheitern. Das Aussprechen derber, ja obszöner Schelt- und Spottreden diente ursprünglich der Abwehr des Bösen, so wie man z. B. bei Hochzeiten das Brautpaar spottend «schlechtmachte», damit es nicht dem Neid der Götter ausgesetzt war. Die Scherzreden bewirkten gleichzeitig eine Entlastung von der emotionalen Hochstimmung; zur Zeit der athenischen Polisdemokratie machten sich die Bürger bei den Brückenspäßen von Eleusis Luft gegenüber prominenten Teilnehmern, die kräftig durchgehechelt wurden und dies schweigend hinnehmen mußten, eine Art «Narrenfreiheit».

Mit dem Übergang über den Kephissos befand man sich auf dem alten Hoheitsgebiet von Eleusis. Jetzt war man dem Heiligtum schon nahe. Es wurde der Festruf «Iakchos» angestimmt. Aus einem ursprünglich unartikulierten Segensruf hörte man später einen Namen heraus: Iakchos als ein göttlicher Begleiter der Demeter. Sein Bild wurde in der Prozession mitgeführt; auf der Niinnion-Tafel ist er als jugendlicher Fackelträger abgebildet. Bei Aristophanes wird er Schirmer der Chöre und Erfinder des fröhlichen Festliedes genannt, gewissermaßen die Personifikation der Festesfreude[16].

Nun erhielten die Mysten, im Bereich der eleusinischen Priesterschaft angelangt, einen roten Wollfaden um die rechte Hand und um den linken Fuß geschlungen. Sie waren damit gebunden und geheiligt zugleich wie ein Opfertier, das ganz der Gottheit angehört.

Am «Brunnen der schönen Tänze»

Im Vorhof des heiligen Bezirks trafen sie auf einen der mythischen Orte aus der heiligen Geschichte von Eleusis, den heute noch vorhandenen Kallichoros-Brunnen (der heutige Bau ist unter Peisistratos in der 2. Hälfte des 6. Jh. v. Chr. entstanden). An diesem «Brunnen der schönen Tänze» hatte die trauernde Demeter auf der Suche nach ihrer Tochter gerastet, und die Mädchen und Frauen von Eleusis hatten sie durch Tänze zu erheitern gesucht. Nun tanzten die Mysten in ihrer Freude, endlich angekommen zu sein. Danach konnte man sich ausruhen; der Brunnen befand sich noch im profanen, allgemein zugänglichen Bereich. Inzwischen war es dunkel geworden, mit dem Erscheinen der Sterne wurde das Fasten gebrochen und der Kykeon getrunken, das einzige, was die Mysten vor der Einweihung zu sich nahmen. Im Vorhof des heiligen Bezirks warteten die Priester und Priesterinnen im Schein von Fackeln. Der Hierophant, der oberste Priester, ließ den feierlichen Ruf ergehen, mit dem er die Mysten von den Uneingeweihten trennte; den letzteren war der Eintritt in den heiligen Bezirk bei Todesstrafe verboten.

«Nur für die Eingeweihten!»

«Euch allen sag' ich's zum erstenmal, zum zweiten- und drittenmal sag ich's: Hebt all euch hinweg vor dem mystischen Chor! Ihr andern beginnt die Gesänge, beginnt die heilige Feier der Nacht, geziemend dem Fest der Geweihten!» So läßt Aristophanes den Priester sprechen[17]. Durch die Großen Propyläen zogen die Mysten nun in den von einer hohen Mauer umgebenen heiligen Bezirk ein. Die Fackeln der Priester dienten den Mysten nicht nur zur Erleuchtung, sie waren Werkzeuge der Reinigung. Demeter und Kore sind auf Vasenbildern oft mit Fackeln abgebildet. Nach der Reinigung durch die Luft (das Schütteln der Getreideschwinge, die Spreu vom

Weizen sondert) und im Wasser (beim Bad im Meer) folgt nun die Läuterung durch das Feuer. Der Myste hatte mit verhülltem Haupt den feurigen Reinigungsritus zu ertragen, bei dem Fackeln gegen ihn gerichtet wurden. Blind und «ausgesetzt» lernt er, sich loszulassen und mit sich geschehen zu lassen, was der Ritus erfordert und was ihn in eine größere Nähe zur Gottheit bringt. Dann durfte der Myste, wohl noch verhüllt, unter dem Beistand seines Mystagogen, die Ἱερὰ *(Hierá)*, die heiligen Gegenstände aus der *Cista mystica* berühren.

Die Einweihungsformel und der «heilige Korb»

Auf diesen Ritus bezieht sich das von dem Kirchenschriftsteller Clemens von Alexandrien überlieferte «Paßwort» *(Synthema)*, das alle Mysten anschließend beim Einzug in die Weihehalle zu sprechen hatten: «Ich habe gefastet, ich habe vom Kykeon getrunken, ich nahm [etwas] aus der *Cista* (dem Deckelgefäß), hantierte damit, legte es dann in den *Kalathos* (einen offenen Korb) und aus dem Korb wieder in die *Cista.*»[18] Auf bildlichen Darstellungen ringelt sich eine Schlange um das Gefäß, das der Myste furchtlos zu berühren hat. Man hat vermutet, daß es sich bei diesen geheimen Gegenständen[19] – die nicht identisch sein müssen mit denen, die der Hierophant bei der Weihe zeigt – um Nachbildungen von Genitalien handelt, wie christliche Schriftsteller zu wissen glauben, etwa Opferkuchen in Form eines Phallos und eines Mutterschoßes. Der Initiand hatte dann, wenn er beide in Berührung brachte, teil an der Entstehung allen Lebens. Es ist aber auch (zusätzlich?) an Mörser und Stößel zu denken[20], Gerätschaften zum Zermahlen des Getreides, bei deren Handhabung sich der Myste nicht nur die Gabe der Demeter zu eigen machte wie einst Triptolemos, sondern sich zugleich selber symbolisch einem Prozeß der Umwandlung und des Übergangs unterzog, wie das Weizenkorn, das stirbt und wieder Frucht bringt. An

Mörser und Stößel als geheimnisvoll-bedeutsame Gegenstände bewahrt das Märchen der Brüder Grimm: «Die kluge Bauerntochter» (Orffs «Die Kluge») noch eine ferne Erinnerung.

An der Grotte des Hades

Die Prozessionsteilnehmer gelangten nun an einen weiteren mythischen Ort, der uns heute noch sichtbar ist: eine große Höhle mit zwei Kammern, die als Bezirk des Hades und als Eingang zur Unterwelt galt. Manche Zeugnisse über die eleusinischen Mysterien sprechen von furchterregenden Erscheinungen im Dunkel, die den Mysten in Schauder und Schrekken versetzen, bevor ihn dann helles Licht und die tröstliche Gewißheit göttlicher Gegenwart umgaben. Ob hier, unter Mitwirkung der Demeterpriesterin, vor und in der Höhle der Raub der Kore dargestellt wurde, mit allen Schrecken der Unterwelt? Eine gemauerte Plattform nahe der Höhle und schmale, in den Fels gehauene Treppen, die bis hinter die Kammern der Höhle hinaufführen, lassen sich darauf deuten[21]. In die gleiche Richtung weist eine Äußerung des Kirchenlehrers Tertullian, der fragte: «Warum wird die Priesterin der Demeter entführt, wenn nicht Demeter selbst ein solches Schicksal erlitten hat?»[22] Die geheimnisvolle Einheit der Mutter und der Tochter als Zentralthema der Weihehandlung beginnt hier schon aufzuscheinen. Wir erfahren auch einmal[23], daß ein Uneingeweihter auf einen hohen Felsen kletterte, um etwas von den geheimen Zeremonien sehen zu können. Solches war Mysterienfrevel, und die göttliche Strafe folgte auf dem Fuß. Der Neugierige stürzte ab und fand den Tod. Wir werden aus den verschiedenen Zeugnissen also schließen können, daß sich innerhalb der Mauern des heiligen Bezirks, aber noch vor dem Heiligtum, an den mythischen Orten, die heilige Geschichte von Eleusis vor den Augen der Gläubigen nicht «abspielte», sondern gegenwärtig wurde und

Grotte des Hades-Pluton (Plutonion) im heiligen Bezirk von Eleusis, mit kleiner Treppe. Hier wurde wohl der Raub der Kore dargestellt.

die Teilnehmer soweit wie möglich einbezog. Nachdem die Mysten an der Hadesgrotte den Raub der Kore erlebt hatten, nahmen sie am Suchen und Umherhirren der trauernden Mutter teil. Mit Fackeln in den Händen zogen sie das letzte Stück der Heiligen Straße bis zum Heiligtum, wo sie dann die Wiedervereinigung der Gottheiten miterleben sollten. Dieses Umherirren, πλάναι *(planai)*, Suchen und Finden, unter Trauer und Freude, gehört zum innersten Kern der Mysterienerfahrung. Daß sich darin für den Mysten Bedeutsames vollzieht, läßt sich trotz der ablehnenden Tendenz auch noch aus Zeugnissen christlicher Schriftsteller erkennen: «Ceres [Demeter] sucht mit brennenden Fackeln, von einer Schlange umgeben, ängstlich besorgt durch die Lande irrend, nach ihrer geraubten und verführten Tochter Proserpina [Persephone]: Das sind die eleusinischen Mysterien.» So Minucius Felix in seinem Dialog *Octavius*[24].

Erst nachdem die Mysten durch Schrecken und Trauer hindurchgegangen waren, also aktiv an der heiligen Geschichte der Gottheit teilgenommen hatten, konnten sie die verwandelnde Kraft der Mysterienweihe an sich erfahren. Die Weihe vollzog sich vor Schauenden, aber nicht vor Zuschauern. Wenn wir für unser Verständnis den Vergleich mit einer ähnlich intensiven religiösen Erfahrung suchen, so bieten sich hier nicht so sehr die Mysterienspiele des Mittelalters an, als vielmehr die Mitfeier der Heiligen Woche in der christlichen, besonders der orthodoxen Osterliturgie, z. B. in den Athosklöstern, ein Vergleich, den auch der griechische Ausgräber von Eleusis, G. Mylonas, als für ihn einzig mögliche Annäherung bezeichnet[25].

Einzug in die Weihehalle

Das Heiligtum, das die Mysten nun betreten sollten, hieß Telesterion, Weihehalle. Im Gegensatz zum Naós, dem üblichen griechischen Tempel, der nur das Kultbild des Gottes enthielt, dessen Verehrer sich vor dem Tempel um den Opferaltar scharten, war das Telesterion ein Innenraum, in dem sich bei den Weihen bis zu 3000 Menschen versammelten. Es ist somit der einzige griechische Tempel, der sich mit einer christlichen Kirche vergleichen läßt. Das Heiligtum war auf einer Terrasse am Osthang der Akropolis, des Burgbergs von Eleusis, errichtet. Die heute sichtbaren Baureste stammen von einem Bau, den Perikles – nach den Plänen des Parthenon-Architekten Iktinos – um 440 v. Chr. errichten ließ, eine Erweiterung und Umgestaltung des von Peisistratos und Solon im 6. Jh. erbauten Heiligtums. Der perikleische Bau war 54 m lang und 52 m breit, von 42 Säulen getragen und von acht Stufenreihen umzogen, die, zum Teil in den Fels gehauen, den Teilnehmern an den Weihen Platz zum Sitzen boten (Säulenstümpfe und Sitzreihen sind noch erhalten). Kultisches Zentrum des Tempels war das Anáktoron («Ort der

Blick auf die Reste des Weihetempels (Telesterion) von Eleusis mit den Sitzreihen für die Teilnehmer und den Säulenstümpfen.

Herrin», «Götterwohnung»), eine kleine Kapelle von etwa 3 x 12 m, das «Allerheiligste», das während der Feier zur Aufbewahrung der Kultgegenstände diente und nur vom Oberpriester betreten werden durfte. Im Innern befand sich ein Rundherd, auf dem das heilige Feuer entzündet wurde. Dem Mythos zufolge war hier die Stelle, an der im ursprünglichen Tempel die Göttin selbst einst gesessen hatte. Daher war dieser heilige Ort immer wieder in die verschiedenen Tempelneubauten einbezogen worden.

Nach dem Einzug ins Telesterion sprachen die Mysten (wohl im Chor) den Eid der Geheimhaltung und die vorher erwähnte Bekenntnis- und Zugehörigkeitsformel: «Ich habe gefastet, den Kykeon getrunken ...». Auf seinem Thron vor dem Anaktoron hatte der Hierophant Platz genommen, flankiert von den beiden nächsthöheren Priestern, dem Daduchos, dem Fackelträger, und dem Hierokeryx, dem Opferherold. Auch die Demeterpriesterin war zugegen. Nun begann die τελετή *(teletē)*, die Weihe. Der Hierophant sprach liturgische Formeln, die sich auf den Mythos der Göttinnen bezogen – kein «Wortgottesdienst», denn die Unterweisung der Mysten war ja bereits in den Kleinen Mysterien erfolgt. Aristoteles belehrt uns, daß es bei der Weihe nicht um μαθεῖν *(mathein)*, um lernbares Wissen, sondern um παθεῖν *(pathein)* gehe[26], ein innerliches, mit Erschütterung verbundenes Erleben, zu dem die Worte des Priesters – als Einweihungsworte der Gottheit selbst – eine Einstimmung boten.

Die heilige Schau

Nun holte der Oberpriester aus dem ihm allein zugänglichen Anaktoron die ἱερά *(hiera)*, die heiligen Gegenstände, die dort nach der Prozession wieder aufbewahrt worden waren. Er waltete seines Amtes als Hierophant, als derjenige, der die heiligen Dinge zeigt, noch genauer, der sie in Erscheinung treten läßt[27]. Wir können aus dieser Bezeichnung schließen, daß es sich dabei um durchaus unspektakuläre Dinge handeln kann, die erst durch den kultischen Rahmen, in den sie durch den Priester gestellt werden, ihre besondere Bedeutung erhalten, und dies auch nur für die Eingeweihten, die in den vorbereitenden Kleinen Mysterien die entsprechende Unterweisung erhalten haben. Es ist bei diesen heiligen Gegenständen zu denken an Opferkuchen aus den verschiedenen Getreidesorten vom rharischen Feld als die Gabe der Kornmutter, einen Granatapfel als Symbol der Fruchtbarkeit, das zugleich hinweist auf Persephone und das Totenreich, eine Schlange als das uralte heilige Tier der Gottheiten der Erdentiefe, und die Gegenstände, die der Myste berührt hat, wie Mörser und Stößel, die im Prozeß des Zermahlens auf Verwandlung in der Vernichtung deuten. Dann zeigt der Hierophant, wie der christliche Schriftsteller Hippolytos referiert, «den Schauenden das große, wunderbare, vollkommene dort in Schweigen zu schauende Mysterium, eine geschnittene Ähre»[28]. Auch dieser heilige Gegenstand ist nur von den Eingeweihten in seinem Symbolgehalt zu begreifen und erhält von daher seinen Wert. Alle, die dies vielgerühmte eleusinische Geheimnis enttäuschend finden[29], seien verwiesen auf die ebenso enttäuschte Reaktion von «Uneingeweihten» nach der Teilnahme am christlichen Gottesdienst: ein Stückchen Brot und ein Schluck Wein – darin besteht das große Geheimnis der Christen und ihres Gottes? Die Eingeweihten erkennen die Ähre als Inbild des aus dem Erdenschoß neu erstehenden Lebens; sie deutet, wie auch die anderen Gegenstände, auf Verwandlung, auf einen Durchgang durch den Tod. Wir denken wieder an das Weizenkorn, das sterben muß, um tausendfältige Frucht zu bringen (Joh. 12,24). Die Kornähre verweist aber auch auf Getreidesegen, auf den Reichtum, den die Göttinnen von Eleusis ihren Eingeweihten versprochen haben.

Die Göttin aus der Tiefe

Das letzte und größte Geheimnis der Weihenacht aber, durch dessen Schau der Myste den höchsten Einweihungsgrad, den des Epopten, des «Schauenden», erhielt[30], war die Epiphanie der Kore selbst[31]. Zuerst herrschte tiefes, schreckenerregendes Dunkel, dann plötzliche Helle durch ein gewaltig auflodерndes Feuer aus dem Anaktoron, dessen Rauch durch eine große Öffnung im Dach herausdrang und weithin sichtbar war. Ein Widder, das Opfertier der Unterirdischen, wird geopfert, der Hierophant schlägt einen Gong und ruft mit lauter Stimme: «Einen heiligen Knaben gebar die Herrin Brimo, den Brimos!» (Das heißt: die Starke den Starken, wie Hippolytos, der dies überliefert, hinzufügt). Die Göttin wird heraufgerufen mit einem fremdartig-uralten Namen, der ihren unterweltlichen Charakter mit all den Schrecken des Dunkels und der Erdentiefe betont. Aber es ist Kore, die erscheint, die

Tochter Demeters, die Herrin beider Reiche der Ober- und Unterwelt. Und sie bringt aus dem Dunkel der Tiefe das Kind herauf ins strahlende Licht der Weihenacht: Leben aus dem Bereich des Todes. Ist das göttliche Kind eine Verkörperung des Plutos, des Reichtums und Segens, so wie es auf Vasenbildern zu sehen ist, als kleiner Knabe, der einem Füllhorn entsteigt, mit Blumen und Früchten? Aber wäre die Mutter dann nicht Demeter, die Plutos dem Mythos zufolge dem Iasion gebar? Ist dies das Geheimnis der Erscheinung, daß Kore zugleich auch Demeter ist, die Mutter, die sich, neues Leben spendend, in der Tochter verjüngt, im ewigen Kreislauf des Lebens? «Kore. Nicht gedeutet! Ob Mutter? Tochter? Schwester? Enkelin?» So rührt Goethe an dieses Geheimnis [32]. Wie sich dieses vor den Augen der Mysten vollzog, als kollektive oder individuelle Vision, oder ob die Demeterpriesterin in göttlicher Gestalt auftrat und durch Gewänder und Insignien die Identität von Demeter und Persephone darstellte (wir denken an die Worte Tertullians, vgl. S. 40), bleibt ungewiß. Es ist auch unerheblich, denn das Erlebnis bestand in der heiligen Schau – die zugleich Erkenntnis war – nicht einer Göttergestalt, sondern eines religiös-existentiellen Phänomens: der polaren Einheit von Tod und Leben, der Tod als Durchgang zu einem neuen, anderen Leben, und die Geborgenheit des Menschen in diesem Lebenszusammenhang. Diese Erkenntnis bedeutete die Wiedergewinnung eines in der olympischen Religion verlorenen Bewußtseins – als Mysterienhandlung vergegenwärtigt im «Wiederfinden» der Unterweltskönigin und der Erdmutter als Mutter und Tochter. Der Myste, der nun in diese Zusammenhänge eingeweiht war, durfte sich im Bilde des göttlichen Kindes sehen, eines Hoffnungsbildes, das dem Eingeweihten verheißt, daß auch er «neugeboren» ist, neues Leben von der Gottheit erhält. Er wird ihr nahebleiben, und so darf er auch nach dem Tode ein besseres Los erwarten als die anderen, die nicht «neugeboren» wurden. Die Seele des Eingeweihten wird nicht zu den traurigen Schatten des düsteren homerischen Totenreiches gehören, sie ist vielmehr zu einer höheren Existenz berufen, die auch mit dem Tode nicht endet.

«Dreimal selig, die dies geschaut haben!»

Von dieser Gewißheit der Mysten sprechen mehrere Zeugnisse[33], die umso kostbarer sind, als sie nicht aus der Spätzeit der Mysterien oder von christlichen Schriftstellern stammen, sondern von Eingeweihten oder Nahestehenden. Im Demeterhymnus heißt es über die Weihen: «Selig der Erde bewohnende Mensch, der solches gesehen! Doch wer die Opfer nicht darbringt, oder sie meidet, wird niemals teilhaft solchen Glücks; er vergeht in modrigem Düster». Der Dichter Pindar sagt: «Glücklich, wer dies gesehen hat, bevor er unter die Erde geht; denn er weiß um das Ende des Lebens, und er weiß um den gottgegebenen Anfang.» Bei Sophokles heißt es: «Dreimal selig sind die unter den Sterblichen, die dieses geschaut haben, bevor sie zum Hades gehen. Nur für sie allein ist dort Leben, für die anderen aber ist alles dort schlimm.» Auf einer in Eleusis gefundenen Inschrift ist zu lesen: «Wundervoll ist fürwahr das Mysterium, das uns von den seligen Göttern gegeben wurde; der Tod ist für die Sterblichen nicht länger ein Übel, sondern ein Segen.» In einem Scholion zu Aristophanes' *Fröschen* ist angemerkt: «Es war in Athen allgemeiner Glaube, daß jeder, der in die Mysterien eingeweiht war, nach dem Tode göttlichen Glanzes für würdig erachtet wurde. Daher waren wir alle auf Einweihung begierig.» Der athenische Redner Isokrates sagt: «Die Eingeweihten haben bessere Hoffnungen in bezug auf ihr Lebensende wie überhaupt für alle Zeit.» Cicero spricht von den eleusinischen Mysterien, «durch die wir die ‹Anfänge›, wie sie genannt werden, in Wahrheit aber die Grundlagen des Lebens kennengelernt haben, durch die wir nicht nur mit Freude zu leben, sondern auch mit besserer Hoffnung zu sterben gelernt haben».

Diese Zeugnisse erstrecken sich über einen Zeitraum von fast einem halben Jahrtausend, und doch sind sie einmütig in ihrer Jenseitshoffnung: Die Eingeweihten haben «bessere Hoffnungen» nach dem Tode. Diese häufig anzutreffende Formulierung, die von Isokrates über Cicero bis hin zu Kaiser Julian erstaunlich ähnlich klingt, scheint auf eine liturgische Formel zurückzugehen, die zum Allgemeingut der Mysterien wurde[34]. Wie sah nun dieses Leben im Jenseits aus, von dem man sich im archaischen Griechenland wie in Rom gleichermaßen angesprochen fühlen konnte? Wir hören nichts von einem Glauben an die Wiedergeburt der Seele, auch scheint die bei Pindar angedeutete Rückkehr des Menschen zu seinen Ursprüngen nicht eine allgemeine Auflösung des Individuums in die Elemente zu sein, eine Vorstellung, wie wir sie bei den Naturphilosophen, bei Anaximander und Heraklit, antreffen[35]. Wer nach Eleusis kam, suchte mehr, als er in den Schriften der Naturphilosophen finden konnte. Ihm genügte es nicht, daß nur das Leben an sich weiterlebt. Er ließ sich als Einzelner einweihen, und er wollte auch als Individuum die versprochenen Segnungen der Gottheit für sich in Anspruch nehmen. Das verheißene Glück und die Seligpreisungen der Mysten – deutlich unterschieden von dem Zustand der Ungeweihten, die im Schlamm liegen und Wasser im Sieb tragen müssen – deuten darauf hin, daß die Eingeweihten einer Art individuellen Weiterlebens sicher sein konnten: in der Nähe der Götter. Wie man sich dieses Leben auch vorstellte – etwa als ewiges Fest mit Gesang und Reigentanz, in Festesfreude in blumigen Hainen, wie bei Aristophanes[36] –, es war offenbar tröstlich und bot einen weiten Spielraum für individuelle Glücksvorstellungen. Diese sahen sicher bei den Athenern, die wir im 4. Jh. v. Chr. auf der Tafel der Niinnion zur Weihe ziehen sehen, anders aus als bei Staatsmännern aus der römischen Zeit, wie Cicero oder Marc Aurel. Im Mittelpunkt aller Hoffnung und Zuversicht stand aber stets das Nahverhältnis zur Gottheit, das den Eingeweihten sicher war. Auf Vasen, die man den Toten mit ins Grab gab, sieht man Demeter und Persephone, wie sie den Toten mit einem Trankopfer im Jenseits empfangen. In einem Platon zugeschriebenen Dialog sagt Sokrates: «Du brauchst keine Angst vor dem Tode zu haben, dir wird auch im Jenseits ein Ehrenplatz sicher sein, denn als Eingeweihter in die eleusinischen Mysterien bist du doch ein γεννήτης τῶν θεῶν *(gennétes tōn theōn)* - ein ‹Stammesverwandter› der Götter.»[37] Stammverwandte waren Bürger, die zu einem Genos, einem Geschlechterverband, gehörten und als solche gemeinsam in Stammrollen eingetragen wurden, wobei es auch einen eigenen Aufnahmeritus gab, einer Initiation vergleichbar. Die Zugehörigkeit zu einem Mysterienkult schafft also eine neue, gesicherte Bindung, die den einzelnen in einer von ihm gewählten höheren Ordnung verankert und die ihm Dauer verspricht – über die Auflösung aller sozialen Bindungen hinaus.

Mit der Feier im Telesterion waren die Großen Mysterien noch nicht beendet. Am nächsten Tag kamen die Teilnehmer im Schmuck ihrer neuen Gewänder zu einem großen Gastmahl zusammen. In der Gemeinschaft der Feiernden untereinander und mit den Gottheiten zeigte sich die Lebensfreude – wir denken an die von Cicero erwähnte *laetitia* –, die auch zu Eleusis gehörte. Am letzten Tag gedachte man der Toten; *Demetrioi*, der Demeter gehörig, nannte man sie. Auch Hades, der Unterweltsherrscher, war versöhnt. Auf Weihereliefs in Eleusis sieht man ihn beim Gastmahl mit Demeter und Kore. Sein heiliger Bezirk in Eleusis, zu dem auch ein Tempel gehörte, heißt noch heute Plutonion, denn man nannte ihn als Gatten von Demeters Tochter dort Pluton, mit *Plutos*, «Reichtum», zusammenhängend, «weil nämlich der Reichtum (in Form von Getreide) von unten aus der Erde kommt», wie der Name bei Platon erklärt wird[38]. Die chthonischen Gottheiten haben in Eleusis ihren Schrecken verloren, nicht furchtbar, sondern fruchtbar offenbaren sie ihren wohltätig-freundlichen Aspekt für die Eingeweihten.

Eleusinische Mysterien und athenische Politik

Eleusis wurde seit den Perserkriegen neben Delphi zu einem Ort größter religiöser Ausstrahlung. Aufgrund einer (von Herodot überlieferten) Erscheinung[39] glaubte man, die Göttinnen von Eleusis hätten, um die Verwüstung ihres Landes zu rächen, den Griechen den Sieg über die Perser verliehen. Salamis, der Ort der siegreichen Seeschlacht, liegt ja gegenüber der Bucht von Eleusis. Athen machte sich in der Folgezeit das hohe Ansehen seines «Vorortes» Eleusis zunutze, um seine Vormachtstellung in Griechenland auszubauen. Die Stiftung des Getreideanbaus und der Mysterien durch Demeter und die Weiterverbreitung durch Triptolemos, den attischen Heros, wurde als kulturstiftendes, zivilisatorisches Geschenk Athens an die übrige Welt gedeutet[40], woraus Dankespflichten abgeleitet wurden. Seit 420 v. Chr. forderte man Erstlingsgaben der Getreideernte aus allen griechischen Städten ein, die in riesigen Speichern in Eleusis aufbewahrt wurden und den Reichtum des Heiligtums vermehrten. Mysterienfrevel, wie Verstöße gegen die Geheimhaltungspflicht oder unbefugte Teilnahme, wurden durch den athenischen Staat geahndet, wie es im Falle des Alkibiades geschah. Dieser wurde beschuldigt, bei einem Gastmahl als Hierophant aufgetreten zu sein und seine Freunde «eingeweiht» zu haben. Alkibiades wurde von der eleusinischen Priesterschaft feierlich verflucht und vom athenischen Gerichtshof in Abwesenheit – er befand sich auf dem verhängnisvollen Kriegszug gegen Sizilien – zum Tode verurteilt[41]. In der römischen Zeit suchte Athen durch seine Verbindung mit Eleusis seine geistige Vormachtstellung zu behaupten. Cicero spricht von der *humanitas*, der Menschlichkeit und Gesittung, die Athen aller Welt mit den Mysterien geschenkt habe[42]. Als in der Kaiserzeit die Mysterienfrömmigkeit einen neuen Höhepunkt erlebte, setzte ein wahrer «Wallfahrtstourismus» nach Eleusis ein. Auch mehrere Kaiser ließen sich einweihen und stifteten neue Bauten[43]. Nero mied trotz seiner Griechenbegeisterung als Muttermörder die Weihen von Eleusis, während sich der spätrömische Kaiser Gallienus 254 n. Chr. als Eingeweihter auf einem Münzbild Galliena Augusta nannte, um so seine Verbundenheit mit den Göttinnen auszudrücken. «Der männliche Eingeweihte suchte sich mit Demeter, seiner eigenen weiblichen Seite, zu identifizieren» (Erich Neumann)[44]. «Es hat den Anschein, als seien in Eleusis Patriarchat und Matriarchat, Männliches und Weibliches, noch einmal einen Kompromiß eingegangen» (Gerda Weiler)[45].

170 n. Chr. mußte das Telesterion nach der Zerstörung durch die räuberischen Kostoboken neu errichtet werden. 395 wurde durch Alarich und die Westgoten der heilige Bezirk völlig verwüstet. Doch erst im 5. Jh. wurden die letzten Mysterien gefeiert, obwohl bereits 391 Kaiser Theodosius alle heidnischen Kulte verboten hatte. Der letzte Hierophant war kein Eumolpide mehr, er stammte nicht einmal aus Eleusis und war gleichzeitig Priester des Mithras, was als Zeichen des bevorstehenden Untergangs gedeutet wurde.

Christliche Polemik: Mysterien als Orgien

Die christlichen Schriftsteller haben sich des öfteren mit den eleusinischen Mysterien beschäftigt und gerade in ihrer Ablehnung den hohen Rang dieses Kultes bestätigt. Clemens von Alexandrien (2. Jh. n. Chr.) endigt seine Streitschrift gegen die Heiden *(Protreptikos)* mit dem Bilde vom Christentum als den wahren Mysterien, mit Christus als dem Hierophanten, der seine Eingeweihten heilige. Vorher aber ist Clemens bemüht, die eleusinischen Mysterien ihres weihevollen Charakters zu entkleiden. Höchst profan seien sie – im mystischen Korb befände sich neben Früchten und Kuchen die Nachbildung eines Mutterschoßes – welch eine offensichtliche Schamlosigkeit! Kein Wunder, daß die durch Fackeln erhellte Nacht Gelegenheit zu Zügellosigkeit und Begierden böte. Noch deutlicher wird dieser Vorwurf bei Bischof Asterios, der im 4. Jh. in Kleinasien lebte. Er berichtet, bei den Weihen von Eleusis habe sich in einem unterirdischen Raum des Telesterions der Hierophant mit der Demeterpriesterin vereinigt – die Fackeln seien gelöscht worden und die törichte Menge habe geglaubt, ihr Heil hinge davon ab, was die beiden in der Dunkelheit trieben[46]. Hier wurde nicht nur der sakrale Ritus der Heiligen Hochzeit gröblich verkannt, es gab in Eleusis, wie die Ausgrabungen erwiesen haben, auch gar keinen solchen unterirdischen Raum, und die Zeremonie gehörte nicht zum Kultrepertoire von Eleusis. Die Absicht der Christen wurde freilich erreicht: Die Assoziation von heidnischen Mysterien und «Orgien» blieb bestehen.

Mit der Schließung und Zerstörung des Heiligtums sank Eleusis zur Bedeutungslosigkeit herab. Als im 19. Jh. die Ausgräber kamen, sahen sie die Statue einer weiblichen Gottheit, die von den Einheimischen als die heilige Demetra bezeichnet wurde, die Schutzpatronin der Felder[47]. Heute erhebt sich oberhalb der Ruinen des Tempelbezirks eine Marienkapelle.

Platons Mysteriensprache

Die Erinnerung an die heilige Schau in Eleusis aber lebt weiter in der «Mysteriensprache» Platons. Sie läßt uns rückschließend besser als noch so viele Einzelzüge erahnen, was die Weihehandlung im Telesterion für die Eingeweihten bedeutete. In den Begriffen der Einweihung, unterschieden in vorläufige und endgültige (Myesis und Teletē) und höchste heilige Schau (Epoptie) beschreibt Platon den Weg des Philosophen als des wahrhaft Eingeweihten[48]. Im «Symposion» beschreitet dieser den Stufenweg der Erkenntnis des Schönen, des schöpferischen Eros. Die Priesterin Diotima weiht Sokrates als Mystagogin in die Mysterien dieses Eros ein. Die höchste Stufe wird er erreicht haben, wenn er die Urschönheit selbst erblickt – die Vollendung der «platonischen Liebe». Die Seele aber hat, als sie vor ihrem Erdendasein noch bei den Göttern weilte, diese Idee des Schönen und Vollkommenen einst schauen dürfen. Nur in Bildern der Mysteriensprache vermag Platon im «Phaidros» dieses Erlebnis andeutend darzustellen: «Die Schönheit aber war damals glänzend zu schauen, als mit den seligen Chören wir den Göttern folgend einen glücklichmachenden Anblick und eine Schau genossen und eingeweiht wurden in eine Weihe, die man zu Recht als die am meisten seligmachende von allen bezeichnen kann und die wir feierten ... wobei wir als Mysten und Epopten beglückende Bilder, selber rein, in reinem Lichte sahen.»

II. Dionysos und seine Mysterien

WIE DEMETER, SO wird auch Dionysos Χάρμα *(Charma)*, Freude der Sterblichen, genannt[49]. Die Göttin gab den Menschen mit dem Korn die trockene, die feste Nahrung, Dionysos aber schenkte ihnen als Ausgleich den Saft der Rebe, der die Mühseligen von ihren Sorgen befreit, ihnen Schlaf schenkt und Vergessen ihrer täglichen Sorgen und Plagen, das beste Allheilmittel. So heißt es in den *Bakchen*, der Tragödie des Euripides, der den Gott darin selbst auftreten läßt. Er kommt aus der Ferne, aus dem kleinasiatischen Lydien und Phrygien, aber er ist in Theben geboren, als Sohn des Zeus und der Semele, der Tochter des Königs Kadmos. Sie bestand darauf, ihren Geliebten in seiner göttlichen Gestalt zu sehen, und die feurige, blitzestrahlende Erscheinung des Zeus verbrannte sie. Zeus aber rettete das Kind aus ihrem Schoße und trug es in seinem Schenkel aus. Nachdem es zur Welt gekommen war, übergab er es zum Schutz vor der Rache der eifersüchtigen Hera den Nymphen als Ammen.

Dionysosfeste in Athen

Sie zogen das Kind in Nysa auf, einem mythischen Ort (in Thrakien oder Kleinasien), wo Dionysos auch den ersten Weinstock gestiftet haben soll. Auch in Indien gab es ein Nysa, das mit Dionysos in Verbindung gebracht wurde[50] und das Alexander der Große auf seinem Feldzug besuchte. Vor mancherlei Verfolgungen zog sich der junge Dionysos in die

Wälder zurück, wo auch seine Pflanze, der immergrüne Efeu, wächst, aber auch ins Meer, wo ihn die Göttin Thetis aufnahm[51]. Erwachsen kehrt er zurück nach Griechenland, begleitet von einem Gefolge aus Nymphen sowie halbgöttlichen-halbtierischen Wesen, Satyrn und Silenen, den Waldbewohnern, die sich ihm angeschlossen haben. Mit seinem Schwarm verfolgt er alle, die seine Gottheit nicht anerkennen und seinen Kult nicht dulden wollen, wie König Pentheus von Theben. Das weibliche Gefolge des Gottes, die Mänaden (die Rasenden), gerät in ekstatischen Taumel und Raserei und zerreißt wilde Tiere, ja Pentheus selbst.

Wildheit, Tierhaftigkeit, Raserei und Wahnsinn sind Züge, die zum Bild des Dionysos gehören. Sie passen nicht zum Wesen der olympischen Götter, und so verwundert es nicht, daß Dionysos bei Homer keine Rolle spielt, obwohl er ihn kennt[52].

Der Name Dionysos (gedeutet als Διὸς νῦσος – Zeussohn) ist auf Tontäfelchen in Linear B-Schrift in Pylos gefunden worden; er wurde also bereits in mykenischer Zeit verehrt (vor 1200 v. Chr.), und es spricht vieles dafür, daß er aus Kreta eingeführt wurde[53]. Sein Kommen aus Lydien und Phrygien aber deutet darauf hin, daß der Kult des Gottes von Einflüssen aus dem kleinasiatischen Raum geprägt wurde[54].

Als die homerische Adelswelt mit ihrer Verehrung der kriegerischen Götter und der heroischen, das heißt halbgöttlichen Ahnherrn der ritterlichen Geschlechter zu Ende ging, begann der Siegeszug des Dionysos. Er war nicht festgelegt auf eine feudale Gesellschaft; als Spender des Weins, verbunden mit froher Geselligkeit, als Löser und Erlöser von Sorgen, war er ein Gott für die nun aufstrebenden Schichten des Volkes, gleichermaßen für Bauern wie für Städter. Die Tyrannen, die Stadtherrscher, die sich auf das Volk stützten, förderten den Kult des Gottes. Unter Kleisthenes von Sikyon (um 600 v. Chr.) wurden zu Ehren des Dionysos «tragische Chöre» veranstaltet[55], die Vorläufer der Tragödie, die dann unter Peisistratos in Athen gleichzeitig mit dem neuen Staatsfest der Großen Dionysien Anfang und Blüte erlebte. Weitaus älter war das Anthesterienfest, das im Frühjahr, im Monat Anthesterion («Blütenmonat», Februar / März) in Athen zu Ehren des Dionysos begangen wurde. Am ersten Tag (Πιθοιγία, *Pithoigia*, Öffnen der Fässer) wurden die Fässer mit dem jungen Wein geöffnet und der erste Trunk dem Dionysos dargebracht. Am zweiten Tag, *Choën* («Kannenfest»), wurde ein ritueller Umtrunk gehalten und in allgemeiner Fröhlichkeit der Einzug des Dionysos auf dem Schiffskarren gefeiert. Der Gott war aus dem Meer herbeigerufen worden und eröffnete gleichzeitig die Schiffahrt. In der Nacht fand der Hieròs Gámos, die Heilige Hochzeit der Basilinna, der «Königin», der Gattin des obersten Beamten Athens statt, des Archon Basileus. Der Name des kultischen Ortes, Bukoleion (Rinderhirtenhaus, Stierstall), erinnert an die urtümliche, nach Kreta weisende Stiergestalt des Dionysos[56]. Vereinigte sich die «Königin» mit dem Dionysospriester oder mit der Erscheinungsform des Gottes als Phallos? Auf jeden Fall sollte die Begegnung allen Frauen Athens Fruchtbarkeit und Segen bringen. Am dritten und letzten Tag (*Chýtroi*, «Töpfe») wurde ein Getreidemus, die Panspermie, in Töpfen gekocht, ein Mahl, mit dem die Toten gnädig gestimmt werden sollten, die an diesem Tag («Allerseelentag») als auf der Oberwelt umherschweifend gedacht wurden. Ein anderes altes Dionysosfest waren die *Lenäen*. Auf den sog. Lenäenvasen sieht man Frauen, die im Lenaion, einem Tempel des Dionysos, tanzen und musizieren. Ein großer Weinkrug steht dabei – Lenaion (von λῆνος, *lenos*, die Kelter) ist der Ort, an dem der Wein nicht nur gekeltert, sondern auch bis zu seiner Klärung aufbewahrt wurde. Die Frauen, die ihn beim Lenäenfest in dionysischem Schwarm umtanzten und vorkosteten, waren ein eigens für die Festlichkeiten des Gottes ausgewähltes Kollegium – ebenso wie die Frauen, die zur gleichen Zeit, mitten im Winter (Januar / Februar), alle zwei Jahre ein dionysisches Fest begingen.

Der Zug der Frauen ins Gebirge

Es heißt Oreibasia, der Zug in die Berge. Frauen zogen z. B. von Athen und Delphi hinauf auf die beschneiten Höhen des 2500 m hohen Parnaß, um mit Tänzen und Musik das dort schlafende Dionysoskind zu wecken. Bereits auf minoischen und mykenischen Abbildungen sind ekstatische Tänze von Frauen zu sehen, die auf eine göttliche Epiphanie gerichtet sind[57].

Die Mänaden

Die Frauen im Dienste des Gottes sind die Mänaden, die «Rasenden», auch Bakchen oder Bakchantinnen genannt. Im Bereich von Delphi und Athen heißen sie Thyiaden (von θυέλλα – *thyella*, dem wegreißenden Sturmwind). Sie verkörpern die göttlichen Frauen, die den jungen Gott als seine Ammen und Beschützerinnen in die Wälder und Berge begleitet haben. Entweder im Auftrag der Gemeinden oder aus eigener Initiative schließen sie sich zusammen, um die Oreibasie zu begehen. Die Thyiaden bilden die ältesten dionysischen Mysterienbünde, die – rein weiblich und auf das Erwachen des neuen Lebens gerichtet – ihre Herkunft aus urtümlichen Fruchtbarkeits- und Vegetationsriten noch erkennen lassen[58]. Um den Gott herbeizurufen, der entweder in einem Liknon, einer Getreideschwinge (der ländlichen Wiege), schlummerte, oder bei Persephone in der Unterwelt weilte, und seine Epiphanie zu erleben, bedurfte es einer besonderen Gestimmtheit, der dionysischen Ekstase. Sie konnte nur außerhalb der gewohnten Umgebung erlebt werden, und deshalb begeben sich die Frauen in die wilde, unberührte Natur der Berge, sogar zur Winterszeit, «weg von Webstuhl und Spindel, getrieben von Dionysos»[59]. Aus der Begrenztheit ihres sozialen Daseins werden sie herausgerissen in das gemeinschaftliche Erleben einer Ausnahmesituation. Die Mänaden

Tanzende Mänade im Gefolge des Dionysos, mit Hirschkalbfell, Efeukranz und Schlangen. Sie trägt den Thyrsosstab mit dem Pinienzapfen zur Prozession geschultert. Vasenbild um 500/490 v. Chr.

tragen Efeukränze, das gefleckte Fell eines Hirschkalbs um die Schultern und halten den Thyrsos in der Hand, den von einem Pinienzapfen bekrönten, mit Efeu und Weinlaub umwundenen hohen Stengel der Narthexpflanze.

Die Festfeier wird in der Nacht begangen, bei Fackelschein, mit Tänzen zum Klang der Flöte und des Tympanons, einer tamburinartigen Handtrommel. Dazu ertönt das Klappern der Krotala, einer Art Kastagnetten. Die Mänaden erreichen ihren Zustand der Verzückung nicht durch Wein, es ist auch nicht an eine unkontrollierte Massenbewegung zu denken. Die Frauen sind auserwählt zu ihrem Dienst in einem geschlossenen Kreis, weil sie tieferes Wissen um die zu feiernden Geheimnisse besitzen und daher stellvertretend für die Allgemeinheit – also auch für die männlichen Kultanhänger – in Kontakt mit dem Göttlichen treten können. Es ist das urweibliche Wissen um die sakralen Zusammenhänge von Sexualität und Geburt, um Fruchtbarkeit und Regenerierung des Lebens der Welt. Zu diesem Wissen gehören auch die Ekstasetechniken, die Mittel, eine Bewußtseinserweiterung zu erreichen und in einer Regression hinabzutauchen in die vorzivilisatorische Welt, in eine Welt animalischer Einheit von Pflanze, Mensch und Tier. Wenn wir Vergleiche ziehen wollen, so werden wir statt an medizinisch-pathologische Bestimmungen wie Hysterie eher an das sozio-kulturelle Phänomen der geheimen Männer- und Frauenbünde archaischer Kulturen denken[60], in denen religiöses Stammeswissen bewahrt und tradiert wurde. In West- und Nordeuropa gab es bis in die Neuzeit «Weiberbünde», deren Mitglieder dann als Hexen «verteufelt» wurden. Für diese Bünde wie auch für die Mänaden steht am Anfang jeweils kein rauschhaftes Fortgerissensein einer Masse, sondern der Wille jedes einzelnen, sich durch physische und psychische Entgrenzung mit dem Göttlichen zu vereinen. Für Dionysos gilt als Ziel der kultischen Handlung, im Heraustreten aus sich selbst (Ek-stase) Raum zu schaffen für die Besitzergreifung durch den Gott, das Erfülltsein vom Göttlichen (En-thusiasmos). Wie die Mitglieder der Geheimbünde, so sind auch die Mänaden in der Lage, ihre physischen Kräfte zu steigern und äußere Einflüsse auszuschalten. Wie wäre es ihnen sonst auch möglich, in der üblichen leichten Frauenbekleidung in die winterlichen Berge zu ziehen? (Einmal war freilich eine Rettungsaktion nötig, um die völlig eingeschneiten Frauen zurückzuholen. Ihre Kleider waren bretthart gefroren.) In der rhythmischen Bewegung zur Musik, in jenem ekstatischen Mänadentanz mit starr zurückgeworfenem Kopf, wehenden Haaren und fliegenden Gewändern, wie es die Vasenbilder zeigen, nähern sich die Frauen dem Gott. Gelöst von allen Fesseln der Konvention, erreichen sie eine höchste Steigerung ihrer Lebenskräfte: Sie werden vom Gott erweckt und erwecken selbst das Leben neu – das Dionysoskind, das in der Höhle schläft, vor der die Festfeier stattfindet. Sie begegnen dort dem Gott als Kind, und sie begegnen ihm in seiner elementaren Erscheinungsform als Phallos – beides findet sich auf Bildern als Inhalt des Liknon, der Getreideschwinge, dargestellt, und das Mysterium umfaßt beides in einem, «die ewige Wiederkehr des Lebens ... das triumphierende Ja zum Leben über Tod und Wandel hinaus; das wahre Leben als das Gesamt-Fortleben durch die Zeugung, durch die Mysterien der Geschlechtlichkeit. Den Griechen war deshalb das geschlechtliche Symbol das ehrwürdige Symbol an sich ...» (F. Nietzsche)[61].

Omophagie – das «Gottessen»

Vom Gott ergriffen, im Enthusiasmós, sehen die Mänaden nun Milch, Honig und Wein aus dem Boden hervorquellen, sie umgürten sich mit Schlangen, ergreifen Rehkitze und Wolfsjunge, um sie zu säugen, dann aber zerreißen sie Tiere mit bloßer Hand, Böcke und Rehe, sogar Stiere, und verschlingen sie in rohem Zustand. Diese Omophagie, das «Rohfleischessen», ist aus archaischen Kulturen als urtümlicher, magisch-sakraler Akt bekannt, bei dem man sich die Lebenskraft eines getöteten Tieres, ja sogar auch die eines Menschen selbst «einverleibt». Für die von dionysischer Ekstase erfüllten Mänaden bildete die Omophagie die letzte Stufe ihrer Regression, den Durchbruch in die vorzivilisatorische Welt, in der das Rohe statt des Gekochten zur Speise diente[62].

Dionysos Zagreus – das Opfer der Titanen

Das Tier aber, das zerrissen wurde, war zugleich das Opfertier für Dionysos, ja es war in geheimnisvoller Weise eine Erscheinung des Gottes selbst. Zu Plutarchs Zeit, im 2. Jh. n. Chr., bestanden die Mänadenvereine immer noch, aber man zerriß längst keine Tiere mehr – wie er berichtet, riß man Efeublätter ab und kaute sie[63]. Entscheidend war der Bezug zu Dionysos, und auch der Efeu war eine Erscheinungsform des Gottes, als immergrüne Pflanze ein Abbild ewig-göttlichen Lebens, aber auch eine Metamorphose seines sterblichen Gefährten Kissos, der in eine Efeupflanze verwandelt worden war[64]. Das Zerreißen und Essen «dionysischer Substanzen», das eine Gemeinschaft mit dem Gott bewirkte, war zugleich ein Erinnerungsritus besonderer Art, der hinüberführt zu den Mysterien des Gottes.

Dionysos, der rätselhafteste aller griechischen Götter, war nicht nur der Sohn der Semele. Es gab auch einen «unterirdischen», chthonischen Dionysos, den Sohn des Zeus und der Persephone vor ihrer Heirat mit Hades. Man nannte ihn auch Zagreus, ursprünglich der Name eines mythischen «großen Jägers»[65], das heißt der «lebendig Fangende», also der die Omophagie, das «Rohfleischessen», übt – der aber zugleich auch das Opfer ist. Das ausführlichste erhaltene Zeugnis über diesen Dionysos ist zugleich das jüngste, das Epos «Dionysiaká» des Nonnos aus dem 5. Jh. n. Chr[66]. Nonnos erzählt, wie sich Zeus in Schlangen- oder Drachengestalt seiner eigenen Tochter nähert, um mit ihr den «früheren Dionysos», Zagreus, den «gehörnten Säugling»[67], zu zeugen. Er darf als kleines Kind als einziger auf dem Thron des Zeus sitzen und in kindlicher Hand den Blitz und die Donnerkeile schwingen. Hera, die stets eifersüchtige Gemahlin des Zeus, fürchtet ihn als Rivalen um die Macht und die Gunst ihres Gemahls und stiftet die Titanen zu einer schrecklichen Tat an. Die Titanen, eine Gruppe vorolympischer Götter, wurden von Zeus einst entmachtet und in die Tiefen des Tartaros verbannt. Mit Heras Hilfe kommen sie nun hervor, sie erhalten Spielzeug von ihr, um das Dionysoskind anzulocken, und bestäuben sich die Gesichter mit Gipsstaub, um nicht erkannt zu werden. Die List glückt, und die Titanen töten das Kind, während es gerade in den geschenkten Spiegel blickt[68]. Sie zerteilen es in sieben Stücke, kochen diese in einem Kessel und essen davon. Als Zeus das Verbrechen bemerkt, schleudert er seine tödlichen Blitze gegen die Titanen. Die Göttermutter Rheia[69] aber birgt die Teile, setzt sie zusammen und belebt das Dionysoskind wieder, das fortan in ihrer Obhut aufwächst.

Der zerstückelte Gott: Initiation und Mysterium

Die grausame Tat und das unerhörte Geschehen, daß ein Gott gemordet wird und wiederaufersteht, weist in Tiefenschichten, die noch vor der Ausgestaltung des Mythos liegen. Das Bestäuben des Gesichts mit Puder oder Staub, das Zerstükkeln und Kochen im Kessel wie auch das Handhaben der mythischen «Spielzeuge»[70] tauchen in archaischen Kulturen weit auseinanderliegender Zonen gleichermaßen als Initiationsrituale auf. Der Initiand – ein Jugendlicher an der Schwelle des Erwachsenseins, oder auch ein künftiger Schamane – begegnet den zurückgekommenen Ahnengeistern: Ihnen entsprechen die weiß wie Gespenster aussehenden vorolympischen Titanen (Τίτανος heißt Gips bzw. Kalk). Er erleidet durch das Kochen im Kessel und das Feuer einen rituellen Tod[71] und erreicht im Durchgang durch den Tod ein neues Leben. «Im ‹Verbrechen der Titanen› läßt sich also ein altes Initiationsszenarium erkennen, dessen ursprüngliche

Bedeutung vergessen war. Denn die Titanen verhalten sich als «Initiationsmeister» (M. Eliade). Ursprünglich verliehen sie dem Dionysoskind (das als Sohn der Semele sterblich war) die Unsterblichkeit der Götter. Die Bezeichnung «der gehörnte Säugling» bei Nonnos scheint noch darauf hinzudeuten, daß im Initiationsritus ein stellvertretendes Tieropfer, Stierkalb oder Böcklein, dargebracht worden war. Seit die Titanen aber – nach dem Sieg der olympischen Religion – zu den überwundenen bösen Mächten gehörten, wurde auch ihr Tun ‹böse›. Erhalten blieb jedoch das Geheimnis vom Tod und Wiedererstehen des Gottes, und trotz scheinbaren Vergessens, eine Ahnung vom initiatorischen Charakter des Dionysosopfers, das eben deshalb zum Kern von Mysterien werden konnte. Wenn der Gott im Durchgang durch den Tod neues Leben gewinnt, werden auch seine Anhänger mit ihm leben, so entspricht es der Hoffnung im Mysterienglauben. Dem Mythos vom Titanenopfer zufolge waren die Menschen aus dem Ruß entstanden, der sich niederschlug, als Zeus die Titanen mit dem Blitz verbrannte. Die Titanen aber hatten von dem göttlichen Kind gegessen. So tragen auch die Menschen eine unzerstörbare göttliche Substanz in sich, die sie in der Einweihung in die Mysterien gewissermaßen aktivieren. Im dionysischen Opfer, in der Gabe des Weines und in der Ekstase rufen sie das Göttliche in sich wach.

Dionysos- oder Bakchosmysterienbünde treffen wir seit dem Ende des 6. Jh. v. Chr. überall an, in Griechenland wie auch im griechisch besiedelten Unteritalien (Magna Graecia). Sie waren nicht wie die eleusinischen Mysterien an einen Ort gebunden, sondern verdankten ihre Gründung oft wandernden Priestern, den Telesten (‹Einweihepriestern›). Diese Mysteriengemeinden waren als private und alternative Kultgenossenschaften äußerst vielgestaltig und entsprachen dem zunehmenden Individualismus, vor allem seit dem Ende des 5. Jh., als sich die Bande der traditionellen Religion lockerten und die Aufklärung ein geistiges Vakuum schuf.

Dionysische Nachtfeier

Das ekstatische dionysische Schwärmen stand Männern wie Frauen offen. Zu Nachtfeiern zog man hinaus ins Freie, mit dem Thyrsosstab und Weinschläuchen und Kannen, um sich in Tanz und Musik, in berauschter, erotischer Atmosphäre mit dem Gott zu vereinen. Der Gedanke an «Orgien» liegt hier nicht ferne, und ihn hatten nicht erst die christlichen Schriftsteller, wie aus Euripides' «Bakchen» hervorgeht. Freilich nötige Dionysos die Frauen nicht zur Enthaltsamkeit gegenüber Aphrodite, sagt der Seher Teiresias als Anwalt des Gottes, aber bei seinen Feiern würde auch keine Frau, die von sich aus ehrbar sei, allgemeiner Zügellosigkeit verfallen (314ff.). Die Sexualität spielte als Erfahrungsbereich der Entgrenzung, der Ekstase, gleichwohl eine Rolle in den Bakchosmysterien. Im Drama «Ion» des Euripides gilt der jugendliche Held als Frucht einer Liebesbegegnung bei einer nächtlichen Bakchosfeier «in der Mänaden Schar» (550ff.). Das Glück im Jenseits wird im Bilde einer Hochzeit gesehen. Der Eros blieb jedoch, zumindest in den griechischen Stadtgemeinden, in den kultischen Rahmen eingebettet. Gerade hier aber bot das dionysische Schwärmen bei den Mysterienfeiern auch ein notwendiges Ventil für den Druck, den die Polisdemokratie auf den einzelnen ausübte. Der Bürger seiner Stadtgemeinde sollte nach homerischem Ideal hervorragen vor anderen und Leistungen für die Polis erbringen. Damit verletzte er jedoch den Gleichheitsgrundsatz, und es konnte ihm ergehen wie jenem tüchtigen Bürger von Ephesos, den seine Mitbürger verbannten mit dem Ausspruch: «Von uns soll keiner der Fähigste sein, oder wenn, dann anderswo und bei anderen Leuten.»[72] Auch unter diesem sozialpsychologischen Aspekt sind die Mysterien zu beachten, und man kannte den «seelenreinigenden» (kathartischen) – wir würden heute sagen psychotherapeutischen – Aspekt der bakchischen Mania, des Rasens und Schwärmens, auch in der Antike sehr wohl, wie Platon bezeugt.

Vor allem aber gaben die Bakchos-Mysterien wie die eleusinischen eine Antwort auf die alle Menschen gleichermaßen bedrängende Frage nach dem Jenseits. Im 6. und 5. Jh. v. Chr. vollzog sich eine bedeutsame religions- und geistesgeschichtliche Entwicklung, die man die Entdeckung der Seele nennen kann[73]. Diese ist nicht mehr Homers wesenloses Schattenbild des Toten, sondern Träger der Individualität des Menschen, sein unzerstörbarer Wesenskern, der auch mit dem Tode nicht vergeht. Wie ist aber das Schicksal dieser Seele nach dem Tode? Ebenso wie die Mysten von Eleusis vertrauten auch die Bakchosmysten auf eine dauernde Verbundenheit mit ihrem Gott. Reiche Zeugnisse hierfür bieten die Bilder auf Vasen (vor allem des 4. Jh. aus Unteritalien), die man den Verstorbenen mit ins Grab gab[74]. Oft sehen wir auf der einen Seite die Überwindung eines Todesdämons (wie Theseus und Minotauros), ein Zeichen, wie ernst und bedrängend der Gedanke an den Tod war. Auf der anderen Seite aber ist ein dionysischer Thiasos abgebildet, das schwärmende Gefolge des Gottes mit Satyrn, Silenen und Mänaden, das zur Nachtfeier hinauszieht. Wo der Gott selbst anwesend ist, bildet er, in sich ruhend, einen Kontrast zu dem bewegten Treiben seiner Anhänger. Von der Göttermutter Rheia hat er den Amethyst erhalten, den Stein, der gegen Trunkenheit schützt[75]. Im Wandel der Erscheinungen bildet er die Mitte: das immer gleiche, unwandelbare Leben. Mit ihm zusammen feiern die Eingeweihten einen ewigen, «himmlischen» Thiasos. Wir sehen auf den Vasenbildern, wie der oder die Verstorbene im Jenseits begrüßt wird: Frauen werden oft durch Eros in Empfang genommen, der sie zu Dionysos geleitet. Seine himmlische Braut ist Ariadne, mit der er auf Naxos Hochzeit gehalten hat. In den Mysterien aber wird jede Frau zu Ariadne, schon in der dionysischen Ekstase, aber dann auch im Jenseits. Der Gott erwartet sie zu einer heiligen Hochzeit. Wir haben anschau-

Eine verstorbene Dionysosmystin wird von Eros in die Unterwelt geführt und von einer anderen Eingeweihten mit erhobenem Spiegel begrüßt, dem Zeichen der Eingeweihten.

liche Bilder, wie die Frauen ängstlich oder erwartungsvoll, rasch oder zögernd dem Geleiter des Gottes folgen, Eros oder einem Satyrn, der sie an der Hand nimmt. Der Mann aber wird von einer Mänade erwartet, die ihn zu ewigen Freuden führt, ja er wird selbst bisweilen zu einem «neuen Dionysos». Während die Frauen als Mänaden gekleidet sind, sieht man die Männer als Satyrn, Silene oder Pan. Die Attribute der halbgöttlichen Dionysosbegleiter, wie Bockshörner oder Pferdeohren, sind oft auf einer Kopfbinde befestigt, und die Figuren tragen Festgewänder statt des Fells. Man soll sehen, daß es sich hier nicht um die «echten» mythischen Gefolgsleute des Gottes handelt, sondern um Mysten [76]. Neben der Erhöhung der Verstorbenen werden damit auch konkrete Hin-

Grabvase für eine Verstorbene, die sich mit dem Spiegel im Jenseits als Angehörige des Dionysoskultes ausweisen will.

weise auf die Einweihungsgrade oder Funktionen der Betreffenden gegeben, wie sie uns aus Inschriften bezeugt sind[77]. Platon erwähnt Narthexträger und Bakchoi als Inhaber niederer und höherer Ränge[78]. Diese traten in den unterschiedlichen Abzeichen ihrer Würde z. B. bei Prozessionen auf.

Der Spiegel als Erkennungszeichen der Dionysosmysten

Auf den Vasenbildern fällt es ins Auge, daß viele Personen, Männer und Frauen, einen Spiegel[79] in der Hand halten, ohne daß dieser als Toilettegegenstand Verwendung findet. Oft blicken die Personen gar nicht hinein, sondern halten ihn hinter dem Rücken von Ankommenden hoch oder strecken ihn diesen entgegen. Als das Dionysoskind von den Titanen überwältigt wurde, erblickte es sich gerade im Spiegel. Es sah darin sein εἴδωλον *(eidolon)*, das Bild seines körperlosen, göttlichen Seins, das «Seelenbild», das auch der Mensch hat, und das nach dessen Tode noch lebendig bleibt, wie Pindar im Zusammenhang mit einer Mysterienweihe sagt, «denn dieses allein stammt von den Göttern»[80]. Der junge Dionysos war sich also im Augenblick seines Todes seiner Unsterblichkeit bewußt; er ist wahrhaft das «Urbild des unzerstörbaren Lebens» (K. Kerényi), und als Mysteriengott gibt er diese Gewißheit an seine Anhänger weiter. Der Blick in den Spiegel zeigt das körperlose, das göttliche Teil des Menschen, die gemeinsame Lebenssubstanz, die ihn mit dem Gott verbindet. Daher wird der Spiegel zum *Symbolon*, zum Wahr- und Erkennungszeichen des Mysten. Er wird den im Jenseits ankommenden Eingeweihten entgegengehalten, um ihnen Mut zu machen, und der Myste, der ihn hält, weist sich damit in der Unterwelt aus: «Ich gehöre zu den Eingeweihten!»

Die Orphiker

Der Mythos vom getöteten Dionysoskind offenbarte aber noch einen anderen, folgenschweren Zusammenhang. Die Menschen sind sozusagen aus der Asche der Titanen entstanden, die von dem göttlichen Kinde gegessen hatten. So haben die Menschen nicht nur den göttlichen Funken in sich, sie haben auch teil an der titanischen Natur – titanisch im Sinne jener dem Menschen innewohnenden dämonischen Kräfte, die ihn zum Überschreiten seiner Grenzen und zum Bösen treiben[81]. Diese Zwiespältigkeit des Menschen (wie sie sich auch im Mythos des Titanen Prometheus ausdrückt) führte ernste Denker zu folgender Überlegung: Wenn der Mensch das Göttliche in sich aktivieren will, genügt es nicht, sich in dionysischer Ekstase von der Wirklichkeit zu befreien, um dadurch schon der Einheit mit der Gottheit gewiß zu sein. Es bedarf der Reinigung und Läuterung von allen titanischen Elementen, wie ungezügelten Leidenschaften durch Askese und eine tiefere Art der Frömmigkeit, ja schließlich durch eine besonders geregelte, strenge Lebensführung.

Diese Vorstellungen treffen wir bei den Orphikern, der ersten, seit dem 6. Jh. v. Chr. faßbaren Sekte im griechischen Raum, deren Anhänger sich, soweit sie Mysteriengläubige waren, unter dem weiten Dach der Bakchos-Dionysosmysterien ansiedelten[82].

Orpheus – der Meister aller Einweihungen

Sie nannten sich nach dem mythischen Sänger Orpheus, der mit seiner Musik Menschen und Tiere, ja selbst die Unterwelt in seinen Bann gezogen hatte. Von den Mänaden zerrissen, erleidet er ein Dionysosschicksal. Er wird vielfach in der Tracht eines Thrakers dargestellt, auch sein Tod wird nach Thrakien verlegt. Die Griechen waren bei der Besiedelung des Balkans sowie des Schwarzmeer- und Donauraums mit thrakischen Völkerschaften in Berührung gekommen und waren, wie Herodot bezeugt, von ihren religiösen Vorstellungen und Praktiken beeindruckt. Durch besondere Rituale der Ekstase besiegten die Thraker sogar die Furcht vor dem Tode[83]. Ihr geheimes Wissen gaben sie jeweils an die jüngere Generation weiter. Indem man Orpheus als Thraker sah, wurde er, der Sänger mit den Wunderkräften, zum «Meister aller Einweihungen» (Diodor). Pausanias sah eine Orpheusstatue zusammen mit einer anderen, die Teletē, die Einweihung, verkörperte[84]. Es heißt auch, Orpheus habe den Mythos von der Zerreißung des Dionysos in die Mysterien dieses Gottes verlegt, zum andern wird aber auch eine historische Persönlichkeit genannt: der Theologe und Gelehrte Onomakritos, der etwa um 560–530 v. Chr. am Hofe des Peisistratos in Athen lebte[85]. Er habe die Titanen als die «Täter der Leiden des Dionysos» eingeführt und diesem Gott Mysterien eingerichtet. Beide Nachrichten zusammengenommen ergeben, daß Onomakritos der orphischen Lehre vom Menschen und seiner Natur die Verankerung im Mythos gab.

Die Orphiker lehrten – ein Novum in der griechischen Geistesgeschichte – einen Dualismus zwischen Geist und Materie. Die Seele ist im Körper wie in einem Gefängnis, ja wie in einem Grabe eingeschlossen[86]. Sie muß Strafe erleiden für eine alte Schuld, eben jenen Gottesmord ihrer titanischen Ahnen. Diese Schuld muß sie abbüßen, und sie kann es durch den Katharmós, die Reinigung. Diesen Begriff hat Platon übernommen und ins Zentrum seines Philosophierens gestellt, und wir können ihn aus der platonischen Mysteriensprache wieder «rückübersetzen». Er läßt Sokrates sagen, es sei die Aufgabe des wahren Philosophen, eine Lösung und Trennung der Seele vom Körper zu erreichen, so daß sie befreit ist von den Banden des Leibes. Mit der Befreiung von Leidenschaften und bösen Trieben – also von der titanischen Natur – wird die wahre Reinigung vollzogen. Und so haben, fährt Sokrates fort, diejenigen, die die Weihen vollziehen, wohl gar nicht so unrecht, wenn sie in dunkler Redeweise andeuten, wenn einer ungeweiht und ungeheiligt in den Hades käme, dann würde er dort im Schlamm liegen müssen.

Der «orphisch reformierte Dionysos»

Der Gereinigte und Geweihte aber wird, wenn er dort ankommt, bei den Göttern wohnen. Denn, wie sie sagen, «Thyrsosträger gibt es viele, Bakchoi nur wenige.» Mit «denjenigen, die die Weihen vollziehen», meint Platon hier die Orpheotelesten, die wandernden Priester, die anhand von orphischen Büchern Reinigungszeremonien vornehmen und in bakchische Mysterien einweihen, und zwar solche des strengen Typs, bei denen man nicht nur selig schwärmend mit dem Thyrsosstab auszieht wie die breite Masse der Dionysosmysten, sondern durch ein asketisches Leben dem Gott nahe kommt, zum Bakchos wird. Hier zeigt sich das esoterische Bewußtsein der Orphiker, die auch eine gereinigte, erhöhte Vorstellung vom Göttlichen hatten und einen «orphisch reformierten Dionysos» (F. Walsdorff) schufen, der vor allem in der Spätantike zu einem universalen Erlösergott werden sollte.

Zu den orphischen Vorschriften gehörte der Verzicht auf Fleisch und auf das Schlachten von Tieren. Dieses Speisetabu brachte eine strikte Trennung vom religiösen Gemeinschaftsleben mit sich, das auf das Tieropfer und das anschließende Mahl gegründet war (daher ist die Bezeichnung «Sekte» durchaus berechtigt). Die Orphiker brachten nur Rauchopfer dar, wie später die Christen im Gegensatz zu den Juden. Der Vegetarismus soll gewissermaßen stellvertretend die Tat der Titanen, die «Urschuld» (E. Dodds) rückgängig machen oder sühnen[87]. Man hat den tiefen und dem Griechentum im Grunde fremden Pessimismus, der sich in dieser Vorstellung einer «Erbsünde» ausdrückt, verschieden zu erklären versucht: Die Orphik zeigt, «zu welchen Folgerungen der unausgesetzte Anblick einer Welt des Kampfes und der Grausamkeit drängte – zum Ekel am Dasein, zur Auffassung dieses Daseins als einer abzubüßenden Strafe, zum Glauben an die Identität von Dasein und Verschuldetsein» (Fr. Nietzsche)[88]. Auf die Menschen als die Nachfahren der Titanen ist die Urschuld als die «Todsünde der Selbstüberhebung» (E. Dodds), die schöpferisch-zerstörerisch zum Menschsein gehört, übergegangen; sie läßt sich aber auch deuten als Mord innerhalb der Götterfamilie: Die «Brüder» töten den Stellvertreter des Familienoberhauptes, der als Nachfolger auf dem Throne sitzt – es liegt nahe, an kollektive Schuldgefühle zu denken, die in einer Zeit entstanden, als sich die strenge archaische Familienordnung auflöste und der Vater als unumschränkter Herr über Leben und Tod der Familienmitglieder durch eine bürgerliche Rechtsordnung «abgesetzt» wurde.

Ob sich die Seele nun von dieser Urschuld reinigen muß, die ihr kraft ihrer titanischen Natur anhängt, oder ob sie konkrete Verfehlungen aufzuweisen hat, die sie infolge ihrer Neigung zum Bösen beging – als schwerste galten Mord oder Tempelraub –, sie muß sich nach dem Tode vor den Richtern in der Unterwelt rechtfertigen und wird, wenn sie noch der Reinigung bedürftig ist, erneut «eingekörpert» und in ein neues Leben entsandt[89].

Orphische Seelenwanderung

Zur Orphik gehört auch eine Lehre von der Seelenwanderung, eine – wie die «Urschuld» – dem Griechischen ursprünglich fremde Vorstellung. Herodot glaubte, daß sie von den Ägyptern übernommen wurde, auch indo-iranische Einflüsse scheinen wirksam, und sicher hat Pythagoras, der in Ägypten und Babylon die Weisheit der Priester studierte, bei der Vermittlung und Ausgestaltung dieser Lehre eine wichtige Rolle gespielt[90]. Auch er verbot das Fleischessen, denn in jedem belebten Wesen könne sich eine menschliche Seele verkörpern. Er ging dabei aus von der Frage: Wenn die Seele unsterblich ist – wo war sie dann vor diesem Leben, und wo wird sie nachher sein? Für die Mehrheit der Menschen war die Vorstellung einer Wiedergeburt aus anderen Gründen annehmbar. Sie trug der anstößigen Tatsache Rechnung, daß oft nicht der Gerechte, sondern gerade der Ungerechte Glück und Erfolg im Leben hatte. Nun konnte man sich sagen, daß die Leiden des Gerechten eine Strafe waren für Vergehen in einem früheren Leben. Der Ungerechte aber, der jetzt glücklich war, würde im nächsten Leben Buße zu leisten haben. Durch ein frommes, reines Leben aber vermag die Seele endlich dem Kreislauf der Wiedergeburten zu entkommen. *«Doch welche sich überwanden, / drei Male hier wie dort / ihre Seele fernzuhalten jedem Fehl, / Hin zu des Kronos Feste ziehen sie auf den / Pfaden des Zeus. Es umweht / kühler Hauch der Seligen Eiland, den das Weltmeer schickt.»* So weiß es Pindar[91], und ähnlich liest man es auch auf den Goldblättchen, die in Gräbern des 4.–2. Jh. v. Chr., vor allem in Unteritalien, gefunden wurden.

Totenpässe für die Eingeweihten

Auf dünnen Täfelchen sind formelhafte Verse eingeritzt, mit denen sich der Tote im Jenseits als Eingeweihter ausweisen soll. Es sind «Totenpässe», ähnlich wie im Ägyptischen, die teilweise eine regelrechte Unterweltstopographie enthalten. Mit ihrer Hilfe soll sich der Abgeschiedene im Hades zurechtfinden können. Wir lesen von einer Quelle zur Rechten, bei der eine weiße Zypresse steht, von kühlem Wasser aus dem See der Erinnerung, mit dem der Tote seinen Durst löschen soll. Er soll nicht aus der Lethe, dem Fluß des Vergessens, trinken, damit er seiner Weihe eingedenk bleibt. Mit dem Wort: «Ich bin ein Sohn der Erde und des gestirnten Himmels» soll er sich bei den Wächtern der Unterwelt ausweisen. Dann wird er einen weiten Weg zu gehen haben, «den auch andere, Mysten und Bakchen, ruhmvoll schreiten» – den Weg zu den Sitzen der Seligen[92]. Auf einem anderen Goldblättchen[93] spricht die Seele: «Ich komme als Reine von Reinen, o Königin der Unterwelt und ihr anderen unsterblichen Götter, denn ich rühme mich, euer glücklicher Nachkomme zu sein! ... Dem trauerschweren, mühseligen Kreis [der Wiedergeburten] bin ich entflohen ...» Der Tote wird von anderen Eingeweihten begrüßt: «Selig bist du und glücklich zu preisen, ein Gott wirst du sein statt eines Sterblichen!»

Hellenistisch-römische Bakchosmysterien

Neben den bakchisch-orphischen Mysterien mit ihrer elitären Theologie gab es seit dem 5. Jh. v. Chr. in Griechenland noch andere, orgiastische Kulte, die vor allem das Volk ansprachen, wie die Feiern des thrakisch-phrygischen Sabazios, der «eine Art von wildem, unhellenisiertem Dionysos» war (E. Dodds). Olympias, die Mutter Alexanders des Großen, nahm an solchen ekstatischen Riten mit heiligen Schlangen teil, wie sie vor allem von Frauen in Makedonien begangen wurden. Die Feiern des Sabazios wurden in Athen von Staats wegen geduldet, aber nicht offiziell anerkannt, sondern in privaten Zirkeln als Mysterien begangen.

Die Sabazios-Mysterien, ein Kult für das Volk

Wie man diese von seiten der Gebildeten einschätzte, beweist der Redner Demosthenes, der in seiner «Rede vom Kranz» (330 v. Chr.) seinen Gegner Aischines lächerlich zu machen gedenkt, indem er ihn mit den Sabazios-Mysterien, diesem Arme-Leute-Kult, in Verbindung bringt[94]. Als junger Mann hat Aischines nichts Besseres zu tun gehabt – so Demosthenes –, als seiner Mutter, die Priesterin des Gottes war und Einweihungen vornahm, dabei zu ministrieren. Bei den nächtlichen Einweihungsfeiern las er aus den heiligen Büchern vor, während seine Mutter die Riten vollzog, er hing den Initianden das Hirschkalbfell um (wie es die Mänaden tragen), ließ sie aus dem Mischkrug von der Gabe des Gottes trinken, rieb sie bei der Reinigungszeremonie mit Lehm und Kleie ab (wir denken an die Titanen, die ihr Gesicht mit Gipsstaub einrieben), hieß sie von der Reinigung aufstehen (die Novizen lagen auf dem Boden wie heute noch bei der Priesterweihe üblich) und sprach ihnen in einer Art von liturgischem Gesang die Formel vor: «Ich bin dem Bösen entflohen, ich habe das Bessere gefunden.» Daraufhin brach die Mysteriengemeinde in Jubel aus. Am folgenden Tag führte Aischines die Prozession der Neugeweihten an, die mit Kränzen geschmückt im Thiasos, im orgiastischen Aufzug, einherzogen. Er hielt die heiligen Schlangen über dem Kopf[95] und rief: «Euoi, Saboi – selig, ihr Mysten des Sabazios!» und tanzte zu den kultischen Ausrufen: «Hyes, Attes, Attes Hyes.» Dazu trug er die Kultgegenstände in der *cista mystica* und wurde als «Kisten- und Kastenträger» von den alten Weibern mit Kuchen und Backwerk belohnt. Ebenso despektierlich äußert sich auch Platon einmal über orphisch-bakchische Bettelpriester[96], die mit einem Wust von Büchern umherziehen und den Leuten sozusagen Ablässe verkaufen. Sie vollführen für Geld magische Reinigungszeremonien, die von Übeln und Schuld befreien und gegen Zauber und böse Mächte schützen sollen. Mysterien in kleiner Münze – aus der geistigen Höhe eines Platon oder Demosthenes leicht abzutun, doch es bleibt als Tatsache, daß offenbar bestimmte Schichten der griechischen Bevölkerung in der aufgeklärten Haltung des 5. und 4. Jh. nicht ihr Genügen fanden[97].

Privatmythen gegen Existenzangst

Der Peloponnesische Krieg – in seinen Auswirkungen mit dem Dreißigjährigen Krieg zu vergleichen – samt der Pest hatte zu großer Verunsicherung geführt, und zur Zeit des Demosthenes warf Makedonien seinen Schatten über Griechenland; die Niederlage von Chaironeia (338 v. Chr.) gegen Philipp II. und Alexander hatte die düsteren Ahnungen einer Zeitenwende endgültig bestätigt. Die Ohnmacht des Staates schwächte auch die Geltung des offiziellen Kultus; private Mysterien versprachen dem einzelnen das individuelle Heil, «dem Bösen zu entfliehen und das Bessere zu finden». Orgiastisch-dionysische Kulte wie die des Sabazios mit ihren «Reinigungen» dienten dazu, die inneren Dämonen auszutreiben:

die vielfältigen Lebensängste und die stets lauernde Furcht vor der Unabänderlichkeit des Todes.

Die private Feier der Mysterien, in Konventikeln aller Art, ohne den Rahmen der Gesellschaft, konnte leicht zu Auswüchsen und Scharlatanerie führen. So erließ König Ptolemaios IV. Philopator (gest. 205 v. Chr.) in Ägypten ein Edikt, jeder, der Einweihungen in die Mysterien des Bakchos-Dionysos vornähme, müsse sich melden. Nur wer sein Priesteramt in seiner Familie bis in die dritte Generation zurückverfolgen könne, dürfe es weiter ausüben, und dieser habe in versiegeltem Umschlag den Text seiner heiligen Bücher zur Prüfung abzugeben. Im Jahr 186 v. Chr. ereignete sich in Rom ein Skandal, der die Notwendigkeit kontrollierender Maßnahmen zu beweisen schien. Wie die apulischen Grabvasen und die Goldblättchen zeigen, waren Dionysos-Mysterien spätestens seit dem 4. Jh. v. Chr. in Unteritalien verbreitet. In Cumae gab es sogar einen eigenen Friedhof für die Mysten. Wenig später sind in der Gegend von Latium Mysteriengemeinden bezeugt.

Der römische Bacchanalienskandal

Livius erzählt in ausführlicher, romanhafter Form den sogenannten Bacchanalienskandal, der ganz Rom erschütterte[98]. Eine Priesterin aus Kampanien hatte eine ursprünglich nur Frauen vorbehaltene Mysterienfeier auch Männern zugänglich gemacht und fünf nächtliche Weihen im Monat eingeführt. Die Männer, sagt Livius, stießen dabei unter ekstatischen Körperbewegungen Weissagungen aus, die Frauen stürmten mit fliegenden Haaren zum Tiber, tauchten brennende Fackeln ein und zogen sie flammend wieder heraus, da sie mit Schwefel und ungelöschtem Kalk überzogen seien. Bei ihnen herrschte der Grundsatz absoluter Freiheit des Individuums von den Moralgesetzen der Gesellschaft: «Nichts für unerlaubt zu halten, war ihr oberstes Glaubensgesetz.» Dies sagt Livius zufolge die Zeugin der Anklage, eine ehemals eingeweihte Freigelassene, aus. Die Frau wollte verhindern, daß ihr Geliebter, ein junger Mann von Stande, dort eingeweiht und ein Opfer der Sekte würde. Sein Stiefvater aber hat die Mutter beredet, den Sohn zu den Weihen zu schicken, um ihn entweder aus dem Weg zu räumen oder ihn völlig abhängig zu machen. Makabrer Höhepunkt der Einweihung war diesen Aussagen zufolge ein sexueller Akt, den der Jüngling (es wurden nur noch Personen unter 20 Jahren aufgenommen) erleiden müßte. Andernfalls würde er «wie Schlachtvieh geopfert». Die Informantin muß befürchten, zur Strafe von den anderen Eingeweihten «mit bloßen Händen zerrissen zu werden». Seit Christen von den Heiden, Juden von Christen derartiger Untaten bis hin zum Ritualmord an Kindern verdächtigt worden sind, ist man vorsichtig gegenüber dem Wahrheitsgehalt solcher Beschuldigungen. Die Ausdrücke «Schlachtvieh» (es heißt auch, der Initiand werde den Priestern als *victima*, als Opfertier, übergeben) und «zerreißen» können darauf hindeuten, daß hier das Opfer des Dionysos Zagreus rituell nachvollzogen wurde und der Initiand wie sein Gott «durch den Tod hindurchging» – was man dann als ein menschliches Opfer mißverstand. Auch die übrigen Verdächtigungen: hemmungslose Promiskuität, Testamentsfälschung und Erbschleicherei, ja Mord an vermögenden Mitgliedern, deren Leichen verschwanden – all dies läßt sich psychologisch erklären als Ausgrenzungsbestrebungen gegenüber einer Gruppe, die sich von der Gesellschaft abschloß, mit aus Furcht und heimlicher Anziehungskraft gemischten Gefühlen. Andererseits sind «Schwarze Messen» auch nicht auszuschließen, vor allem im Kult eines Gottes, zu dem der Weingenuß und der Phallos gehörten. Es werden auch Leute nicht gefehlt haben, die sich mittels eines obskuren Sektenunwesens bereicherten. Der römische Senat ging jedenfalls mit äußerster Strenge gegen die Mitglieder dieses Kultes vor. Man sprach von 7000 Eingeweihten, «fast schon ein zweites Volk», die in Rom und Italien ihr Wesen trieben und junge Leute in ihren Bann zogen. Die Grundfesten von Sitte und Moral, ja des gesamten Staatswesens schienen erschüttert, und diesen verschwörerischen Existenzen mußte das Handwerk gelegt werden. Es ergingen zahlreiche Todesurteile und Haftstrafen, und die Bacchanalien wurden durch Senatsbeschluß verboten. Freilich mit folgender Ausnahme: Wenn jemand (aus Gewissensgründen) glaube, Bacchusmysterien feiern zu müssen, so solle er sich beim Prätor in Rom eine Sondererlaubnis besorgen und in einer Gruppe von höchstens fünf Teilnehmern ohne Statuten und Priester ganz privat seinen Gottesdienst abhalten. Der Gott Bacchus, der, dem altitalischen Fruchtbarkeitsgott Liber angeglichen, zum römischen Staatskult gehörte, sollte keine Mißachtung erfahren. Man wollte nur die dem römischen Wesen innerlich fremde und suspekte, aus der orientalischen Religion stammende Orgiastik verbannen. Unter Caesar wurden die Bacchanalien wieder zugelassen, aber in jener maßvollen Art, wie sie in Alexandria am Hofe der Ptolemäer begangen wurden[99].

Die Mysterienvilla von Pompeji

Szenen aus einem solchen, auch gutbürgerlichen Kreisen annehmbaren dionysischen Mysterienkult sehen wir auf den berühmten (und kontrovers gedeuteten) Fresken der Villa dei Misteri bei Pompeji[100]. Sie stammen aus der Zeit um 60 v. Chr. Ein in einem Saal auf rotem Grund umlaufender Fries zeigt Personen, meist Frauen, bei Vorbereitungen zu einer Mysterienweihe, die Züge einer Hochzeit trägt, vielleicht gleichzeitig mit der Hochzeit vollzogen wurde. Dafür spricht auch die Anwesenheit des göttlichen Hochzeitspaares der Mysterien, Dionysos und Ariadne. Eine vornehm gekleidete Frau, offenbar die Hausherrin, überwacht die Handlungen. Oder blickt sie zurück auf ihr Leben und dessen Höhepunkte, Einweihung und Hochzeit? Dann ist sie die junge Frau, die

1

2

3

4

Fries der Mysterienvilla von Pompeji, mit Szenen einer Dionysosweihe. Die Hausherrin war wohl Leiterin eines privaten Mysterienkreises.

5

1. Priesterinnen leiten die Weihe ein. Der Silen und das Satyrpärchen (2.) verkörpern die dionysische Erscheinungswelt, vor der die einzuweihende Frau erschrocken zurückweicht. 3. Ein junger Mann sieht sich als Silen, d. h. Mitglied der Dionysosgemeinde, in der Spiegelschale. Rechts (zerstört) das heilige Paar Dionysos und Ariadne. 4. Die Priesterin enthüllt den Phallos im Liknon, eine geflügelte Gestalt hebt die Rute zur Züchtigung der Novizin. 5. Diese erwartet die rituelle Züchtigung als Prüfung. Der Thyrsosstab wird für sie schon bereitgehalten. Rechts die Frau als Eingeweihte in frohem Tanz.

auf einem Stuhl sitzt und von einer Dienerin zur Hochzeit geschmückt wird. Ein Erosknabe hält ihr einen Spiegel, in den sie aber nicht hineinblickt. Ein zweiter Erosknabe, der hinter ihr steht, schaut nicht auf die schöne Braut, sondern auf den Spiegel, der, für den Betrachter deutlich, das Bild der Frau wiedergibt. Der Spiegel ist hier wieder das Zeichen der Eingeweihten, wie wir es von den dionysischen Vasenbildern her kennen, ebenso wie die Eroten als Mystagogen, als Führer bei der Einweihung. Beides, Spiegel und Eroten, gibt die religiöse, dionysische Atmosphäre, in der wir die Braut nun als junge Frau sehen, die eingeweiht werden soll. In festliche Gewänder gehüllt, schreitet sie auf eine Gruppe von Frauen zu. Diese sind an ihren aufgeschürzten Gewändern als Offizianten, als Ausführende der Zeremonien, erkennbar. Ein kleiner Knabe ministriert ihnen, indem er aus einer Schrift die heiligen Texte vorliest (wir denken an den jungen Aischines bei den Sabazios-Weihen). Die Frau, die mit Schriftrollen und Griffel in der Hand neben ihm sitzt, ist die Priesterin, die den Weiheakt beglaubigen wird. Die Frauen führen Opferhandlungen aus und rufen die Welt des Dionysischen herauf wie einst die griechischen Mänaden. Draußen und Drinnen werden eins: Ein alter Silen singt und begleitet sich auf der Leier, die er auf eine Säule stützt. Auf einem Felsen sitzt ein junger Satyr und bläst die Panflöte, ein Satyrmädchen neben ihm reicht einem Hirschkalb die Brust, ein Böckchen steht dabei. Erschrocken weicht die Initiandin vor der dionysischen Epiphanie zurück, in der Abwehrgebärde bauscht sich ihr Mantel um sie. Ein alter, würdiger Silen läßt einen jungen Satyrn in eine hochgehaltene silberne Schale blicken, während ein anderer eine Silensmaske in seinem Rücken hochhebt. Die Gruppe ist nur leicht stilisiert (sie haben Satyr- und Silensohren, aber Festgewänder); man soll wie auf den Vasen sehen, daß es sich um Mysten handelt, die einen entsprechenden Rang haben. Der junge Mann, der in die Silberschale blickt – ist es der Bräutigam? – sieht dort im Wasserspiegel die emporgehobene Silensmaske gewissermaßen als sein eigenes Gesicht. Er erhält durch den Blick in den mythischen Spiegel einen höheren Einweihungsgrad (*Silenoi* sind uns aus Inschriften bezeugt) und wird damit im Thiasos, im Gefolge des Gottes, mitziehen. Eine der Frauen, eine Geweihte höheren Grades (*Phallophoros* oder *Liknophoros*) kniet am Boden und ist dabei, das Liknon zu enthüllen, die aus Korbgeflecht bestehende Getreideschwinge, die «Wiege des Dionysos», gleichzeitig *cista mystica* seines Kultes. Sie enthält, wie erkennbar wird, einen aufgerichteten Phallos. Das Liknon wird, wie aus anderen Abbildungen bekannt, dem Novizen über den Kopf gehalten oder auf den Kopf gesetzt. Der Phallos verkörperte ursprünglich die Fruchtbarkeit, jetzt aber allgemein die Lebensenergie des Gottes, die auf den Eingeweihten übergeht. Die junge Frau, deren Einweihung wir erleben, muß jedoch zunächst noch eine unerläßliche Prüfung absolvieren. Wir sehen sie mit entblößtem Rücken kniend, den Kopf im Schoß einer sitzenden Frau verborgen, die ihr tröstend die Hand auf den Kopf legt. Eine große, geflügelte Frauengestalt schwingt eine Rute gegen sie. Ist es eine Gottheit, ein Dämon oder die personifizierte Teletē – jene Gestalt, die Pausanias als Statue sah? Sie trägt das gleiche gelb-violette Gewand wie die Offiziantinnen, ihre Flügel aber deuten darauf hin, daß sie aus einer anderen Sphäre stammt. Vielleicht vollzieht sie an der jungen Frau eine rituelle Züchtigung [101], vielleicht versetzt sie sie aber auch nur in den Schrecken des Numinosen: eine Schwellensituation, so wie die Mysten in Eleusis die Schauder der Unterwelt durchlebten, bevor sie am Glanz der Göttinnen teilnehmen durften. Der Dionysosmyste reinigt sich im Ritual vom titanischen Erbe, der «Urschuld», um dann als Eingeweihter ganz dem Gott anzugehören. Dies wird sogleich sichtbar an der nächsten Figur, die wieder die Initiandin darstellt. In «symbolisierender Verdichtung» (F. Matz) ist das zeitliche Nacheinander auf dem Fries jeweils in ein räumliches Nebeneinander aufgelöst. Noch in der «Züchtigungsszene» ist eine

Bacchantin zu sehen, die den Thyrsosstab für die Initiandin bereithält, wenn diese ihre Prüfung absolviert hat. Dann erblicken wir sie selbst, als Eingeweihte, erfüllt von der göttlichen Gegenwart. Sie hat ihre Gewänder abgelegt und tanzt, befreit und gelöst, nun als Bacchantin, nur von einem leichten Schleiertuch umweht, die Arme über den Kopf gehoben und die Zymbeln (kleine Schallbecken) schlagend. Mit dieser Szene schließt der zusammenhängende Figurenfries: Trotz vieler Rätsel ist er ein wertvolles Zeugnis für dionysische Mysterienfrömmigkeit in römischer Zeit.

Dionysische Mysterien der Spätantike

Die Herrin der «Mysterienvilla», des reichen Anwesens vor den Toren Pompejis, war Oberhaupt einer privaten Kultgemeinde, wie jene Agrippinilla[102], deren vornehme Familie im 2. Jh. n. Chr. bei Tusculum ein Landgut besaß. Die Mitglieder ihres Thiasos, etwa 500 Mysten (Frauen und Männer, darunter Familienangehörige ebenso wie Sklaven) errichteten für sie eine Statue, von der nur die Basisinschrift erhalten blieb, die Namen und Weihegrade verzeichnet. Dionysische Mysterienbünde sind uns aus der Kaiserzeit überall im Reich bekannt. Auch in Köln ist eine Inschrift aus dem 3. Jh. n. Chr. erhalten, eine Weihung an «Semele und ihre göttlichen Schwestern», Zeugnis eines dortigen Bacchuskollegiums mit einer Oberpriesterin, deren Amt erblich war.

In der Spätantike nahmen die dionysischen Mysterien die vielfältigen Strömungen aus dem Neuplatonismus auf, der nicht nur eine Philosophie, sondern, stark theosophisch gefärbt, eine «Religion der Gebildeten» war. Schon die Orphik hatte zu einer Verinnerlichung geführt und spekulative theologische Gedanken in die Dionysosreligion eingebracht, die ursprünglich mit dem naturhaft Wilden und Rauschhaften verbunden war. Doch wenn das Grunderlebnis Ekstase und Enthusiasmós war, Heraustreten aus sich selbst und Erfülltsein von dem Gott, so konnte dieses auch anders als rauschhaft erlebt werden: in der mehr mystischen, weltabgewandten Weise des 3. und 4. Jahrhunderts n. Chr. Der schon in der Orphik auftretende Gegensatz von Geist und Materie wurde jetzt stärker akzentuiert. Denn die äußere Welt wurde fragwürdig und brüchig; die typischen Ängste einer Spätzeit erhielten konkrete Nahrung durch die wachsende Bedrohung des Reiches von außen (Germanen, Goten, Sarmaten, Perser) wie durch die stete Bürgerkriegsgefahr beim raschen, gewaltsamen Wechsel der Dynastien unter den Soldatenkaisern. Der einzelne suchte nach Heil und Geborgenheit, und da diese Welt so gefährdet und zudem bloße Materie war, galt es, die Seele, den göttlichen Funken, aus dieser Welt in eine bessere hinüberzuretten. Zugang zum Übernatürlichen zu gewinnen, wurde zum Hauptanliegen der Religiosität.

Dionysos als Erlöser

Dionysos, der schon in der Frühzeit seines Kultes als Löser von Sorgen gepriesen worden war, wurde jetzt zum Erlöser. Die Elemente seiner Mysterien konnten für die breite Masse ebenso wie für die Gebildeten sinnlich oder symbolisch-allegorisch als Heilsgeschehen gedeutet werden. Dank dieser umfassenden Geltung blühten die Bacchus-Dionysosmysterien weiter bis in die christliche Ära hinein. In der Bildersprache der Sarkophage [103] dominieren dionysische Szenen, die individueller Interpretation Raum geben. Der Triumphzug des Gottes, der mit seinem Gefolge von Satyrn und Mänaden in rauschhafter Begeisterung zum ewigen Freudenmahl zieht – er verheißt dem Anhänger eines «unzerstörbaren Lebens» ein Fest der Daseinsfreude, das über den Tod hinaus dauert. Auf einem Kindersarkophag ist die Kindheitsgeschichte des Dionysos abgebildet. Das dem Tode ausgesetzte Dionysoskind hat über den Tod triumphiert – so erhoffen es auch die Eltern für ihr Kind. Szenen vom Hochzeitszug des Dionysos und der

Ariadne mochten einem Ehepaar Hoffnung auf eine selige Vereinigung im Jenseits verleihen, sie konnten aber auch den Sarkophag eines philosophisch Gebildeten zieren. In symbolisch-allegorischer Deutung war Ariadne die Seele. Sie kommt vom Himmel, dort leuchtet ihr Sternbild, die Krone der Ariadne, und sie wird, nachdem sie sich von ihrem vergänglichen Leibe befreit hat, wie die verlassene Ariadne auf Naxos von Dionysos in ein unvergängliches Reich geführt werden. Dort wird sie, mit ihrer Krone, ihrem himmlischen Teil, wieder vereint, in alle Geheimnisse des Weltalls eingeweiht werden. Dionysos wird Διὸς νοῦς *(Diós nūs)*, der Geist des Zeus, genannt[104]. Er vereint schließlich als kosmischer Allgott alle anderen Götter in sich. So ist er auf manchen Mosaiken zu sehen, besonders eindrucksvoll auf einem Bodenmosaik eines Hauses aus Neu-Paphos auf Zypern aus der Mitte des 4. Jh. n. Chr. Hier thront Dionysos als Kind auf dem Schoße des Hermes, der es den Nymphen und dem alten Silen als Erziehern übergeben wird. Trotz seiner kindlichen Gestalt geht Hoheit und Würde von Dionysos aus; er trägt einen Nimbus, den späteren Heiligenschein, und erinnert frappant an Darstellungen des Jesuskindes auf dem Schoße seiner Mutter, umgeben von huldigenden Gestalten. Auch das Epos des Nonnos, das noch ein Jahrhundert später ist, stellt Dionysos als den allumfassenden Gott dar. Freilich sind weder die Mosaiken noch die Sarkophagbilder auf Dionysos als Mysteriengott beschränkt. Die Erlöserfunktion des Gottes hatte sich jedoch in den Mysterien herausgebildet, und daß es nun in der Bildkunst eine «Mysteriensprache» gibt – wie seit Platon in der Philosophie – beweist eindrücklich die Bedeutung und weltweite Geltung der dionysischen Mysterienfrömmigkeit. Sie wirkte auch in das Christentum hinein. In der Grabmalkunst der frühen Christen konnte das Versprechen künftiger Unsterblichkeit und ewigen Glückes nicht anders ausgedrückt werden als in dionysischen Bildern: Der Pinienzapfen, die Wein- und Efeuranken als Abbreviaturen des ewigen Lebens finden sich allenthalben, und die unter einem Blätterdach ruhende männliche Gestalt – ist es Dionysos oder der Prophet Jonas? Sie war jedenfalls ein «Sinnbild für in Ruhe genossenes Glück»[105], wie es die Menschen zu allen Zeiten erstrebten und das sie im Göttlichen zu finden hofften.

III. Die Mysterien von Samothrake

WÄHREND ELEUSIS DER zentrale Ort der Mysterien im griechischen Mutterland war, bildete Samothrake das Initiationszentrum für den nord- und ostgriechischen Raum. Die Insel, hoch im Norden der Ägäis, liegt fast ebenso nahe zur thrakischen Küste wie zum kleinasiatischen Festland in Höhe des Marmarameeres. Mit ihren hohen Berggipfeln ist sie heute wie im Altertum eine Landmarke für die Schiffahrt zwischen

Blick auf den heiligen Bezirk von Samothrake, mit dem Hieron, dem sog. Neuen Tempel aus dem 3. Jh. v. Chr., in dem man den zweiten Weihegrad, den des Epopten, erlangte.

Kleinasien und Nordgriechenland. Damals wie heute ist sie berüchtigt als Region mit oft rauhem Seegang, verursacht durch die Bora vom nördlichen Festland und die Fallwinde von den Berghängen der Insel sowie die heftigen Meeresströmungen von den Dardanellen her. Nicht nur Stürme, sondern auch Erdbeben haben immer wieder großen Schaden angerichtet. So wundert es nicht, daß in der ersten literarischen Erwähnung Samothrakes Poseidon auftritt, der Erderschütterer. Vom höchsten Gipfel Samothrakes, dem über 1600 m hohen Phengari, beobachtet der Gott das Schlachtgeschehen von Troja (Il. 13,10ff.). In noch ältere Zeiten führt ein Mythos, der von einer großen Flut berichtet. Die Gewässer des Pontos, des Schwarzen Meeres, ergossen sich einst über die ganze Gegend, und nur die hohen Gipfel Samothrakes ragten aus den Wassern hervor und boten den Fliehenden Zuflucht[106]. Einer dieser Flüchtlinge war Dardanos, der Sohn des Zeus und der Atlastochter Elektra, der «Leuchtenden». Auf einem Floß kam er mit dem Palladion, einem Schrein mit den geretteten Götterbildern, nach Samothrake und stiftete dort die Mysterien. Später wandert er weiter zur kleinasiatischen Küste, wo er die Stadt Dardanos gründet. Seine Enkel erbauen Troja und überführen das Palladion dorthin. Nach Trojas Untergang rettet Aeneas, der einzige Überlebende der großen Helden der Stadt, den Schrein mit den Götterbildern und bringt ihn nach Italien. Die Götter werden von den Römern die Penaten genannt; sie verbürgen die Existenz Roms. Vergil nennt sie in der Aeneis Penaten und auch *magni di*, die Großen Götter[107]. Aeneas und die Seinen verehren sie als Schützer der Familie wie des ganzen Volkes und rufen in der Not ihre Hilfe an. Der sonst so anschauliche Erzähler Vergil beläßt sie jedoch in einem seltsamen Halbdunkel. Das Palladion ist ein tragbarer Schrein mit Götterfiguren, in denen die Götter selbst anwesend sind. Wir erfahren jedoch nichts über ihre Zahl, ihr Geschlecht, ihr Aussehen – es sind kleine Statuen, aber die Götter heißen *magni di*, große Götter.

Die Großen Götter: Riesen oder Zwerge?

Das gleiche Geheimnis waltet auch über den Mysteriengottheiten von Samothrake: Μεγάλοι θεοί *(Megáloi theoí)*. Große Götter werden sie genannt, aber Herodot vergleicht sie, die er des Mysteriengeheimnisses wegen nicht ausdrücklich beschreiben darf, mit Götterfiguren der Phöniker in Zwergengestalt[108].

Wir befinden uns hier auf dem Boden einer Religiosität, die urtümlicher ist als die olympische Religion Homers mit ihren menschengestaltigen Göttern. Herodot berichtet, der Mysterienkult auf Samothrake stamme von den Pelasgern – so nennt er die vorgriechischen Ureinwohner – und sie hätten den Göttern noch keine Namen gegeben. Diese Urbevölkerung Samothrakes bestand aus Thrakern, die wie andere indogermanische Völker in ihrer Frühzeit keine menschengestaltigen Götter kannten, sondern Natur- und Fruchtbarkeitsdämonen verehrten. Ob sie Riesen oder Zwerge waren, männlich oder weiblich, in der heiligen Drei- oder Siebenzahl – wer wußte es? Änderten sie nicht ihre Erscheinung wie die Natur selbst? Unsere Märchen mit ihren zauberkräftigen, verwandlungsfreudigen Naturwesen haben diese Art der Religiosität noch erhalten.

Auf der vulkanischen, sturmumtosten Insel, die im Winter von der übrigen Welt abgeschnitten war, fühlte man sich in besonderer Weise abhängig von Naturgewalten, in denen sich göttliche Wesenheiten offenbarten, die man mit Opfer und Gebet zu besänftigen suchte. Die früheste Opferstätte auf Samothrake, noch aus vorgriechischer Zeit, ist ein in einen Fels gehauener Opferstein und daneben eine Grube, in die man das Blut der Opfertiere fließen ließ. Ein solches Opfer gehörte zu den chthonischen Gottheiten, den Mächten der Erdentiefe, die versöhnt werden sollten. Das bevorzugte Opfertier war, wie aus Knochenfunden hervorgeht, der Widder – auch er gehört den Unterirdischen. Odysseus opfert ihn am Gestade der Unterwelt, und in Eleusis geht ein Widderopfer dem Erscheinen der Unterweltskönigin voraus. Die unbenannten Götter wohnen also in der Erdentiefe und senden von dort aus Segen oder Verderben. Land und Meer gehören gleichermaßen und noch ungeschieden zu ihrem Wirkungsbereich, wie ja auch der Meeresbeherrscher Poseidon, wörtlich: «Herr der Erde», bei Homer noch der Erderschütterer heißt. Da diese Götter alles durchwalten, kann man alles von ihnen erbitten: Fruchtbarkeit und Gedeihen für die Äcker wie für Mensch und Tier, Abwehr von Gefahren zu Wasser und zu Lande. Σωτῆρες *(Sotēres)*, Retter und Erlöser, werden die Großen Götter von Samothrake von ihren Verehrern genannt. Es ist nur folgerichtig, daß sie bei einer solchen Vielfalt von Schutzfunktionen ihren Unbestimmtheitscharakter auch noch beibehielten, als die olympischen Götter bereits ihren Siegeszug angetreten hatten.

Die Kabiren

Freilich hat man zu einer Zeit, als jeder Gott seinen eigenen Namen hatte, auch die samothrakischen Götter zu benennen gesucht. Herodot bezeichnet sie als die Kabiren [109], und man ist ihm dabei bis heute gefolgt, obwohl man damit ein Rätsel durch ein anderes ersetzte. Dies beginnt schon beim Namen, der wechselweise aus dem Thrakischen, Phrygischen, Hethitischen, Lydischen oder Semitischen abgeleitet wird. [110] Im Semitischen bedeutet *kabirim* «die Großmächtigen», was mit dem griechischen Namen *Megaloi Theoi*, Große Götter, übereinstimmt. Eine Vermittlung über Phönikien und Kleinasien ist durchaus möglich. In literarischen wie inschriftlichen Quellen treten diese urtümlichen Naturdämonen oft wechselseitig mit anderen, ebenfalls zu mehreren auftretenden Wesen auf, die personhaft nicht festgelegt sind, wie die Korybanten und Kureten.

Diese männlichen jugendlichen Götterwesen bilden – auf Abbildungen in der Dreizahl – das Gefolge einer Großen Göttin, die wir als die griechische Rheia oder die kleinasiatische Göttermutter Kybele identifizieren können[111]. Ekstatische Waffentänze zur Begleitung von Flöte, Tympanon (Handtrommel) und Zymbeln (Schallbecken) sind typisch für das Auftreten dieser Männergruppen. Von den Kureten (mit Kuros, Jüngling, zusammenhängend) erzählt der Mythos, daß sie die Hüter des Dionysoskindes waren, das durch Spielzeug von den Titanen aus ihrer Hut gelockt wurde (vgl. S. 63). Erfolgreicher waren die Kureten als Wächter im Gefolge der Rheia auf Kreta, als sie durch ihren waffenklirrenden Tanz das Schreien des neugeborenen Zeuskindes in der Geburtshöhle übertönten und so den mordgierigen Gott Kronos von der Spur seines Sohnes ablenkten. Sie bilden dann das Gefolge des jungen Zeus, zu dessen Ehren sie den kretischen Waffentanz mit dem Schwenken der Schilde zum Klang der Zimbeln und des Tympanons vorführen[112]. Es liegt nahe, an archaische Männerbünde zu denken, an Einweihungen Jugendlicher in die Erwachsenenrolle, mit den Kureten als «Initiationsmeistern» (M. Eliade). Die mythischen Waffentänzer vertraten möglicherweise eine Zunft, die die Techniken der Waffenherstellung oder auch der Erzgewinnung weitergab.

Von den Korybanten (der Name wird erklärt als ‹Wirbler›, ‹Drehtänzer›) erzählt Nonnos folgendes: Sie tanzen am Strand von Samothrake ihren ekstatischen Waffentanz, wobei sich zur Musik die Bäume wiegen und wilde Tiere herbeigelockt werden – ein Zeichen für ihre göttliche Kraft. Mit ihrem Tanz erwecken sie Kadmos, den am Strand von Samothrake eingeschlafenen Königssohn aus Tyros. Er ist auf der Suche nach seiner von Zeus entführten Schwester Europa nach Samothrake gekommen. Nun begibt er sich zur Stadt, wo er auf Göttergeheiß sein langes Umherirren beenden soll. Die Königstochter Harmonia wird ihm zur Gattin gegeben, Kadmos feiert Hochzeit mit ihr auf Samothrake, bevor er in Böotien die späterhin berühmte Stadt Theben gründen wird. Der Tanz der Korybanten, die Nonnos auch die «mysterienfrohen Kabiren» nennt[113], hat Kadmos auf einen neuen Weg, in ein neues Leben gewiesen, zu dem die Hochzeitsfeier gewissermaßen die Einweihung bildet. Mit der sicher nicht ursprünglichen Verbindung von Samothrake und Theben (nach anderen Erzählungen findet die Hochzeit des Kadmos und der Harmonia in Theben statt) soll offenbar eine Verbindung zum Kabirenkult in Theben hergestellt werden.

Die Kabirengötter in Theben – Vater und Sohn?

Dort befand sich ein berühmtes Kabirenheiligtum (dessen Ruinen heute ausgegraben sind), in dem auch Mysterien begangen wurden. Als Kabiren verehrte man dort ein männliches Paar, einen älteren Gott, Kabeiros, und einen jüngeren, Pais, Knabe oder Sohn, eine Vater-Sohn-Beziehung, ähnlich eng wie die Mutter-Tochter-Beziehung in Eleusis. Beide sind auf einem Vasenbild zu sehen[114], der ältere zum Gastmahl gelagert, der jüngere in der Rolle seines Mundschenks. Außerdem sind auf der Vasenscherbe noch drei weitere Personen zu sehen: eine kleine Gestalt, offenbar ein Kind, namens Protolaos, «der erste Mensch». Protolaos blickt auf ein Liebes- oder Ehepaar mit der Namensbeischrift: Mitos und Krateia, männliche und weibliche Hervorbringungskraft. Der kleine Protolaos ist das deutliche Ebenbild der männlichen Figur; es geht hier offenbar um das Geheimnis der Entstehung des Menschen, der in einer Linie von dem göttlichen Vater-Sohn-Paar abstammt. Der ältere Kabir ist nur an der Namensbeischrift zu erkennen, man würde ihn sonst für Dionysos, den Gott von Theben, halten. Auf der Insel Lemnos, die wegen ihrer Bodenschätze und der frühen Erzgewinnung als Heimat des Hephaistos und der Schmiedezunft galt, soll eine Dreizahl

Sog. Kabirenscherbe, 4. Jh. v. Chr., mit dem älteren und dem jüngeren Kabir und dem Stamm-Elternpaar der Menschen, Mitos und Krateia samt Protolaos, dem «ersten Menschen».

von Kabiren verehrt worden sein: kunstreiche Schmiede, die Söhne des Hephaistos. Seit der hellenistischen Zeit wurden auf Samothrake die Dioskuren, das göttliche Bruderpaar Kastor und Pollux, bekannt als Retter aus Seenot, unter den Kabiren verehrt. Offenbar führte die Unbestimmtheit des Wesens der Götter dazu, daß man sie je nach den lokalen und historischen Gegebenheiten verschieden deuten konnte.

Drei Kabiren in Samothrake – die Großen, Mächtigen und Unbestimmbaren

Für Samothrake ist in einer (allerdings problematischen) Scholiennotiz[115] eine Dreizahl von Kabirennamen überliefert, mit einem vierten als Begleiter. Danach heißen sie Axieros, Axiokersa und Axiokersos, dazu als Begleiter Kadmilos[116]. Die Namen bedeuten angeblich Demeter, Persephone und Hades, der vierte ist Hermes. Der alexandrinische Gelehrte des 3. Jh. v. Chr., der dies behauptet, konnte sich als Göttertrias offenbar nur die drei in Eleusis verehrten Götter vorstellen. Wahrscheinlicher aber finden wir auf Samothrake zwei männliche Gottheiten zusammen mit einer weiblichen, der Großen Göttin[117], dazu deren Gefolge, die Kureten oder Korybanten.

Die Gottheiten wurden jedoch, wie aus gründlicher Prüfung aller dortigen archäologischen Zeugnisse hervorgeht[118], weder Kabiren genannt noch durch irgendwelche Eigennamen bezeichnet. Sie heißen durchweg die Großen Götter, die Götter von Samothrake oder sogar nur die Götter. Weihgeschenke und die bei Kultmählern verwendeten Trinkgefäße sind oft mit einem Θ *(Th)* bezeichnet für Θεῶν *(Theon)*, Eigentum der Götter, oder Θεοῖς *(Theois)* den Göttern. Noch im 2. nachchristlichen Jahrhundert berichtet der Kirchenschriftsteller Tertullian von drei Altären im Circus Maximus in Rom, die je drei Gottheiten geweiht seien: den Großen, Mächtigen Starken *(Magnis Potentibus Valentibus)*. Diese Götter hielte man für samothrakische[119]. Auch der römische Schriftsteller Varro (1. Jh. v. Chr.) reiht die samothrakischen Götter unter die *di incerti*, die unbestimmbaren Götter, ein. Wir werden also die Namen, die der alexandrinische Gelehrte überliefert, nicht als Eigennamen ansehen, sondern als Gebetsanrufungen in jener altertümlichen Kultsprache, die noch im 1. Jh. v. Chr. in den Mysterien verwendet wurde[120]. Wenn man die Götter Kabiren nennt, so ist dies nur der Versuch einer Gattungsbestimmung für göttliche Wesenheiten, die sich nicht in das Schema der olympischen Götter pressen lassen. Sie bleiben also trotz aller Bemühungen unbestimmt und unbestimmbar – eine für den modernen Betrachter irritierende Tatsache. Sollte aber gerade in dieser «Offenheit» das Geheimnis und die Anziehungskraft dieses über ein Jahrtausend währenden Kultes bestehen?

Der heilige Bezirk der Großen Götter

Als griechische Siedler, wohl um 700 v. Chr., nach Samothrake kamen, gründeten sie dort eine Stadt, die heute noch Paleopolis, die Alte Stadt, heißt. In der Nähe fanden sie be-

Rekonstruktionszeichnung des Rundtempels der Arsinoë (Arsinoeion) auf Samothrake, mit 20 m Durchmesser der größte Rundbau Griechenlands.

reits die Kultstätte der urtümlichen Gottheiten der Insel vor, und sie bezogen den alten Felsaltar und die Opfergrube in ihren ersten Tempelbezirk ein. Nachdem der frühere Tempel etwa um 560 v. Chr., wohl durch Erdbeben, zerstört worden war, entstand um 500 ein Bau, der wie der Tempel von Eleusis eine Weihehalle war und auch im Namen an Eleusis erinnerte: Er hieß Anaktoron, hier: Haus der Herren. Seine Reste liegen ganz im Norden des ausgedehnten heiligen Bezirks. Dieser erstreckt sich inmitten abwechslungsreicher landschaftlicher Schönheit mit Blick auf die See von Nord nach Süd[121] und wurde seit der Mitte des 19. Jh. ausgegraben. Die Bauten befanden sich teils auf kleinen Anhöhen, teils im Talgrund, so daß die Pilger ihren Einweihungsweg stationenweise kennenlernten. Sie kamen auf der Prozessionsstraße aus der Stadt und betraten den heiligen Bezirk durch eine Torhalle, das Propylon.

«Für Uneingeweihte kein Zutritt»

Im Anaktoron wurden sie zu Mysten geweiht. Es gab wie in Eleusis zwei Weihegrade, den des Mysten und den des Epopten, die in getrennten Feiern, aber beide im heiligen Bezirk, erworben wurden. Die Weihehalle war 27 m lang und 12 m breit und enthielt an der Schmalseite einen kleineren Raum, der durch eine Wand mit zwei Türen vom großen Hauptraum abgetrennt war. Dort hat man eine marmorne Stele mit der Inschrift gefunden: Für Uneingeweihte kein Zutritt[122]. (Über Platons Akademie stand bekanntlich: Kein «Unmathematischer», *Ageométretos*, hat Zutritt). Die Pilger begaben sich also zuerst in den Hauptraum, wo die Einweihung erfolgte.

An das Anaktoron angebaut war die (heute so genannte) Sakristei, deren Wände mit Namensinschriften von Eingeweihten bedeckt sind. Das nächste Gebäude, ein Rundbau mit dem beachtlichen Durchmesser von 20 m, heißt nach seiner Stifterin, der Ptolemäerkönigin Arsinoë II., das Arsinoeion und wurde um 280 v. Chr. erbaut. Es stellte wohl einen Erweiterungsbau für das Anaktoron dar oder aber den Versammlungsort für die zahlreichen Teilnehmer am großen Götterfest im Sommer, das allen zugänglich war. Von hier aus führt der Weg zum Hieron (Heiligtum), heute vielfach auch der Neue Tempel genannt. Hier erhielten die Mysten – meist im Abstand von Wochen oder Monaten nach der ersten Weihe – den zweiten Einweihungsgrad, den des Epopten. Bei diesem Tempel, von dem eine Säulenreihe wieder aufgerichtet ist, befand sich ein Schatzhaus, eine Votivhalle für die Weihgeschenke, die als Dank für die Hilfe der Götter hier gestiftet worden waren: Altäre jeder Größe, Statuen, Vasen, Reliefs, aus Marmor, Bronze oder schlichtem Ton. An einem gesonderten Platz im Freien stand das kostbarste Geschenk, das aus Anlaß eines großen Seesiegs, wohl von den Rhodiern im Jahre 190 gestiftet worden war: die Figur der Nike von Samothrake, die sich jetzt im Louvre befindet. Sie stand in einem Nymphäum, einer Wasser- und Springbrunnenanlage, auf einem wie ein Schiffsvorderteil geformten Sockel mit Blick aufs Meer. Außerdem gab es noch einen langgestreckten, zweigeschossigen Hallenbau, eine Stoa, um 250–200 erbaut, und ein Theater aus der gleichen Zeit.

Die Geschichte der Mysterien

Aus der Baugeschichte des heiligen Bezirks geht hervor, daß Samothrake im Hellenismus seinen Höhepunkt erlebte. Dies ist nicht nur aus der Mysterienfrömmigkeit der Zeit, sondern auch aus politischen Konstellationen zu erklären. Plutarch berichtet, daß König Philipp II. von Makedonien seine spätere Gattin Olympias, Prinzessin von Epirus, bei den Einweihungsfeiern in die Mysterien von Samothrake kennen- und liebengelernt habe[123]. Die Fürstenhäuser des nordgriechischen Raumes hatten also seit jeher eine Verbindung zu der Mysterienstätte, die dann von Philipp und wohl auch von Alexander noch verstärkt wurde, als sich das Schwergewicht der Macht in die nördliche Ägäis verlagerte. So wie Athen sich bei seiner Großmachtpolitik das religiöse Ansehen von Eleusis zunutze machte, dienten Samothrake (das seit 340 v. Chr. zu Makedonien gehörte) und seine Mysterien der Profilierung der Herrscher des Alexanderreiches. In den Diadochenkämpfen floh Königin Arsinoë II., Tochter des Ptolemaios I., Witwe des Lysimachos, zweier Generäle Alexanders[124], nach Samothrake und suchte Zuflucht im Heiligtum. Dort gab es seit altersher ein Asylrecht. Sicher gehörte sie zu den Eingeweihten; sie hat dann als Zeichen ihrer Dankbarkeit und Verbundenheit den großen Rundtempel gestiftet.

Königin Arsinoë: Mysterien und Politik

Arsinoë kehrte nach Ägypten zurück und heiratete nach ägyptischer Sitte 278/77 ihren jüngeren Bruder Ptolemaios II., der den Beinamen Philadelphos (der treue Bruder) annahm. Die Königin, die als erste Frau ein Königsdiadem wie Alexander der Große trug, erhob wie dieser auch Anspruch auf göttliche Verehrung zu Lebzeiten, ein Novum in der griechischen Geschichte. Als *Theoí Adelphoí*, als Götter-Geschwisterpaar, ließ sie sich mit ihrem Bruder verherrlichen. Und wer nach Samothrake kam, sollte an ihren imponierenden Bauwerken erkennen, daß sie beide Auserwählte der Götter waren. Der Anspruch des Mysten auf ein Nahverhältnis zur Gottheit: *gennétēs*, Stammverwandter der Götter zu sein, wie wir es aus jenem Ausspruch in einem platonischen Dialog kennen (vgl. S. 100) – dieser Anspruch wird hier in handfeste Machtpolitik umgesetzt. Ptolemaios erbaute um 280 v. Chr. östlich vom Tempel seiner Gemahlin – dem größten Rundbau Griechenlands! – das Propylon, die prächtige Torhalle am Eingang des heiligen Bezirks. Sie war wie das Arsinoeion mit Marmor verkleidet, der von der Insel Thasos herübergeschafft worden war, um einen so glänzenden Anblick zu bieten wie die Bauten von Eleusis. Samothrake erhielt das Land an der gegenüberliegenden thrakischen Küste wieder übereignet, das es in früheren Zeiten besessen hatte, als Einschiffungsplatz für die Besucher des Heiligtums. Noch heute fährt von dort, von Alexandrupolis aus, das Fährschiff nach Samothrake.

Samothrake und Rom: die Sehnsucht nach den Ursprüngen

Unter den hellenistischen Herrschern erreichte Samothrake für den nord- und ostgriechischen Raum als Weiheort die gleiche Bedeutung, wie sie Eleusis für Attika und die Peloponnes besaß. Und wie mit der Begegnung der künftigen Eltern Alexanders des Großen das hellenistische Zeitalter gleichsam auf Samothrake begonnen hatte, so sollte es auch dort enden. Nach der verlorenen Schlacht von Pydna 168 v. Chr. im dritten Makedonischen Krieg suchte der letzte Makedonenherrscher, König Perseus, Asyl im Heiligtum und ergab sich dort den Römern.

Unter römischer Herrschaft behielt Samothrake seine religiöse Bedeutung als Initiationszentrum des östlichen Mittelmeerraumes, ja es kamen nun auch viele Römer, um sich einweihen zu lassen. Für die Provinzialbeamten scheint es weitgehend üblich gewesen zu sein, auf Samothrake die Weihen zu nehmen. Hieraus sprach nicht nur politisch-diplomatisches Kalkül, sondern ein Verbundenheitsgefühl, eine «Sehnsucht nach den Ursprüngen». Die traditionsliebenden Römer bekannten sich gern zu dem Glauben, die Schutz- und Ahnengötter Roms, die Aeneas einst nach Italien gebracht habe, seien ihrem Ursprung nach verwandt oder identisch mit den Großen Göttern von Samothrake.

Die Namenlisten der Eingeweihten: Wer kam nach Samothrake?

Bis weit in die Kaiserzeit hinein läßt sich ein reger Besuch der Mysterien nachweisen, und zwar durch die inschriftlich erhaltenen Namenlisten der Eingeweihten, die an den Wänden der Heiligtümer wie auch auf Stelen erhalten sind[125]. Hier werden jeweils Name, Vatersname, Herkunftsort, Datum und Weihegrad genannt. Die meisten kamen im Sommer, zur Zeit des großen Götterfestes. Vielleicht ist die heutige, viel besuchte Festfeier in Paleopolis am 26. Juli zu Ehren der heiligen Paraskeví ein später Abglanz des damals weitberühmten Festes, zu dem Abordnungen aus vielen griechischen Städten kamen[126]. Die Namen dieser Festbesucher *(Theoroi)* sind uns in den sogenannten Theorenlisten ebenfalls erhalten. Man

Eine prominente Eingeweihte von Samothrake: Königin Arsinoë II., 279 v. Chr. dort im Exil, Erbauerin des großen Rundtempels im heiligen Bezirk.

konnte sich auf Samothrake jedoch, im Gegensatz zu Eleusis, jederzeit einweihen lassen, von April bis September, solange die Schiffahrtsperiode dauerte. Die Namenlisten der Eingeweihten reichen vom 2. vorchristlichen bis zum 3. nachchristlichen Jahrhundert und zeigen ein buntes Spektrum von Personen: Griechen wie Römer, Männer wie Frauen, in Gruppen und als Einzelreisende, Familien mit ihrer Dienerschaft, Beamte mit ihrem Stab aus Freigelassenen und Sklaven. Es kam die Dame aus einer griechischen Stadt Kleinasiens, die sich mit ihrer Sklavin einweihen ließ, und der römische Provinzialbeamte, der seinem Diener und seinem freigelassenen Sekretär die Weihen zukommen ließ. Es war wie in Eleusis eine Geldsumme zu entrichten; jeder mußte ein Opfertier kaufen und nahm die Dienste von Priestern, Opfer- und Tempeldienern in Anspruch. Für die oft als Sklavenhaltergesellschaft apostrophierte Antike ist es beachtlich, daß Sklaven nicht nur teilnehmen durften, sondern daß die Herrinnen und Herren ein solch hohes Gut wie die Mysterieneinweihung – die in Samothrake noch mit einer prestigeträchtigen Reise verbunden war – mit ihren Sklaven teilten.

Frauen und Sklaven: die Mysterien als Ort ohne gesellschaftliche Schranken

Und nicht nur die Rolle der Sklaven, auch die der Frauen fällt ins Auge. Frauen sind als Einzelreisende (mit Dienerin) verzeichnet, sie sind auch verewigt als Stifterinnen von großzügigen Weihgeschenken, eine Frau aus Milet ließ sogar einen ionischen Tempel erbauen.

Wir können, was die Rolle der Frauen wie der Sklaven angeht, in den Mysterienkulten allgemein eine Aufhebung gesellschaftlicher Schranken konstatieren. In der Inschrift der Agrippinilla (vgl. S. 85) lernten wir eine Frau als Oberhaupt eines privaten Bakchos-Mysterienvereins kennen, zusammen mit den Sklaven aus ihrer Familie als Eingeweihte. Die Dame aus der Mysterienvilla, die Mutter des Redners Aischines als Weihepriesterin des Sabazios – überall treffen wir Frauen als aktive, ja leitende Mitglieder von Mysterienvereinigungen an. Ausgeschlossen von der politischen Tätigkeit und den meisten Funktionen des Staatskultes konnten die Frauen sich hier entfalten, sie konnten die ihnen eigene Religiosität einbringen, und so ist es nur folgerichtig, daß sie auch im frühen Christentum – das ihnen ja als eine Privatreligion wie die Mysterien entgegentrat – sogleich eine aktive Rolle spielten.

Die Einweihung

Was suchten nun alle diese unterschiedlichen Menschen verschiedener Zeiten in den Mysterien von Samothrake – und was fanden sie? Wie verlief ihr Initiationsweg? Zur inneren Sammlung und Konzentration hatten die Novizen wie in Eleusis gefastet, und sie begannen die Einweihung nun mit einem Reinigungsbad – der heilige Bezirk war von Bachläufen durchflossen –, sie wuschen alles ab, ließen alles hinter sich, was die Begegnung mit dem Heiligen stören konnte. Die Einweihungsfeier fand in der Nacht statt – aus der Dunkelheit kam die Erleuchtung – im Lichte hoher Fackeln, deren steinerne Ständer noch erhalten sind. Jeder Initiand trug eine Lampe, wie die zahlreichen Funde von Tonleuchten mit dem Monogramm der Götter, dem Θ *(Th)*, bezeugen. Mit ihren Leuchten, in weiße Gewänder gekleidet, zogen die Novizen in die Weihehalle, ins Anaktoron, ein[127]. Der große Raum bot Platz zu prozessionsartigen Tänzen, durch die die Teilnehmer mit Körper und Geist auf das kommende heilige Geschehen eingestimmt wurden.

Ringsherum warteten auf Sitzbänken bereits viele schon früher Eingeweihte, Freunde und Angehörige der Novizen oder Einheimische, die als Gemeinde an den Zeremonien teilnahmen. So hatten alle Mysteriengläubigen mehrmals das Erlebnis der heiligen Schau; sie bildeten jenen «heiligen

Chor», von dem Platon spricht. Die Initianden traten einzeln in eine Nische und gossen dort eine Trankspende in einen Schacht, auf dessen Grund ein heiliger Stein lag. Mit diesem Opfer verbanden sie sich mit den Kräften der Erdentiefe, denn in diesem Stein lebte die Kraft der Großen Göttin[128].

Der Tanz der Korybanten

Dann nahmen sie ihren Platz auf einem hölzernen Podium in der Mitte des Raumes ein, von dem sich noch Spuren gefunden haben. Aus der Mysteriensprache Platons wissen wir, daß nun die Thronosis stattfand, die «Einthronung»[129]. Von einer Einkreisung des Novizen bei den Mysterienweihen ist die Rede, die tanzend und scherzend vom Chor der Korybanten vorgenommen wurde. Die Korybanten oder Kureten sind es aber, die als Gefolgsleute der Großen Mutter schützend das Zeuskind umtanzten und dabei mit ihren Waffen klirrten. Der Einzuweihende wird in der Weihe neugeboren, er wird zum Zeuskind, mit dem seine Betreuer scherzen. Durch den Tanz werden schützende Kräfte auf ihn übertragen und Böses abgewehrt, diente der Tanz doch seit altersher in magischer Weise als Abwehrzauber. Wenn die Tritte der Tanzenden auf dem hölzernen Podium dröhnten und dazu die schrille Musik der Flöte zum Wirbel der Trommeln ertönte, erlebten die Novizen Ekstase und Enthusiasmus – sie gerieten «außer sich» und wurden von der Gottheit erfüllt. Die Priester, die den kultischen Tanz ausführten, verwandelten sich in der Ekstase in die göttlichen Wesen der Kureten und Korybanten, die im Hymnus angerufen werden: «Erzdröhnende Kureten, mächtige Helfer der Welt, die ihr das Meer, die Erde, den Himmel bewohnt und Samothrakes heiliges Land – seid uns gnädig und hold, göttliche Herren!»[130] Nährer heißen sie, aber auch Verderber, wenn sie zürnend Meer und Land im Sturm aufwühlen und erschüttern und Habe und Leben der Menschen vernichten. Sie können jedoch auch, so heißt es, Segen stiften,

Blüten nähren, Früchte reifen lassen und Gefahren abwenden von den Menschen, die das Meer durchirren.

Rettung aus den Stürmen des Lebens – samothrakische Ringe als Talisman

Gefahren abwenden und Segen stiften – das erwarten die Mysteriengläubigen von ihren Göttern hier auf Samothrake. Und sie erhalten in der Weihe, der Teletē, ein Unterpfand göttlicher Protektion: heilige Gegenstände, τελέσματα *(Telésmata)*, die sie mitnehmen und immer bei sich tragen können. Als Talisman ist das Wort *Télesma* über das Arabische zu uns zurückgekommen. Der Stein, den die Mysten zu Anfang der Weihe mit einem Opfer geehrt hatten, war ein heiliger Stein, ein Magnet-, vielleicht ein Meteorstein, und an einem solchen wurden eiserne Ringe aufgeladen [131], die die Mysten auch vergoldet am Finger oder als Anhänger trugen. Sicher wurde die Magnetisierung vorgeführt – Lukrez weiß von der starken Anziehungskraft samothrakischer Ringe [132] – und den Mysten offenbart, daß sich hierdurch göttliche Kraft auf sie übertrage. Wohin der Myste auch ging, er blieb durch ein geheimnisvolles Band mit seiner Gottheit verbunden. Für diesen Glauben bürgt uns wieder die Mysteriensprache Platons. In seinem Dialog *Ion* wird die dichterische Inspiration verglichen mit der göttlichen Kraft, die dem Magnetstein innewohnt, der «die Fingerringe, die eisernen», nicht nur selbst anzieht, sondern den Ringen auch die Kraft gibt, daß sie untereinander eine Kette der Anziehung bilden. Und der Gott zieht die Seelen der Menschen, wohin er will, der Dichter wiederum hängt an seiner Muse, sie besitzt und hält ihn für immer [133]. Ein zweites Telesma, das der Myste erhielt, war eine purpurfarbene Binde, die er sich um den Leib wand. Von den Argonauten erzählt Apollonios Rhodios in seinem Epos, daß sie auf ihrer Fahrt zur Gewinnung des goldenen Vließes auf Samothrake landeten (auf Rat des Orpheus, des «Meisters aller Einweihungen»), «damit sie dort in milder Weihe geheime Gesetze erführen und dann rettungsgewiß die schaurige Meerflut durchkreuzten»[134]. Hierzu findet sich die Erklärung, die Mysten von Samothrake seien vor den Gefahren zur See sicher, wie Odysseus, als er bei seinem Schiffbruch von der Göttin Leukothea einen Schleier erhielt, sich diesen umband und sicher bei den Phäaken ans Land kam. Die Götter von Samothrake waren, der Natur ihrer Insel entsprechend, die besonderen Nothelfer zur See; deshalb rechnete man die Dioskuren, die diese Schutzfunktion ebenfalls besaßen, ja auch unter die samothrakischen Götter. Viele Seeleute und Kauffahrer ließen sich einweihen, aber es kamen bekanntlich auch Frauen, in der Römerzeit ganze Familien aus Italien. Die purpurne Binde hat also auch allgemein Schutz vor Gefahren gewährleistet, wie es dem unbestimmten, nicht eingegrenzten Charakter der Großen Götter entsprach. Die Binde bedeutete, wie der Ring, ein Umschlossensein von der Gottheit. «Es gilt, einen großen Kampf zu bestehen. Wenn unter euch ein Eingeweihter von Samothrake ist – jetzt ist es Zeit zu beten!» Ein Mann, der «dem Sturme furchtbarer Schulden entrann», hat den Göttern von Samothrake ein bescheidenes Weihgeschenk gemacht. So hören wir aus scherzhaften Äußerungen[135]. Die samothrakischen Götter retteten die Eingeweihten offenbar aus allen Stürmen des Lebens.

Das Geheimnis des ewigen Werdens

Mit den Weihgeschenken versehen durften die Gläubigen nun das Adyton betreten, den nur den Eingeweihten vorbehaltenen Teil des Weihetempels. Vor den Türen standen zwei ithyphallische Götterstatuen (das heißt mit aufrechtem Geschlechtsteil). Auf diese bezieht sich wohl Herodot, wenn er vom Kabirenkult auf Samothrake spricht[136]. Diese Darstellung gehöre zum Gott Hermes, und sie stamme von den Pelasgern, den Ureinwohnern und Begründern des Kultes. Hierüber wüßten diese eine heilige Geschichte, die den Mysten bei den Weihen enthüllt würde und über die er Schweigen bewahren wolle. Die «Hermen», Pfeiler mit Männerkopf und aufrechtem Geschlechtsteil, sind ursprünglich eine Form der Markierung, das «phallische Imponieren»[137]. Die beiden Statuen standen vor dem Weiheraum und wehrten den Unbefugten den Eintritt. Wurde hieraus eine heilige Geschichte abgeleitet? Andernorts erfahren wir, als Hermes Persephone aus dem Hades holte, um sie zu ihrer Mutter zu bringen, sei er beim Anblick der jugendlichen Göttin in Erregung geraten, daher käme diese Art der Darstellung. Das Zeichen des Hermes, sein Heroldsstab (Kerykeion), findet sich des öfteren an den Tempelwänden. Es ist ursprünglich das Bild zweier sich ringelnder Schlangen, der chthonischen Tiere. Und Hermes, der Wächter der Tore und Grenzen, der Seelengeleiter und Begleiter der Helden beim Abstieg in den Hades – wird er hier für die Mysten zum Mittler zwischen den Welten des Oben und Unten, zum Vermittler elementarer Kräfte? Auf der Insel Imbros, nahe bei Samothrake, wurde ein mit Hermes gleichgesetzter Gott verehrt, der sich dort mit einer Göttin der Erdentiefe verband. Entstanden auch hier auf Samothrake aus einer solchen heiligen Hochzeit Lebens- und Segenskräfte für die Mysten? Später deutete man die beiden Statuen als die Dioskuren Kastor und Pollux, die auf Samothrake besonders verehrten göttlichen Retter aus Seenot. Der christliche Schriftsteller Hippolytos sagt, die Statuen seien Abbilder des Urmenschen, eines Adam, und des wiedergeborenen Pneumatikers, des Geistmenschen, der wesensgleich mit jenem Urmenschen sei[138]. Was auch der Inhalt der Weihe gewesen sein mag – er bleibt für uns so unbestimmt wie das Wesen der Großen Götter. Das Erlebnis der Mysten, in der Spannung von Ober- und Unterwelt, in der geheimnisvollen Übertragung elementarer Kräfte, muß letztlich belebend und erneuernd gewirkt haben, eine «Aufladung» am Wesen des Göttlichen[139]. Beim Verlassen des Heiligtums erhielten die Mysten noch eine Weiheurkunde in Form eines Tontäfelchens ausgehändigt.

«Frömmer und besser werden» – sittliche Forderungen bei den Mysterien?

Den zweiten Weihegrad, den des Epopten, erlangte man im Hieron, dem sogenannten Neuen Tempel. Den Inschriftenlisten zufolge begehrte nur eine begrenzte Anzahl von Mysten diesen zusätzlichen Weihegrad. War hierfür eine größere Summe zu entrichten, wozu abermals Fahrt- und Übernachtungskosten kamen, da dieser Grad ja in einer gesonderten Weihe erlangt wurde? Wurden sittliche Anforderungen gestellt, gar ein Sündenbekenntnis gefordert?[140] Ein Initiand soll von einem Priester gefragt worden sein, was das schlimmste Vergehen sei, das er in seinem Leben begangen habe[141]. Vor dem Eingang ins Hieron hat man zwei Trittsteine gefunden, in der Mitte einen als Fackelständer ausgehöhlten Stein. Anscheinend stand hier der künftige Epopte einem Priester gegenüber Rede und Antwort, bevor er das Heiligtum betreten durfte. An Beichte und Sündenbekenntnis – im Grunde ungriechische Begriffe – wird man nicht denken, doch kann es sich auch nicht nur um die Frage nach der kultischen Reinheit gehandelt haben, das heißt ob der Initiand frei war von Blutschuld. Wer den höheren Weihegrad eines Epopten begehrte, mußte wissen, daß man ebenso wie in Eleusis mit blutbefleckten Händen nicht zu den Weihen zugelassen war. In Samothrake gab es für solche Fälle einen eigenen Sühnepriester, später sogar ein Gericht für solche, die den Schutz des Asyls in Anspruch nehmen wollten[142]. Diesen Entsühnungen unterzogen sich die Ankömmlinge jedoch bereits, bevor sie überhaupt den heiligen Bezirk betraten. Bei Diodor erfahren wir, daß diejenigen, die an den Weihen von Samothrake teilgenommen hätten, frömmer, gerechter und im ganzen besser würden, als sie zuvor gewesen waren[143]. Εὐσεβεῖς *(eusebeis)*, und *pii*, die

Frommen, nannten sich die Mysten selbst – ein Wort, das nicht den frommen Beter bezeichnet, sondern denjenigen, der seine Pflichten gegenüber Göttern und Menschen erfüllt, wie der *pius Aeneas* in Vergils «Aeneis». Wir erinnern uns, daß auch die Mysten von Eleusis *eusebeis* genannt wurden und daß Aristophanes zufolge nur denen die ewigen Freuden zuteil werden, die sich in fromm-pflichtbewußter Art (Εὐσεβῆ τρόπον – *eusebē trópon*) nicht nur gegenüber Mitbürgern, sondern auch Fremden, also Unterprivilegierten, verhalten haben[144]. Und Aristophanes entwirft geradezu einen «Sünderkatalog»: Ausgeschlossen von den Weihen und damit vom Wohlergehen im Jenseits ist, «wer nie sich bemüht, den Hader im Volk zu dämpfen, ein Unhold den Bürgern, wer Zwietracht sät und das Feuer schürt, nur bedacht auf eigenen Vorteil, wer, ein Lenker des Staates, wenn der schwankt im Sturm, sich gewinnen läßt durch Bestechung, und wer ein Schiff, eine Festung verrät und schmuggelt verbotene Waren...» Es geht hier um die Pflichten des Menschen als eines Gemeinschaftswesens, die dieser nicht verletzen soll. Aristophanes hätte diese Verknüpfung von ethischen Forderungen mit den Weihen nicht in der Öffentlichkeit vornehmen können, wenn ein solcher Bezug in den Mysterien völlig gefehlt hätte – zumindest als Idealforderung in jenem von Sokrates bis Seneca geübten protreptischen Sinne: «Wenn du das Wahre, das Göttliche erkannt hast, in dem zugleich alle Tugenden beschlossen sind, dann kannst du dich doch nicht dieser deiner Erkenntnis völlig zuwider verhalten.» Der Grad des Epopten ist auf Samothrake erst vom 2. Jh. v. Chr. an belegbar[145], also im späten Hellenismus, einer Zeit, die ein differenzierteres geistiges und religiöses Bewußtsein entwickelt hatte. Die Philosophie, die «Religion der Gebildeten», erhob sittliche Forderungen, die nicht ohne Einfluß auf das allgemeine Empfinden blieben. Ein Spruch auf dem Asklepiostempel zu Epidauros lautete:

Rein sei jeder, der tritt in den weihrauchduftenden Tempel,
Rein aber heißt, wer im Sinn heil'ge Gedanken nur hegt.

So ist es durchaus vorstellbar, daß derjenige, der in Samothrake einen höheren Grad der Gotteserfahrung erstrebte, auch um einen höheren Grad sittlicher Vollkommenheit bemüht war und daß er hier auf den Trittsteinen vor dem Hieron dies in einer Art von Synthema, einer Bekräftigungsformel, zum Ausdruck brachte [146].

Die Erscheinung der Urgötter

Vor dem Eintritt ins Heiligtum legte der Initiand noch den Eid der Geheimhaltung ab. Im Hieron unterzog er sich den kultischen Reinigungen und brachte auf dem Herdaltar ein Opfer dar. Den Höhepunkt der Weihe erlebte der Myste in der Apsis [147], die, wie man vermutet hat, zunächst mit Vorhängen verhüllt war. Wenn der Weihepriester seinen Platz auf dem großen Trittstein vor der Apsis eingenommen hatte, hob sich der Vorhang zur heiligen Schau. Kein antiker Schriftsteller hat eine Andeutung darüber gemacht, was die Mysten nun sahen. Den Ausgräbern fiel auf, daß der weiße Marmorfußboden in der Apsis von einem Streifen durchbrochen war, auf dem sich offenbar nie ein festes Pflaster befunden hatte. Man vermutete, daß sich hier eine schmale Basis befand [148], die zur Aufnahme von drei Kultstatuen bestimmt war, und diese müssen klein und von leichtem Gewicht gewesen sein. Es werden hier, in Weihrauch gehüllt, die kleinen Kultstatuen der Großen Götter allmählich vor den Schauenden sichtbar geworden sein und sich als Urgötter, Kräfte allen Werdens, offenbart haben: «Sind Götter! Wundersam eigen, / Die sich immerfort selbst erzeugen, / Und niemals wissen, was sie sind.» So hat Goethe das Geheimnis der Kabirengötter von Samothrake in der «Klassischen Walpurgisnacht» seines «Faust II» erfaßt [149]. In das ewige Werden, in dem Gott und Natur noch eine ursprüngliche Einheit bilden, ist der Mensch mit hineingenommen, und da das Werden niemals endet, wird er mit seinen Mysteriengöttern verbunden bleiben, auch über sein sterbliches Teil hinaus. Die Epoptie bot also eine vertiefte Begegnung mit den Göttern; wir würden ein solches Erlebnis «mystisch» nennen – eine numinose Erfahrung, die über den Wunsch nach helfender, schützender Götternähe hinausgeht. Das Mysteriengeheimnis erweist sich hier wieder, wie letztlich auch in Eleusis, als ἄρρητον *(árreton)*, ein Nicht-Auszusprechendes, nicht nur, weil es nicht ausgesprochen werden darf, sondern weil es sich nicht in eine für Außenstehende verstandesmäßig nachvollziehbare Formulierung bringen läßt und zudem nicht von jedem auf die gleiche Weise empfunden wird. Um die Epoptie zu erleben, mußte der einzelne eine innere Bereitschaft und eine visionäre Kraft mitbringen, denn das Sichtbar- und Offenbarwerden der Großen Götter war kein «Zauber» – dem innerlich Unbeteiligten würde keine Bereicherung zuteil werden, die ihm eine zweite Seereise nach Samothrake lohnend erscheinen ließ.

So ist es verständlich, daß hier, wo im Gegensatz zu Eleusis die Myesis keinen nur vorläufigen Charakter trug (wie die Einweihung in die Kleinen Mysterien von Agrai), viele mit dem ersten Einweihungsgrad zufrieden waren. Dabei zeigten sich religiöses Bedürfnis und geistiger Anspruch nicht vom sozialen Status abhängig. Neben Freigelassenen als Epopten wird in den Inschriften ein athenischer Admiral aufgeführt, der sich mit dem Grad eines Mysten – und dem damit garantierten Schutz zur See – begnügte.

Samothrakische Pilgervereine

Ob Mysten oder Epopten, viele fühlten sich ihren Göttern so sehr verbunden, daß sie ihnen auch in ihren Heimatstädten Verehrung zollten. So entstand eine «samothrakische Diaspora» (B. Hemberg), nicht nur auf den Inseln und an der kleinasiatischen Küste, sondern bis an die Gestade des

Schwarzen Meeres und nach Ägypten. Ihre Mitglieder, die Samothrakiasten, die aus den einzelnen Orten gemeinsam die Reise gemacht und die Weihen empfangen hatten, versammelten sich am Jahrestag ihrer Einweihung zu einer Festfeier mit Opfern und Prozessionen, bei denen sie ihre Telesmata, ihre Weihegegenstände, trugen. Nach dem Vorbild der samothrakischen Ringe waren die Eingeweihten ja nicht nur mit den Göttern, sondern auch untereinander verbunden. Man denkt an die christlichen Pilger des Mittelalters, die gemeinsam den Jakobsweg auf der Wallfahrt nach Santiago de Compostela zurückgelegt hatten und sich dann zu St. Jakobsbruderschaften zusammenschlossen. Ihre Zeichen waren der Jakobsstab und der mit Jakobsmuscheln besetzte Pilgerhut. Überhaupt wird man gerade bei den samothrakischen Mysterien mit ihrer Verehrung von «Nothelfern» unwillkürlich an die christliche Heiligenverehrung erinnert, an große Wallfahrten, durch die man in eine besondere Nähe zu einem Heiligen kommt, auf dessen Schutz und Hilfe man dann bauen kann. Durch das Aufstellen von Votivgaben am Wallfahrtsort bewies man dankbar, daß der oder die Heilige tatsächlich geholfen hatte, so wie die Weihgeschenke auf Samothrake von der Rettung aus Seenot kündeten. Ein Skeptiker bemerkte dort freilich angesichts der zahlreichen Gaben, wenn man für alle auf See Umgekommenen ein Mal errichtete, seien es noch wesentlich mehr![150]

Wenn sich die Weihgeschenke auf Samothrake auch auf den Schutz zur See oder Rettung aus den «Stürmen des Lebens» bezogen, so wird man daraus nicht den Schluß ziehen können, daß die Eingeweihten nicht an eine Bindung über den Tod hinaus glaubten. Auch die Votivtafeln christlicher Wallfahrtsorte beziehen sich auf Hilfe im Hier und Jetzt und lassen für den uneingeweihten Betrachter keinen Jenseitsglauben erkennen. Sicher verhießen die samothrakischen Götter ihren Eingeweihten kein individuelles Weiterleben; doch spricht nichts dagegen, daß sie, ihrem Charakter als «Urgöttern» entsprechend, den Mysten im Sinne substantieller Unvergänglichkeit eine Rückkehr in den göttlichen Urgrund versprachen – waren sie doch mit ihnen verbunden durch die nie endende Kraft der samothrakischen Ringe.

IV. Die Große Mutter Kybele und Attis

DIE WEIBLICHE GOTTHEIT, die unter den Göttern von Samothrake verehrt wurde, hatte ein Gefolge männlicher Trabanten, sie war verbunden mit ekstatischer Musik und Tanz. Diese Züge weisen sie aus als eine Erscheinungsform der Großen Göttin aus dem nahen Anatolien. In diesem Gebiet wurde schon in vorgeschichtlicher Zeit eine große Muttergöttin verehrt.

Herrin der Tiere – Mutter vom Berge

Ausgrabungen in Catal Hüyük (bei Konya in Südanatolien)[151] brachten eine Siedlung aus der Zeit um 6000 v. Chr. zutage mit Plastiken einer weiblichen Gottheit. Sie sitzt auf einem Thron, flankiert von Leoparden, im Typus der auch aus Kreta und dem frühen Griechenland bekannten «Herrin der Tiere» (Πότνια θηρῶν – Pótnia therōn)[152]. Man fand auch eine Darstellung, die auf den erdhaften Aspekt der Göttin verweist: einen Stein, bei dem nur aus dem oberen Teil ein Kopf herausgemeißelt wurde. Die Göttin wurzelt gleichsam in der Erde, sie ist Mutter allen Lebens und auch der Toten, die in der Erde geborgen werden. Häufig wird die Große Göttin auch mit einem jungen Kultgenossen dargestellt, ihrem Sohn oder Liebhaber, als «die Göttin und ihr Heros»[153]. Die weibliche Gottheit ist dominierend, und das Männliche ist ihr zugeordnet in der Gestalt des jugendlichen Gottes, eine Konstellation, die wir auch in geschichtlicher Zeit antreffen. Hier stammen die ersten Überlieferungen in Anatolien von den Hurritern und Hethitern, bei denen die Große Göttin die

Die Große Mutter Kybele auf einem Prozessionswagen, mit Löwen, ihren heiligen Tieren. Sie hält das Tympanon, die Handtrommel, sowie eine Opferschale.

«Mutter vom Berge» ist. Sie thront auf den felsigen Gipfeln der Berge, an dem Ort, an dem die Erde in den Himmel hineinragt und sich beide Sphären verbinden. Dort feiert die Göttin die heilige Hochzeit mit dem Himmels- und Wettergott. Als Allmutter wohnt sie nicht nur in der wilden, unberührten Natur der Bergwälder; sie zieht auch mit den Menschen in die Städte und thront dort als Herrscherin. Priesterkönige verwalten ihren Kult. Auf einem Tontäfelchen aus der Stadt Karkemisch am oberen Euphrat aus der Mitte des 13. Jh. v. Chr.[154] nennt sich der dortige König «Diener der Kubaba, der Herrin von Karkemisch». Er ist Priesterkönig; Gattin und Tochter des Königs sind als «Dienerinnen der Herrin» ebenfalls in Priesterämtern tätig.

Um 1200 v. Chr. wandern die Phryger aus Thrakien, aus dem südöstlichen Balkanraum, aufs anatolische Hochland ein; um 800 gründen sie in der Nachfolge der Hethiter dort ein Großreich. Sie verschmelzen den Kult der Göttin Kubaba mit ihrer eigenen Muttergottheit und nennen sie Matar Kubile, Mutter Kybele, nach einem Berg in Phrygien, bei dem sich auch eine Höhle befindet. Die Mutter vom Berge ist auch bei den Phrygern gleichzeitig die Göttin der Erdentiefe, und sie ist ebenfalls von Tieren umgeben, als Mutter allen Lebens. Die Phryger stellen sie dar, wie sie als Erd- und Bergmutter auf einem Thron sitzt, der aus Felsen, aus der Erde herausgehauen ist, oder als Herrin der Tiere und der Natur, wie sie auf einem mit Löwen bespannten Wagen durch die Wälder fährt. Ihre Attribute sind das Tympanon, die mit Stierhaut bespannte Handtrommel, die auf die Ekstatik ihres Kultes verweist, und die Mauerkrone, die sie als Stadtherrscherin auf dem Haupt trägt. Dieser Bildtypus bleibt für Kybele bis in die Römerzeit erhalten[155].

Die Göttin und ihr Heros

Als Herrin der Natur ist die Göttin mit dem Wachsen, Blühen und Vergehen der Vegetation verbunden. Diese enge Gemeinschaft wird dokumentiert durch einen jugendlichen Kultgefährten, der ihr als Sohn, Geliebter und Priester zugleich zugeordnet ist, wie wir es schon in der vorgeschichtlichen Siedlung Anatoliens antrafen. Jede der alten vorderasiatischen Kulturen hat einen Mythos der Großen Göttin mit ihrem Heros. Wir finden in Sumer Inanna und Dumuzi, in Babylonien Ischtar und Tammuz, in Syrien Atargatis und Hadad, in Phönizien und Zypern Astarte-Aphrodite und Adonis. Der Heros ist jeweils ein außerordentlich schöner Jüngling, ein Gott oder ein Königssohn, der die Liebe der Göttin erregt, aber sterben, in die Unterwelt hinabsteigen muß. In einigen Mythen holt ihn die Göttin wieder herauf – nur für eine bestimmte Zeit des Jahres. Als Adonis, von einem wilden Eber getötet, stirbt, entspringen Frühlingsblumen aus seinem Blut, die Adonisröschen. Die aufblühende, sterbende und wiedererstehende Vegetation wird im Bilde des blühenden jungen Heros gesehen, der von der Allmutter geliebt, aber auch geopfert wird und der wieder neu, aber verwandelt, aufersteht: der Mythos vom sterbenden und wiedererstehenden Gott[156].

In Phrygien wurde die Allmutter Kybele zusammen mit dem Kultheros Attis verehrt. Zentrum dieses Kultes war die am Fuß des Agdosgebirges gelegene Stadt Pessinous (das heutige Balhisar südwestlich von Ankara). Sie lag am Flusse Gallos, der unweit der Stadt in den Sangarios mündet, einen der Hauptflüsse Kleinasiens. Pessinous war ein Priesterstaat, der sein Ansehen über alle politischen Umwälzungen hinweg bis in die Römerzeit bewahren, ja sich sogar über das 4. Jh. hinaus gegen das Christentum behaupten konnte. In Pessinous befand sich das vom Himmel gefallene ἄγαλμα *(ágalma)*, das Idol der Göttin, ein schwarzer Meteorstein. In diesem Stein wurde die numinose Kraft der Großen Göttin verehrt; wir denken an den Magnetstein, der, mit einer Göttin verbunden, in den Mysterien von Samothrake eine Rolle spielte[157]. Als vom Himmel gefallener Stein besaß er einen astralen Kern. Er vereinte die Kraft des Himmels (das heißt des Himmels- und Wettergottes) und der Erde in sich. Wenn Kybele in ihm gegenwärtig gedacht war, so war sie damit als umfassende Urgottheit gekennzeichnet, als die Allmutter mit weiblichen und männlichen Zügen zugleich[158].

Die Kultlegende der Großen Mutter von Pessinous: Agdistis – Kybele

Von dieser Vorstellung aus fällt Licht auf einen seltsamen Mythos, der die Kultlegende von Pessinous bildet. Pausanias nennt ihn «eine einheimische Geschichte» und erzählt ihn in kürzerer Form[159]; ausführlicher findet er sich bei dem christlichen Schriftsteller Arnobius. Dieser weiß folgendes zu berichten: Auf dem Gipfel des Agdosgebirges war die Große Mutter, die Mutter der Götter, in Schlaf gesunken. Zeus – der

Himmelsgott – habe sich ihr nahen wollen, aber sie wies ihn ab. Da habe er seinen Samen auf einen Felsen ergossen. Aus diesem Felsen sei ein göttliches Wesen entstanden, mit Namen Agdistis, nach dem Berge Agdos. Agdistis war zweigeschlechtlich, ein göttlich-dämonisches Wesen, wild und unbändig, von Raserei und Zerstörungswut erfüllt, das alle Macht über Erde, Himmel und Sternenwelt für sich beanspruchte. Die Götter konnten Agdistis nicht in Schranken halten und verfielen schließlich darauf, ihn trunken zu machen. Als er wehrlos war, fesselten sie ihn an einen Baum und zwar so, daß er sich, beim Erwachen emporfahrend, die Genitalien abriß. Von dem Blut wurde die Erde getränkt, und es entstand ein schöner Baum, ein Granatapfel- oder ein Mandelbaum. Agdistis aber war fortan weiblich. Nana[160], die Tochter des Flußgottes (oder Königs) Sangarios, bewunderte den Baum und pflückte eine Frucht in ihren Schoß. Sie wurde davon schwanger, und ihr Vater sperrte sie ein und verurteilte sie zum Hungertod. Die Göttermutter aber brachte ihr Früchte und erhielt sie am Leben. Die Königstochter gebar einen Knaben, den ihr Vater aber aussetzen ließ[161]. Von der Milch von Ziegen genährt, von einem Bock behütet, überlebte das Kind. Es wuchs zu einem schönen Jüngling heran, der Attis genannt wurde[162] und als Hirte in den Bergen lebte.

Attis, der sterbende Gott

Die Göttermutter und Agdistis wurden von Liebe zu Attis ergriffen. Der König von Pessinous aber, Midas, ließ den Jüngling an seinen Hof kommen und gab ihm seine Tochter zur Frau. Damit niemand die Hochzeit stören könne, ließ der König die Stadttore schließen. Die Große Mutter aber kannte das Schicksal des Jünglings: Es war ihm bestimmt, nur so lange glücklich zu leben, wie er keine Ehe einging. Daher kam sie in die Stadt, die Mauer mit dem Haupte anhebend (daher trägt sie angeblich die Mauerkrone). Als man schon den

Hochzeitsgesang anstimmte, kam Agdistis flammend vor Zorn und Eifersucht herbei und versetzte Attis, die Braut und die Hochzeitsgäste in Wahnsinn. Die Königstochter tötete sich selbst. Attis aber ergriff seine Hirtenflöte, um sich durch die Musik in seiner Raserei selber anzustacheln, und stürmte hinaus ins Freie. Unter einer Pinie entmannte er sich selbst und rief: «Agdistis, hier hast du das, weswegen du solche Raserei erregt hast!» Mit dem vergossenen Blut hauchte er sein Leben aus, die Große Mutter aber barg die abgeschnittenen Genitalien und begrub sie, und es sproßten sogleich Veilchen hervor. Mit ihnen bekränzte sie die Pinie – woraus ein Ritus entstehen sollte – und brachte sie in ihre Grotte am Fuße des Berges. Dort gab sie sich mit Agdistis der Totenklage hin. Agdistis, von Reue ergriffen, bat Zeus, er möge Attis wieder zum Leben erwecken. Doch dieser lehnte es ab. Der oberste Gott gestattete lediglich, daß der Körper nicht verwese, daß die Haare weiter wuchsen und der kleine Finger sich bewegen konnte. Agdistis gab sich damit zufrieden, sie bestattete Attis in Pessinous – Pausanias weiß noch von seinem Grabe dort –, stiftete jährliche Feiern zu seinem Gedächtnis und setzte dazu eine eigene Priesterschaft ein. Der Oberpriester hieß Attis, Name und Titel zugleich.

Die zwei Aspekte der Urmutter: das Gesetz von «Stirb und Werde»

Der Mythos, wie ihn Arnobius erzählt, unterscheidet sich von dem des Pausanias durch die Präsenz von zwei göttlichen Gestalten[163]. Bei Pausanias tritt nur Agdistis auf, bei Arnobius aber hat man den Eindruck, daß die Gestalt der Göttermutter gleichsam in zwei Aspekte auseinandergelegt ist. Der Name, die Göttin vom Berge Agdos, scheint einer der Beinamen der Großen Mutter, wie der später bekannte Name «Mutter vom Berge Ida». Hier ist sie aber eine eigene Person, zu der alles Wilde und «Barbarische» gehört. Die Große Mutter aber ist die hilfreich Bewahrende. Sie rettet die junge Königstochter und ihr Kind vor dem Hungertod (ähnliche Geschichten sind uns aus dem Mittelalter von der Gottesmutter Maria bekannt), sie will das böse Geschick von Attis fernhalten und begeht schließlich die versöhnenden Riten der Bestattung und der Totenklage. Hier spüren wir eine glättende, hellenisierte Fassung, und Arnobius nennt als seinen Gewährsmann auch einen griechischen Theologen, nämlich Timotheos aus dem Priestergeschlecht der Eumolpiden aus Eleusis. Er habe die Kultlegende von Pessinous in einem Buch über die Mysterien der Großen Mutter so dargestellt. Im ursprünglichen phrygischen Mythos war die Erdmutter von Pessinous als Allgottheit zweigeschlechtlich, wie ihr Kultstein mit den Kräften von Himmel und Erde ausgestattet, Kybele Agdistis. Sie weist den Gott ab, der sich ihr nahen will, denn sie bringt alles aus sich selbst hervor. Diese Urmutter aber, die Herrin der Natur (die noch nicht zur «Umwelt» geschrumpft ist), zeigt sich nicht nur mütterlich-freundlich, sondern auch drohend und gefährlich – ihr Agdistis-Aspekt. Sie gibt Leben und vernichtet es auch, ja sie muß es vernichten, damit neues entstehen kann. Wer im Einklang mit ihr sein will, muß ihr Gesetz anerkennen, das ewige Gesetz des «Stirb und Werde». Attis ist aus der Frucht eines Baumes geboren, unter einem Baum stirbt er wieder, als «Sohn, Geliebter und Opfer der Kybele zugleich» (M. Eliade). Doch indem er zur Göttermutter zurückkehrt, verbindet er sich wieder mit ihr, er hebt die Trennung der Geschlechter auf und geht damit in einen Urzustand ein. Dabei gibt er im Tode seine Lebenskraft an die Große Mutter zurück. Der Phallos als Sitz und Quelle allgemeiner Lebensenergie spielt hier ebenso eine Rolle wie in den Dionysosmysterien. Die Große Mutter nimmt das Opfer des Attis an, indem sie die Genitalien sorgsam einhüllt und begräbt, in der Erde, in ihrem Element. Und sie läßt aus seinem Blut und seinem männlichen Teil die Veilchen entstehen, die Boten eines neuen Frühlings. Die Pinie aber, unter der Attis starb, wird von der

Göttermutter zu seinem Kultsymbol erhoben, das sie mit Veilchen kränzt. Die Pinie – andernorts ist es die Fichte – wird zwar gefällt, doch bleibt sie mit ihrer Überfülle an Zapfen gleichzeitig erhalten, ein Lebensbaum. Anders als Adonis, der zeitweise ins Leben zurückkehrt, lebt Attis nur verwandelt weiter, als Teil der Natur, als Blume und Baum.

Die Ausbreitung des Kultes

Der Kult der Kybele breitete sich, von den kleinasiatischen Städten ausgehend, schon seit dem späten 7. Jh. v. Chr. in der griechischen Welt aus. Kybele wurde hier Mētēr, Mutter genannt, Große Mutter oder Mutter der Götter. Das bestimmende Merkmal ihres Kultes war – in Phrygien wie in der griechischen und römischen Welt – die Ekstase. Mit rauschhafter Musik und Tanz strebte man nach dem Enthusiasmus, dem Erfülltsein durch die Gottheit. Die Ek-stase, das Heraustreten aus sich selbst, ging so weit, daß man sich Verletzungen beibrachte, Stiche oder Schnitte, um beim Ausfließen des Blutes in einen besonderen Grad der Verzückung zu geraten.

Herodot berichtet, daß man in der griechischen Stadt Kyzikos am Marmarameer eine Nachtfeier (Pannychis) zu Ehren der Göttin beging, was auf ein Mysterienfest schließen läßt. Zwar gab es auch in Pessinous besondere Kollegien zur Verehrung der Großen Mutter, doch spricht manches dafür, daß sich erst unter griechischem Einfluß und nach dem Vorbild des griechischen Mysterienwesens ein esoterischer Kult der Kybele und des Attis gebildet hat – der erste der drei großen orientalischen Mysterienkulte, die ihren Einzug in die griechisch-römische Welt hielten, vor der ägyptischen Isis und dem persischen Mithras.

In Kyzikos, so erzählt Herodot[164], habe Anacharsis, ein Fürst der Skythen, das große Fest der Mutter miterlebt und ein Gelübde getan: Wenn er heil wieder nach Hause gelange, wolle er diesen Kult und dieses Fest auch bei sich einführen.

Im Skythenland (in der Gegend des Dnjepr) angekommen, begab er sich in ein abgelegenes Waldgebiet mit hohen Bäumen und feierte dort das nächtliche Fest, wobei er sich Götterbilder als Amulette umgehängt hatte wie die Attispriester und in ekstatischem Tanz das Tamburin schlug. Einer seiner Landsleute erblickte ihn und holte den König herbei. Dieser aber tötete Anacharsis durch einen Pfeilschuß. Die Skythen leugnen seitdem, ihn gekannt zu haben, da er fremde Bräuche angenommen habe. Eine für den Kybelekult bezeichnende Geschichte: auf der einen Seite die religiöse Sehnsucht nach einer göttlichen Mutter, die in der Ekstatik das Bewußtsein ihrer Nähe schenkt, andererseits aber die Fremdartigkeit dieser Riten, die auf Außenstehende schockierend wirkten und Ablehnung, ja massive Abwehr hervorriefen. Diese Ambivalenz hatte zur Folge, daß es bei der Ausbreitung des Kultes immer wieder Bestrebungen gab, das fremdartig-ekstatische Kultelement zurückzudrängen zugunsten einer milden Mütterlichkeit. Und doch sollte das Verdrängte immer wieder seine Anziehungskraft beweisen: Kybele blieb die phrygische Göttermutter.

Rom sucht den Schutz einer Göttlichen Mutter

Auch in Rom zeigte sich die Ambivalenz dieses Kultes: Man suchte göttlich-mütterlichen Schutz und hatte sich mit den fremdartig-ekstatischen Elementen auseinanderzusetzen. Die Aufnahme der Göttermutter vollzog sich während des Zweiten Punischen Krieges. Es war im Jahr 204 v. Chr., als Hannibal auf italischem Boden stand. Im römischen Lager wütete eine Seuche, mehrmals ging ein Meteoritenregen nieder – ein Zeichen für den Zorn der Götter, die eine Vernachlässigung ihres Kultes ahndeten. Man befragte daher die Sibyllinischen Bücher, Sammlungen von Weissagungen und religiösen Vorschriften, die von prophetischen Frauen, den Sibyllen, stammten und im Jupitertempel auf dem Kapitol aufbewahrt wurden. Darin fand man folgenden Spruch: Wenn einmal ein auswärtiger Feind den Krieg nach Italien tragen sollte, dann könne man ihn aus Italien vertreiben und besiegen, wenn man die Mutter vom Berge Ida aus Pessinous nach Rom bringe. *Mater abest: Matrem iubeo, Romane, requiras – Die Mutter fehlt, die Mutter zu suchen, heiße ich dich, Römer!* So formuliert Ovid[165] den Sibyllenspruch und trifft damit das Anliegen der Römer. Sie suchten mütterlichen Schutz, eine Muttergottheit, die sie Hannibals mächtiger Beschützerin, der karthagischen Großen Mutter Tanit, entgegenstellen konnten. Eine solche mütterliche Schutzgottheit vermißten sie in ihrem Götterhimmel. Dort gab es Juno, die zornmütige, streitbare Gemahlin des Jupiter, Ceres, die den Ackerbau beschützte, und Venus, die zwar genealogisch – als Mutter des Gründerheros Aeneas – eine römische Stammutter war, aber als schöne, kapriziöse Liebesgöttin durch griechische Kunst und Dichtung allzu sehr ästhetisiert war, um für ein ganzes Volk genügend mütterliche Wärme auszustrahlen. (Vergil muß in der «Aeneis» seine ganze Kunst aufbieten, um sie zu einer treusorgenden Mutter des Aeneas zu machen.)

Die Große Mutter der Götter vom Berge Ida

Die phrygische Göttin aber wurde damals schon im weiteren Umkreis ihres Stammlandes auf den Bergen verehrt, so auch auf dem Ida, der Heimat des Aeneas, des Fürsten der Trojaner, die seit altersher als Phryger galten. Als «Mutter vom Berge Ida», als *Mater Idaea*, kann sie die mütterliche Schutzfunktion übernehmen, sie kann der karthagischen Tanit Widerpart bieten und damit Rom retten. Eine römische Gottheit soll sie sein – bezeichnenderweise wird sie in den Berichten über die Einführung ihres Kultes in Rom, bei Livius und Ovid[166], niemals Cybele genannt, sondern *Mater*. Offiziell heißt sie *Mater deum Magna Idaea* – die Große Mutter der Götter vom Ida. Der Überführung des heiligen Steines von Pessinous nach Rom gingen rege diplomatische Aktivitäten voraus, da Rom damals im östlichen Mittelmeerraum noch keine Machtposition besaß[167]. Doch willigten sowohl der König von Pergamon, zu dessen Herrschaftsbereich Pessinous gehörte, als auch die dortige Priesterschaft ein. Ovid läßt die Göttin selbst ihr Einverständnis geben, mit der Begründung, es zieme ihr, in Rom ihren Platz einzunehmen, dort, wo alle Götter versammelt seien – ein erhellender Hinweis auf den missionarischen Charakter des Kultes, der uns aus der Literatur sonst nur im Zerrbild von Aufzügen dubioser Bettelpriester bekannt ist[168]. Pessinous erlitt jedenfalls keine Einbuße in seinem Ansehen, obwohl es das Idol der Göttin nach Rom gesandt hatte.

Dieses wurde am 4. April 204 v. Chr. dort triumphal empfangen – als die Mater Magna, die sogleich einen hohen moralischen Standard setzte. Sie wollte vom rechtschaffensten Mann ganz Roms in Empfang genommen werden, und sie verhalf, wie man sich später erzählte, der Keuschheitsprobe einer Vestalin zu günstigem Ausgang[169]. Das Kultidol, der heilige Stein, war übrigens, wie wir von dem christlichen Schriftsteller Arnobius erfahren[170], gar nicht groß, sondern bequem in einer Hand zu halten, schwarz und mit unregelmäßigen Kanten. Der Stein wurde zunächst im Victoriatempel auf dem Palatin untergebracht, und die Göttin erfüllte alsbald die solchermaßen in sie gesetzten Erwartungen. Im folgenden Jahr verließ Hannibal Italien, und 202 v. Chr. wurde Rom in der Schlacht von Zama Sieger im Zweiten Punischen Krieg.

Kybele als göttliche römische Matrone

Im Jahr 191 wurde der Mater Magna ein eigener Tempel erbaut, auf dem Palatin, im heiligsten, ehrwürdigsten Bezirk Roms, und später erhielt sie auch ein Kultbild, eine Sitzstatue mit Löwen und Tympanon, da die Verehrung eines Steines den Römern schließlich doch zu fremdartig war. In diese

Kultstatue war der heilige Stein eingelassen, um seine Kraft zu bewahren. Ein Münzbild zeigt die Göttin als würdige, hoheitsvolle Frauengestalt mit der Mauerkrone, in ihrem palatinischen Tempel thronend. Sie ist eine vergöttlichte römische Matrone. Bei Vergil in der «Aeneis» erscheint sie schließlich wie Roma selbst[171]. Zu einer solchen Göttin paßt kein jugendlicher Geliebter, und so wundert es nicht, daß Attis im römischen Kult, zumindest bis zur Kaiserzeit, keine Rolle spielt.

Zu Ehren der Mater Magna wurden an den Gedenktagen ihrer Ankunft vom 4. bis zum 10. April Spiele gefeiert, die Megalesien (von *Megále Mētēr*, die Große Mutter). Es fanden Opfer statt, öffentliche Gastmähler wurden abgehalten, außerdem gab es Theateraufführungen und Spiele im Circus Maximus.

Ekstatische Prozessionen – die verdrängten Elemente im Kult der Großen Mutter

Nur bei diesem Fest, das mit einer Prozession verbunden war, traten die sonst nachdrücklich verdrängten phrygischen Elemente des Kultes öffentlich in Erscheinung. Der Tempeldienst wurde von phrygischen Priestern ausgeübt, die sich das Jahr über innerhalb ihres heiligen Bezirkes aufzuhalten hatten. Nun durften sie das Bild der Göttin durch die Straßen Roms geleiten bis zum Flüßchen Almo, wo es feierlich gewaschen wurde. Bei der Prozession ertönte wilde, ungewohnte Musik: Das dumpfe Dröhnen des Tympanons verband sich mit dem Rasseln der Krotala, der Kastagnetten, dazu schmetterten die Zimbeln, die kleinen Bronzebecken, und es schrillten die Flöten. Die Priester waren mit langen Gewändern bekleidet, mit Amuletten behangen, und trugen Geißeln bei sich[172]. Unter ihnen zog eine besondere Kaste die Aufmerksamkeit auf sich, die Galloi, so genannt nach dem Fluß Gallos bei Pessinous[173], die sich im Dienste der Göttin nach dem Vorbild des Attis entmannt hatten. Kastration war bei den

Römern unter Strafe gestellt, auch Selbstentmannung war verboten. Für einen römischen Senator, der, würdig in seine Toga gehüllt, den Aufzug auf der Straße an sich vorüberziehen sah, mußte dieser Anblick aus mehr als einem Grunde irritierend, ja erschreckend wirken. Es war nicht nur der Abscheu vor der als barbarisch empfundenen Selbstverstümmelung, was die Römer dazu veranlaßte, die phrygischen Riten streng zu reglementieren. Man empfand auch, daß sich hier eine ganz andere, fremde Religiosität offenbarte.

Göttlich-mütterlicher Schutz um den Preis der Selbstaufgabe

Die Große Göttin aus Phrygien war eine Gottheit, die vom Menschen Besitz ergriff, ihn in Raserei versetzte und ihn damit, so schien es, in ein fremdes, sich selbst unbegreifliches Wesen verwandelte. Catull hat dieses Befremdliche in seinem Attis-Gedicht (*carmen* 63) zum Ausdruck gebracht. Er schildert einen jungen Mann, der sich in Verzückung dem Dienst der Göttin geweiht hat, sich selbst entmannt und dann beim Erwachen aus seinem Rausch Reue empfindet über sein Tun. Die Göttin aber schickt voll Zorn einen ihrer Löwen gegen den Jüngling, gegen einen, der es wagen will, ihrer Herrschaft (*mea imperia* sagt sie) zu entfliehen. Er ist ein Attis geworden und muß es bleiben. Vielleicht sieht Catull sich und seine selbstzerstörerische, aber unlösbare Liebesbindung zu Clodia-Lesbia in diesem Bilde. Er schließt mit einem Gebet, in dem er die Göttin – hier wird sie mit ihrem phrygischen Namen Cybele genannt – bittet, ihn mit ihrem Wahnsinn zu verschonen. Möge sie andere zur Verzückung und zur Raserei treiben!

Auch Ovid betont in seiner Version des Attismythos die unbedingte Besitznahme durch die Göttin. Sie «fesselt» *(vinxit)* den jungen Attis mit ihrer Liebe und verlangt, daß er ihr Tempelwächter wird und niemals eine andere Liebesbeziehung eingeht. Attis gibt dieses Versprechen, bricht es aber, als er sich in eine Nymphe verliebt, und wird von der Göttin mit

Wahnsinn geschlagen. «*Merui*, ich habe es verdient», bekennt er, als er sich zur Bestrafung selbst entmannt. Diese Vereinnahmung durch die Gottheit, ihr hoher Anspruch, den der Mensch nicht erfüllen kann, dies alles ist römischer Religiosität ursprünglich fremd. Der Römer war gewohnt, mit seinen Göttern auf eher kühler Basis, im geschäftsmäßigen Vollzug des Ritus und nach dem Prinzip der Gegenseitigkeit: *do ut des* (Ich gebe, damit du gibst) zu verkehren. Die phrygische Göttin aber griff nach dem Menschen und forderte die Selbsthingabe, und der römische Senator der republikanischen Zeit entzog sich einem solchen Anspruch, indem er Kybele zur Magna Mater Roms stilisierte und die phrygischen Kultelemente isolierte. Man denkt an die restriktiven Maßnahmen gegen den Kult des Bacchus-Dionysos, eines Gottes, zu dem ebenfalls solche unrömischen Elemente wie die Ekstase gehörten (s. o. S. 77ff.).

Kybele in Rom: von der römischen Matrone wieder zur Urmutter

In Rom lebten jedoch Tausende von Sklaven und Freigelassenen aus den Ländern des östlichen Mittelmeers, für die der phrygische Kult nichts Ungewohntes hatte. Und es gab viele kleine Leute, die im Außer-sich-Sein, wie es Kybele schenkte, ein willkommenes Mittel sahen, ihre karge Existenz mit ihren Sorgen eine Weile zu vergessen. Aus diesen Bevölkerungsgruppen rekrutierten sich in der republikanischen Zeit die Anhänger eines Kybelekultes, der nach phrygischem Ritus gefeiert wurde und in dem auch Attis Verehrung fand. Innerhalb dieser Abgeschlossenheit bildeten sich in Rom wohl auch die ersten Ansätze zu einem Mysterienkult.

Seit dem 1. Jh. n. Chr. ändert sich das Bild der Kybeleverehrung auf breiter Front zugunsten ihrer phrygischen Züge. Unter Kaiser Claudius wurde, wohl unter dem starken Einfluß seiner orientalischen Freigelassenen, die Ministerposten bekleideten, eine neuartige Festfolge eingerichtet. Das mehrtägige Fest im März entwickelte sich im Lauf der Kaiserzeit zu der Form, wie sie uns in einem Kalender aus dem Jahr 354 n. Chr. überliefert ist[174]. Es fand bald immer größeren Zuspruch, auch unter römischen Bürgern, eine «Wiederkehr des Verdrängten», die auf einen Wandel im Zeitgeist schließen läßt. Neben der Großen Mutter tritt jetzt der Kultheros Attis immer stärker hervor.

Das große Frühlingsfest

Das große Fest dauerte vom 15. bis zum 27. März und wurde im Tempelbezirk auf dem Palatin gefeiert. Die Geschichte des Attis wurde wie in einem mythisch-kultischen Drama in mehreren Akten gegenwärtig. Die Tage sind jeweils nach diesen mythischen Ereignissen benannt. Der 15. März hieß: *Canna intrat* – das Schilf tritt auf. Die Bruderschaft der *cannophoroi*, der Schilfträger, brachte in feierlichem Zug hohe Schilfhalme herbei, zur Erinnerung an Attis, der als Kind am Fluß Sangarios im Schilf ausgesetzt worden war, ähnlich wie Moses im Binsenkörbchen. Dort hatte ihn die Göttin gefunden. Der Tag des Schilfes zeigt Attis und die Göttermutter in glücklicher, enger Mutter-Kind-Verbindung in der Natur. Dann wurde, wie es auch in Pessinous Brauch war, ein Stier geopfert. Die Göttin war seit jeher mit dem Stier als dem Symbol der Fruchtbarkeit verbunden, schon die Große Göttin von Catal Hüyük ist dargestellt, wie sie einen Stier gebiert. Kybele hatte aus Stierhaut das erste Tympanon verfertigt, ihr Instrument. Die Erdmutter opfert den Weltenstier, dessen Tod der Erde neue Fruchtbarkeit verleiht, ein Ritus, der schon in Babylonien zur Welterneuerung begangen wurde. Nun folgten sieben Tage des Fastens. Man durfte kein Brot essen, so als ob man darauf warten müsse, bis die Fruchtbarkeit wiederkehre, der Segen der Erde, der sich wie in Eleusis im Getreide verkörperte – bis aus dem Leib des Stieres neue Ähren sprießen, wie es auf Denkmälern des Mithraskultes zu sehen ist. Hippolytos weiß zu berichten, daß Attis selbst von den Phrygern «die frischgeschnittene Ähre» genannt worden sei[175].

Die Nachtfeier zum Gedächtnis des Attis

Am 22. März wurden die Feiern fortgesetzt; der Tag hieß: *Arbor intrat* – der Baum tritt auf, ein «Märzbaum» statt eines Maibaumes. Das Kollegium der *dendrophoroi*, der Baumträger, trat in Aktion, eine Gilde von Männern, die auch im beruflichen Leben mit Holz zu tun hatten. Sie brachten eine frischgeschlagene Pinie herbei – der Tag des Baumes ist der Tag der Trennung, das Gedächtnis an die Entmannung und den Tod des Attis. Der Baum ist mit Wollbinden umwunden, mit Veilchen bekränzt und trägt ein Bild des jungen Kultgenossen der Göttin: Er ist Attis und wird wie dieser begraben. Der folgende 23. März ist der Klage um den toten Götterliebling geweiht, wieder fasten die Kybelediener und stimmen Trauergesänge an. Auch der 24. März gehört noch der Trauer; er hieß *Sanguis*, das Blut, vom Opferblut, das man über dem Grabe eines toten Heros ausgoß. Hier aber vergossen die Kybeleanhänger selbst ihr Blut. Die Priester geißelten sich mit den Geißeln, die sie bei sich trugen und die aus Peitschenschnüren geflochten und mit spitzen Knochenstückchen behängt waren. Auch die anderen Teilnehmer der Feier brachten ihr Blut zum Fließen, indem sie sich Schnitte an den Armen beibrachten. Zur aufpeitschenden Musik von Flöten, Tamburin, Rasseln und Pauken drehten sich alle im Tanz, bis das Ziel erreicht war und sie in der Ek-stase aus sich selbst heraustraten und von der Göttin ergriffen wurden. In diesem Moment brachten einige, die späteren Galloi, ihr höchstes Opfer, um die höchste Stufe der Hingabe zu erreichen. Sie entmannten sich selbst, um mit Attis zur Mutter zurückzukehren. In der Nacht vom 24. auf den 25. März wurde eine Pannychis, eine Nachtfeier, begangen, die deutliche Mysterienzüge trägt. Sie wurde eingeleitet durch Totenklagen, die dann aber in Freude und Jubel übergingen. Der 25. März hieß *Hilaria* – Freude, Heiterkeit. Es war der Tag, der nach dem alten Kalender auf das Aequinoctium, die Frühjahrs-Tagundnachtgleiche, folgte. Die Nacht brachte das Licht, die Natur erwachte, das Leben erneuerte sich. Daß wir diesen überraschenden Wechsel von Trauer zu Freude in diesem Sinne zu verstehen haben, lehrt die christliche Kirche, die bemüht war, dieses noch im 4. und 5. Jh. populäre Fest für sich zu vereinnahmen. Auch sie sprach vom *Arbor*, vom Baum des Kreuzes, der einhergetragen und vom Zeichen der Trauer zu dem der Freude und des Triumphes wurde. Am 25. März aber feiert sie Mariae Verkündigung, denn: «Wenn nach kalter Winterszeit das Licht des milden Frühlings aufleuchtet, dann sproßt die Erde Gras und Grün hervor, dann schmücken sich die Bäume mit neuen Trieben, und die Lüfte beginnen zu leuchten im Sonnenglanz ... Uns aber ist als himmlischer Frühling Christus aufgegangen, da er wie die Sonne aus dem Schoß der Jungfrau aufstieg.»[176]

Der Freudentag wurde mit gemeinsamen Mählern und allgemeiner Fröhlichkeit begangen. Dann folgte der Tag *Requietio* – Ruhe, und am 27. folgte als Abschluß *Lavatio* – die Waschung. Dabei wurde das Götterbild, jetzt eine silberne Statue, in glanzvoller Prozession, von Blumen überhäuft, durch die Straßen Roms getragen, um im Flüßchen Almo gebadet zu werden. Diese Zeremonie hatte früher beim Fest der Megalesien stattgefunden. Nun bildete sie den Abschluß des großen Frühlingsfestes der Göttin, das nach phrygischem Ritus gefeiert wurde. Bei dieser Waschung steht nicht die bei Griechen und Römern übliche rituelle Reinigung im Vordergrund, vielmehr gewinnt die Große Mutter in der Begegnung mit dem lebensspendenden Element neue Kräfte. Im phrygisch-vorderasiatischen Raum bedürfen auch die Götter, anders als Homers Olympier, einer Regeneration. Durch immer zum gleichen Zeitpunkt wiederholte Riten vollzieht sich eine periodische Erneuerung der Welt.

Um dieses Fest mit seinen teilweise absonderlichen Bräuchen als kultisches Drama zu verstehen und einen heilsamen Bezug auf sich selber daraus abzuleiten, bedurfte es einer religiösen Unterweisung. Wir werden daher auf einen Mysteriencharakter schließen können, auf Einweihung, wenn auch die klare Scheidung exoterischer und esoterischer Riten im Kybelekult aus Mangel an Quellen schwerfällt. Wie beim Bakchos-Dionysoskult gab es eine Bezeichnung für die Anhänger, die sich ganz eins mit der Gottheit fühlten. Es gab Bakchoi, und es gab Kybeboi. Man wird die einen wie die anderen als Mysten ansehen können. Von Außenstehenden wurden die Diener der Großen Mutter *fanatici* genannt: «die zum Heiligtum *(fanum)* gehören», im Gegensatz zu den *profani*, denen, die draußen vor dem Heiligtum nur die allgemein zugänglichen Riten mitfeiern. Zu den *profani* werden diejenigen gehört haben, die in den ekstatischen Riten nur ein äußerliches Reizmittel sahen.

Für die Mysten aber war die Ekstatik ein zentrales religiöses Erlebnis. Wir haben dieses Phänomen physischer und psychischer Entgrenzung bereits im Dionysoskult angetroffen, zuerst bei den Mänaden, dann in den Mysterien des Dionysos Zagreus, aber auch auf Samothrake bei den Korybanten, den Gefährten einer Großen Göttin, in der wir ein Erscheinungsbild der phrygischen Göttermutter erkennen konnten. Ekstatik erweist sich also als eine seit alters geübte religiöse Ausdrucksform, die besonders eng mit dem Kult der Großen Mutter verbunden ist und von dort aus auch Eingang in andere Mysterien fand. War die Ekstatik orientalischen Ursprungs, das heißt fanden die Phryger sie bereits im Kult vor, oder brachten sie sie mit aus ihrer Urheimat Thrakien, dem Land mit besonderen religiösen Traditionen? Die Frage läßt sich nicht eindeutig beantworten, jedenfalls ist das für den Kybelekult charakteristische Element der Ekstatik im Sinne der «Ekstasetechnik» zu verstehen, wie sie Mircea Eliade am

Beispiel vieler verschiedener Völker dargestellt hat[177]. Noch heute gibt es religiöse Richtungen, wie die moslemischen Sufis und andere islamische Gruppen im Orient und in Nordafrika, bei denen rituelle Ekstase zur Religionsausübung gehört. Durch rhythmische Musik – mit Rasseln und Handtrommeln, die dem Tympanon ähneln – durch Tanz (die «Derwischtänze») und immer wiederholte Gebetsformeln, unter vorausgegangenem Fasten und Meditation, versetzen sie sich allmählich in einen «seelischen Ausnahmezustand». Dabei fühlt sich der Mensch übernatürlicher Wahrnehmungen fähig: Innen- und Außenwelt werden eins. Das rationale Erleben der Welt wird überwunden zugunsten einer ganzheitlichen Sicht. Der einzelne sieht sich dabei eingebettet in einen höheren Zusammenhang, in ein immerwährendes Leben über die Grenzen des menschlichen Bios hinaus: eine Initiation. Die Forschungen der Ethnopsychologie haben ergeben, daß bei Personen in ritueller Ekstase und der damit verbundenen religiösen Trance völlig andere Körperwerte gemessen werden (Atemfrequenzen und Hirnstromkurven) als etwa bei exaltierten Zuständen von Drogensüchtigen, Psychotikern oder bei Formen der Massenhysterie[178]. Weil diese Art der Ekstase eingebettet bleibt in ein religiös-soziales Umfeld und niemals zum Selbstzweck wird, kommt es auch nicht zu Süchtigkeitserscheinungen, zu einem Drang, die Realität zu verlassen. Die Ekstaseerlebnisse sind als seelische Ausnahmezustände gebunden an Hoch-zeiten im Jahr, an religiöse Feste der Gemeinschaft, die oft mit markanten Punkten des Jahresablaufs, wie Frühlingsbeginn oder Ernte, zusammenfallen.

Das Opfer der Galloi, die Selbstentmannung

Zur Schulung in dieser religiösen Ekstase bedarf es besonderer Lehrmeister, die über die in Frage kommende religiöse und psychologische Erfahrung verfügen. Den Kult der Kybele durften nur phrygische Priester ausüben. Was von den

Attis von Ostia. Der göttliche Gefährte der Großen Mutter Kybele trägt die phrygische Mütze mit Sonnenstrahlen und der Mondsichel, in die Ähren eingesetzt sind. Er wird in der Spätantike zu einer kosmischen Gottheit.

Römern als Restriktion gedacht war, erwies sich als Mittel zur Wahrung der Tradition. Die Priester aus der Heimat der Göttin konnten die künftigen Mysten in der zum Kult gehörenden Ekstase ebenso unterweisen wie in der heiligen Geschichte des Attis, der Kultlegende von Pessinous. Sie kannten jene Vorstellungen von der periodischen Regenerierung der Welt, von der Urmutter, zu der Attis zurückkehrt und der er seine Lebenskraft zurückgibt, um mit ihr eins zu werden und an der Entstehung des neuen Lebens Anteil zu haben. In diese Geheimnisse weihten sie die Mysten ein, und in dieser Überzeugung brachten dann die Berufenen unter ihnen, die Galloi, das Opfer der völligen Hingabe, indem sie sich selbst entmannten. Dieser Akt wurde niemals mit einem Messer, sondern stets mit einem scharfen Stein (z. B. Obsidian)[179] vorgenommen, wie noch heute bei der Beschneidung in den Initiations- und Pubertätsriten der Naturvölker. Es ist ein Beweis dafür, daß es sich um einen uralten Ritus der Weihe und Hingabe handelt, der keineswegs in blindem Wahn geschah. Für Uneingeweihte war er freilich ein Stein des Anstoßes, wie nicht zuletzt die Äußerungen der Christen beweisen. Minucius Felix bietet die Erklärung, die Göttermutter habe, alt und häßlich geworden, versucht, den schönen jungen Attis zu verführen. Als es ihr nicht gelang, habe sie ihn kurzerhand entmannt. Nun gäbe es sogar Eunuchen als Götter. «Das sind keine Kulte, sondern *tormenta*, Martern und Plagen!», schließt er empört. Auch der Kirchenvater Augustinus äußert sich ähnlich und meint, die große Mutter verdiene ihren Namen nach der Größe der Greuel, die in ebendiesem Namen geschähen[180].

Die Bekenntnisformel und das heilige Mahl der Eingeweihten

Nur den Eingeweihten erschloß sich der Sinn dieser Riten der Großen Mutter. Eine Bekenntnisformel ist uns überliefert, die von den Mysten gesprochen wurde: «Vom Tympanon habe ich gegessen, aus der Zymbel habe ich getrunken, den Kernos habe ich getragen, in das Gemach bin ich hinabgestiegen, in die Geheimnisse der Religion bin ich eingeweiht, ich bin ein Myste des Attis.»[181] Wie bei dem Synthema der eleusinischen Mysten läßt sich auch hier vieles nur mutmaßen. Offenbar fanden die Einweihungen im Rahmen des Märzfestes statt, und die Mysten – Männer und Frauen, Freie wie Sklaven – nahmen nach dem Stieropfer und dem Abschluß des darauffolgenden Fastens an einem rituellen Mahl teil, das Gemeinschaft mit der Gottheit und mit den Teilnehmern untereinander stiftete. Ein solches Mahl spielte auch in den Mithrasmysterien nach einem Stieropfer eine bedeutende Rolle. Das Essen und Trinken der Mysten aus den kultischen Instrumenten statt aus profanem Geschirr betont den Ritualcharakter. So dient im Mithraskult, wie aus Abbildungen ersichtlich, der

Stier geradezu als «Tisch» für die Mahlgemeinde. Da das Stieropfer mit Leben und Fruchtbarkeit verbunden ist, erhofften sich die Teilnehmer dieses Mahles auch im Kybelekult davon reichen Segen. Von einer solchen Erwartung erfahren wir *ex contrario* durch den christlichen Schriftsteller Firmicus Maternus, der uns auch die Einweihungsformel überliefert hat. Anschließend meint er tadelnd, der Arme, der an diesem Mahl teilgenommen habe, rühme sich dessen vergebens, das sei ganz im Gegenteil eine Speise des Verderbens und ein Trank des Todes. Die wahre Speise, die Heil und Leben spende, sei dagegen bei den Christen zu finden.

Der Abstieg in die Höhle der Urmutter

Nach dem Mahl wird in der Bekenntnisformel das Tragen eines Kernos gefordert, eines Gefäßes, in dem die *vires*, die Genitalien des geopferten Stieres, geborgen und der Göttin dargebracht wurden. Indem der Myste diesen Kernos trug, war er einbezogen in das Opfer, das neues Leben spenden sollte. Diese *vires* wurden in einen unterirdischen Raum des Tempels gebracht, der πάστος *(Pástos)* oder θάλαμος *(Thálamos)*, eigentlich Brautgemach, hieß. In dieses Gemach stieg der Myste hinab – gleichsam eine Katabasis, ein Abstieg in die Kulthöhle[182]. In Pessinous wohnt die Göttin nicht nur auf den Bergen, sondern auch in einer Höhle am Fuß der Berge. Hierher, in die Höhle am Agdosberge, bringt sie die Pinie des Attis und betrauert ihn. Der unterirdische Raum unter dem Tempel ist die Höhle der Allmutter, in die der Myste hinabsteigt. Er ist wie Attis dem Tode preisgegeben, er muß durch dieses Todeserlebnis hindurchgehen und darf sich dann wie Attis der Vereinigung mit der Großen Mutter erfreuen. Diese Vereinigung ist das zentrale Erlebnis der Einweihung. Attis wird zum Vorbild des Mysten, daher werden in der Bekenntnisformel die Mysterien auch die des Attis genannt. Als Prototyp des Mysten werden wir Attis auch auf der

Unterlegscheibe der berühmten Portlandvase[183] erkennen können, deren Bildfries sicher eine Einweihungsszene darstellt. Als Jüngling mit der phrygischen Mütze legt er in der typischen Schweigegebärde des Mysten den Finger an den Mund.

Eingehen ins Brautgemach

Ob sich die Verbindung mit der Göttin im Ritus einer heiligen Hochzeit vollzog, in einer für beide Geschlechter passenden Form – die Göttin als doppelgeschlechtlicher heiliger Stein? Die religiöse Hochzeitsmetaphorik kann auch Ausdruck einer visionär erlebten Vereinigung mit der Urmutter allen Lebens sein, was zumindest für die Spätantike anzunehmen ist. In einer solchen spirituellen Bedeutung ist die bräutlich-hochzeitliche Symbolik, vom Hohen Lied des Alten Testamentes ausgehend, auch dem Christentum bis heute vertraut.

Wenn der Myste aus dem unterirdischen Reich wieder hinaufgestiegen ist, wird ihm Milch gereicht – als ob er neugeboren sei[184]. Er erhält einen Kranz und wird von allen begrüßt und beglückwünscht, wie der Isis- und Mithrasmyste auch. Wir brauchen nicht eigens zu fragen, welchen Nutzen der Attismyste aus seiner Einweihung zog. Wenn er im Schoß der Erde, in der Tiefe des Todes, der Herrin über Leben und Tod begegnet war und sich in der Einweihung wie Attis mit ihr verbunden hatte – vielleicht dürfen wir das Tragen des Kernos mit den Genitalien des Stieres sogar als ein Ersatzopfer für die völlige Hingabe des Attis sehen –, dann wußte er um das Geheimnis der steten Wandlung und Erneuerung des Lebens. Wie man daraus Trost gewinnen konnte für die eigene Person, mag die Grabinschrift einer Frau aus der Kaiserzeit deutlich machen[185]. *Cinis sum, cinis terra est, terra dea est, ergo mortua non sum – Ich bin Asche, Asche ist Erde, die Erde ist eine Göttin, also bin ich nicht tot.* Vom Weiterleben des Individuums ist hier nicht die Rede, der Mensch findet genügend Trost in der Vorstellung, daß er eingebettet ist in das «Stirb und Werde» der mütterlichen Natur.

Kybele und Attis in der Spätantike

Wir sahen, daß sich von der frühen Kaiserzeit an der Kult der Kybele im römischen Reich veränderte. Von der hoheitsvollen Matrone wird sie wieder zur phrygischen Kybele, und auch ihr Kultgenosse Attis tritt immer mehr hervor. In dieser Entwicklung spiegelte sich zuerst, unter Kaiser Claudius, wohl hauptsächlich das Erstarken des orientalischen Bevölkerungsanteils, der seine religiösen Traditionen in Geltung brachte. In der folgenden Zeit, vor allem seit dem ausgehenden 3. Jh. n. Chr., aber findet der phrygische Kult großen Zulauf gerade unter der römischen Bevölkerung auch der oberen Klassen. Wir werden auf eine tiefgreifende Änderung des Weltgefühls schließen können, so wie sie sich auch im Dionysoskult der Spätzeit spiegelte (vgl. S. 85). Ein allgemeines Unsicherheitsgefühl kam auf, denn wie konnte man sich sicher fühlen, wenn man ständig vom Ansturm fremder, «barbarischer» Reitervölker auf die Reichsgrenzen hörte, von Goten, Quaden, Sarmaten, von Germanen und vor allem von den neuerstarkten Persern? Der Garant der Dauer und Sicherheit des römischen Reiches war der Kaiser, der in göttlichem Auftrag herrschte. Doch seit der Mitte des 3. Jh. n. Chr. regierten die Soldatenkaiser, die von den Truppen ebenso rasch auf den Thron gehoben wie wieder entmachtet wurden. Bis sich der Name des Kaisers in alle Länder und Städte des Reiches verbreitet hatte, war dieser schon einem Mord zum Opfer gefallen. Der Kaiser aber war Pontifex Maximus, oberster Repräsentant des Staatskultes.

Das Ende der Aufklärung und die «neue Religiosität»

Die Schwächung seiner Position schwächte gleichzeitig den offiziellen Kultus. Dieser war ohnehin in den letzten Jahrhunderten durch die philosophische Aufklärung und den allgemeinen geistig-wissenschaftlichen Fortschritt immer mehr «verdünnt» worden. Zwar wurden die Götterfeste noch abgehalten, noch stieg der Priester mit der schweigenden vestalischen Jungfrau die Stufen des Kapitols zum Jupitertempel empor, was einst als Garantie für das Bestehen des Reiches gegolten hatte[186]. Aber wen überkam dabei noch ein numinoser Schauder vor der Gegenwart des Göttlichen? Man war philosophisch gebildet, kannte den Schicksalsbegriff der Stoa, die Atomlehre des Demokrit und hatte sich die Ansicht des Epikur zu eigen gemacht, daß es in einem «modernen» Weltbild keinen Platz gebe für Götter, die nach althergebrachtem Glauben handelnd in das Leben der Menschen eingriffen. Lukrez hatte Epikurs Lehre in Rom dichterisch dargestellt und auf den großen Vorteil hingewiesen, daß der Mensch, wenn es kein Strafgericht der Götter nach dem Tode gebe, auch keine Todesfurcht empfinden müsse. Doch schon bei Horaz, der sich im allgemeinen zu Epikurs Grundsätzen bekennt und das Leben mit Gelassenheit nimmt, wird ein leises Grauen spürbar vor jenem Weg ins Land ohne Wiederkehr. Und schließlich kommt auch jede Aufklärung an einen Punkt, an dem sie sich aufgezehrt hat und in ihr Gegenteil umschlägt. Wenn dann noch äußere Bedrohungen auftreten und sich das Gefühl eines allgemeinen Epochenwandels, einer End- und Spätzeit ausbreitet, setzt gewöhnlich ein Fragen und Suchen nach Transzendenz ein. Es kommt zu einer «neuen Religiosität», bei der intensive religiöse Erlebnisse eine Rolle spielen.

Neuplatonismus und Synkretismus – neue Geistesströmungen befruchten die Mysterien

Im Staatskult des römischen Reiches mit seinen routinemäßig ablaufenden Feiern fand man solche Erfahrungen nicht. Dafür stellten die Götter auch keine weitreichenden Forderungen an den Menschen. Der ordnungsgemäße Vollzug des Kultus genügte ihnen, und er hatte den Bürgern des römischen Reiches bislang auch genügt. Doch wenn nun, in einer Epoche allgemeinen Wandels, der römische Senator an der Straße stand und die Kybeleprozession mit ihren enthusiastischen Teilnehmern vorüberziehen sah, so empfand er anders als sein Kollege in früherer Zeit. Diese Göttin ergriff Besitz vom Menschen – aber sie gewährte dafür auch eine unmittelbare persönliche Beziehung und die Gewißheit göttlichen Schutzes. Die fremdartigen Riten wirkten angesichts einer allgemeinen «nervösen Heilsunsicherheit» (Hugo Rahner) nicht mehr fremdartig-abstoßend, sondern geheimnisvoll anziehend. Hier fand man Wärme, anders als bei den Göttern auf dem Kapitol, mochte die Atmosphäre auch bisweilen überhitzt sein.

Selbst die Philosophie blieb nicht in ihrem Tempel kühler Logik und Abstraktion. Die herrschende Schule des Neuplatonismus mit ihrem Gründer Plotin (205–270) vereinigte nicht nur die antiken philosophischen Systeme in einer großangelegten Synthese, sie versuchte auch, alle religiösen und mystischen Strömungen, griechische und orientalische, in sich aufzunehmen. So war der Neuplatonismus schließlich ebenso eine Theosophie wie eine Philosophie. Ähnlich wie die Orphiker lehrten die Neuplatoniker in der Nachfolge Platons eine Trennung von Geist und Materie. Aus dem Ur-einen, dem Vollkommenen und Göttlichen, geht in einer Stufenfolge von Wesenheiten die Vielheit des unvollkommenen Seienden hervor (als «Ausfluß», Emanation), bis hinab zum Sinnlich-Materiellen. Die Seele kommt vom Vollkommenen, sie ist ein Licht- und Geistfunke und fällt durch die Sphären des Himmels bis hinab zur Erde. Dort verkörpert sie sich in der Materie. Ihre Bestimmung ist es daher, sich vom Materiellen wieder zu trennen, sich dem Geist zuzuwenden, um dann erneut aufsteigen zu können zum Ureinen, mit dem und in dem sie dann ewig lebt. Diese Lehre vom Fall und vom Wiederaufstieg der Seele, das Erbe Platons, wurde zum geistigen Allgemeingut in der Spätantike. Sie fand auch Eingang in alle Mysterien, die dadurch einen einheitlichen und transzendentalen Zug erhielten. In die gleiche Richtung wirkte auch der für die Spätantike typische religiöse Synkretismus, die Tendenz zur Vermischung und Angleichung göttlicher Erscheinungsformen verschiedener Götter und Kulte. Hinter aller Vielfalt ahnte man eine einzige verborgene Wahrheit, die man zu erkennen trachtete. Diese Strömungen führten bei den Mysterien der Kybele und des Attis nicht zu einer «Verwässerung», sondern im Gegenteil zu einer geglückten Anpassung an die Bedürfnisse der Zeit. Die heilige Geschichte ließ sich symbolisch-allegorisch auslegen, im Sinne des Glaubens an den Aufstieg der Seele.

Kybele und Attis als Gottheiten des Kosmos

Und wenn sich nun der Blick des Menschen nach oben, in die unendlichen Räume des Kosmos richtete, so fand er auch dort die Allmutter. Sie verfügte ja seit jeher, schon in ihrem heiligen Stein, über irdische wie über himmlische Kräfte und zeigte sich ihren Anhängern nun als Herrin des Kosmos. So finden wir sie abgebildet auf einer Silberschale aus dem 4. Jh. n. Chr.[187] Kybele, mit Mauerkrone und Tympanon, fährt auf ihrem löwenbespannten Wagen über den Himmel, neben ihr sitzt Attis. Um sie herum tanzen drei Kureten ihren Waffentanz, vor ihr steigt der Zodiakus empor, der Tierkreis mit seinen Sternzeichen, in der Mitte ein Jüngling: der Aion, die Personifikation der Zeit und Ewigkeit. Am oberen Rand der Schale lenken der Sonnengott und die Mondgöttin ihre Gespanne. Zuunterst sieht man Fluß- und Meergötter und die Genien der Jahreszeiten. Wir erblicken ein Abbild des gesamten Kosmos, den Kybele als Herrscherin durchfährt. Sie ist mütterlich-lieblich im Stil einer griechischen Göttin dargestellt. Attis neben ihr wendet sich der Göttin zu, aber er ist

Die phrygische Göttermutter Kybele und ihr Gefährte Attis als Gottheiten des Kosmos auf dem Löwenwagen, sog. Parabiago-Platte.

kein Hirtenknabe und Götterliebling, obwohl er als seine Attribute Hirtenstab und Hirtenflöte hält, sondern selbst ein Gott. Beide beherrschen den Kosmos und seine Kräfte, sie vermögen der Seele zum Aufstieg in die himmlischen Sphären zu verhelfen und erwarten dort ihre Eingeweihten.

Diese konnten sich den kosmischen Charakter ihrer Mysteriengottheiten ihrem geistigen Niveau entsprechend auslegen. Die Gebildeten der Zeit, die sowohl Neuplatoniker als auch Mysteriengläubige waren, wie Kaiser Julian und die

Philosophen Salustios und Porphyrios [188], sahen in der Göttermutter die Verkörperung eines obersten, schöpferischen Prinzips. Attis ist ein von ihr ausgehendes Geistwesen, das, anstatt in steter Verbindung mit ihr zu bleiben, in die Materie hinabstürzt. Dieser Fall wird versinnbildlicht in seiner Liebe zur irdischen Nymphe. Die Göttin zürnt ihm, und Attis beraubt sich in der Selbstverstümmelung seiner stofflichen Anteile an einer niederen Schöpfung. So kann er wieder zur Göttin, zur Einheit eines höheren Seins, zurückkehren, Mittler und Vorbild zugleich für die Menschen. Die minder philosophischen Gemüter plagten sich nicht mit solchen Spekulationen. Wenn sie zum Himmel hinaufblickten, so taten sie dies in Furcht vor den Gestirnen, die unausweichliche Schicksalsmächte, das Fatum, verkörperten. Wie stets in Zeiten einer «nervösen Heilsunsicherheit» glaubte man an die Macht der Sterne, deren Konstellationen das Leben der Menschen beherrschten. Die Astrologie stand in Blüte, mit all ihren Begleiterscheinungen wie Wahrsagertum und Magie [189]. Gegen den Druck und die Vorherbestimmtheit des Schicksals aus den Sternen half nur eine Gottheit, die über ihnen stand, die auch das Fatum beherrschte.

Attis – vom Götterliebling zum «Herrn des Mondes»

Die Statue des Attis von Ostia zeigt ihn in hoheitsvoller Haltung gelagert, das Haupt von Sonnenstrahlen umgeben, auf der Spitze der phrygischen Mütze die Mondsichel. Und ein Altar ist ihm geweiht mit der Inschrift: *Attidi Menotyranno Invicto* – Attis, dem Herrn des Mondes, dem Unbesiegbaren. Hier ist Attis nicht mehr der einstige Kultheros von Pessinous, der stirbt und nur im Prinzip des Lebens selbst überdauert. Er ist erhöht zum Herrn der auf- und untergehenden Gestirne – der Charakter des Wandels und der Erneuerung bleibt ihm – mit Zügen des kleinasiatischen Mondgottes Men und zugleich des Sol Invictus, des unbesiegbaren Sonnengottes. Als *omnipotens numen*, als allmächtige Gottheit[190], vermag er seinen Mysteriengläubigen Schutz vor der Macht der Gestirne zu gewähren. Wer ihm als Eingeweihter nahesteht, der ist in diesem Leben, aber auch nach dem Tode, dem Zugriff der bösen Mächte entzogen, er ist «erlöst».

Diese Erhöhung des Attis zu einem Gott des Alls, ja zu einem «Allgott», war auch eine Reaktion auf das erstarkende Christentum im 3. und 4. Jh.

Die römische Große Mutter als letzter Hort der Altgläubigen

Seit Kaiser Konstantin war das Christentum die herrschende Religion im Staat, seit dem Edikt des Theodosius I. (391) waren alle heidnischen Kulte verboten. Doch war es keineswegs so, daß alle Welt mit fliegenden Fahnen zum Christentum überging. Die staatstragenden Schichten in Rom, die alten senatorischen Familien, verhielten sich ablehnend. Waren die Christen nicht eine Gefahr für den Fortbestand des Imperium Romanum? Sie ließen keinen Zweifel daran, daß ihr Reich nicht von dieser Welt war, und sie mißachteten die Götter und alle religiösen Einrichtungen, die seit jeher Roms Sicherheit und Dauer gewährleisteten. Das Wetterleuchten an den Reichsgrenzen, die beginnende Völkerwanderung, schien den Zorn der beleidigten Götter anzuzeigen. So sammelten sich allenthalben die Altgläubigen, die vornehmsten Geister ihrer Zeit, wie der römische Senator Symmachus[191], auch viele Frauen, um dem Christentum Widerpart zu leisten. Doch aus dem altrömischen Götterhimmel strahlten keine göttlich-geistigen Energien mehr hernieder. Lebendig waren nur noch die Mysterienreligionen, und von ihren Gottheiten schien Kybele, Roms Mater Magna, als «nationale» Göttin am besten geeignet, die geheiligten Ordnungen zu schützen. Am Ende der heidnischen Zeit wird die phrygische Göttin wieder zur römischen Mutter, zur letzten Bastion der Altgläubigen.

Ein neuer großer Tempel war ihr auf dem Vaticanhügel

erbaut worden, das Phrygianum, das auch Vaticanum genannt wurde. Dort sind, nahe dem Circus des Nero, im Bereich der heutigen Peterskirche, zahlreiche Inschriften gefunden worden. Sie beziehen sich auf einen Ritus, der in der späteren Kaiserzeit für den Kult der Kybele charakteristisch wurde, das Taurobolium [192].

Das Taurobolium – Bluttaufe und Erneuerungsritus

Hierbei wurde ein Stier geopfert, zu Ehren der Göttermutter und für das Wohlergehen *(pro salute)* des Kaisers, des Heeres oder der Stadtgemeinde. Dahinter stand der alte Glaube an die Übertragung von Lebensenergien. Im Laufe des 3. Jh. n. Chr. vollzog sich eine Wandlung in der Auffassung dieses Opfers. Es wird nun vom einzelnen, ob Mann oder Frau, für sich selbst dargebracht, nicht mehr vom Priester für die Allgemeinheit oder deren Repräsentanten. Der christliche Dichter Prudentius hat das spätantike Taurobolium ausführlich beschrieben [193]. Der Empfänger, der *tauroboliatus* oder die *tauroboliata*, stieg in eine Grube hinab, die mit durchlöcherten Brettern abgedeckt war. Über ihm wird ein Stier geopfert, dessen Blut in die Grube auf den *tauroboliatus* herabrinnt. Im Grabkult früherer Zeiten führten Schächte für das Blut der Opfertiere zu den Toten hinab, die durch das Opferblut neu belebt wurden. In der Odyssee trinken die Toten von dem Opferblut und erhalten Sprache und Erinnerung zurück, so daß Odysseus mit ihnen sprechen kann. Der *tauroboliatus*, der in die Grube hinabsteigt und vom Blut, dem Träger der Lebenskraft, benetzt wird, entspricht dem Toten, der durch das Opferblut neu belebt wird. So ist das Opfer für ihn ein Ritus der Regeneration, ja einer Art von geistiger Wiedergeburt, und er wird beim Heraufsteigen aus der Grube von seinen Mitgläubigen beglückwünscht. Die *tauroboliati* und *tauroboliatae* weihten Altäre mit Inschriften, in denen sie den Tag des Opfers als *natalicium*, als einen geistigen Geburtstag, bezeichnen. Ebenso feiert der Isismyste Lucius im Roman des Apuleius den Tag seiner Einweihung als seinen Geburtstag[194]. Für die Christen war das Taurobolium ein abscheuliches, blutiges Schauspiel; Prudentius malt in seiner Schilderung den Anblick des blutbesudelten *tauroboliatus* mit allen abstoßenden Einzelheiten aus und schüttelt den Kopf über die Torheit dieser Leute, die solch etwas tun und die jemanden beglückwünschen, der in eine finstere Grube hinabgestiegen sei und glaube, daß ihn das nichtige Blut eines toten Tieres reingewaschen habe! Bei aller Polemik konnten die Christen freilich nicht leugnen, daß ihnen die Vorstellung einer solchen «Bluttaufe» sehr wohl vertraut war. In der Apokalypse des Johannes heißt es von den Auserwählten, daß sie ihre Kleider weißgewaschen haben im Blute des Lammes, im Blut des am Kreuz gestorbenen, wie ein Opfertier geopferten Gottes (Apokal. 7,14). Also betonten die Christen, das Blut Christi schenke wahrhaft Rettung und Heil, während das Blut von Opfertieren die armen Unglücklichen nur besudele und nicht vom Tode rette[195].

Obwohl das Taurobolium nicht zu den Einweihungsriten gehörte, die sich aus der Bekenntnisformel erschließen lassen, hatte es initiatorischen Charakter. Es wurde von den Empfängern, die sich selbst oft als Mysten bezeichnen, als zusätzliche Weihezeremonie vorgenommen, ein signifikanter Ausdruck ihrer Zugehörigkeit zum Kult der Großen Mutter, bei der sich die Altgläubigen sammelten. Das Taurobolium konnte im Abstand von zwanzig Jahren wiederholt werden, was nur von Uneingeweihten als Zeichen für einen fehlenden oder zweifelhaften Heilscharakter angesehen werden konnte. Im phrygisch-vorderasiatischen Ritual lebte die Vorstellung von der periodischen Erneuerung der Welt. Dieser Charakter des Periodischen, des «Immer wieder», blieb bis zuletzt ein Signum des Kybelekultes. Als Allmutter lenkte die Göttin Welt und Natur in ihrem Rhythmus des Aufsteigens, Untergehens und wieder Neuwerdens. Der Myste fühlte sich in seinen Ekstaseerlebnissen jeweils eingebettet in den ewigen Lebensstrom, der von seiner Gottheit ausging. Und so konnte er, ohne Anleihen bei christlichen Vorstellungen machen zu müssen, von sich sagen, was auf einer Taurobolieninschrift des Jahres 376 n. Chr. zu lesen ist[196]: *in aeternum renatus* – «wiedergeboren für ewig». Die Uneingeweihten und die später Geborenen aber fragten wie Augustinus[197]: «Wie können denn Dinge wie Pauken, Mauerkrone, unsinnige Gliederverrenkungen, Zimbelschall und Löwenerscheinungen das ewige Leben verheißen?»

V. Isis und Osiris und die Isismysterien im Römischen Reich

«DIE MUTTER FEHLT – suche die Mutter!» Dieses von Ovid formulierte Bedürfnis nach göttlich-mütterlichem Schutz fand nicht nur bei der Göttermutter Kybele Befriedigung. Die ägyptische Isis, ebenfalls eine Große Mutter, zog vor allem in der Kaiserzeit viele Gläubige an sich, und es gab in der Spätantike keinen Ort im ganzen Reich, an dem sie nicht verehrt wurde.

Zu ihr gehört als ihr Gemahl der Gott Osiris; im griechisch-römischen Bereich blieb Isis jedoch die dominierende Gottheit. Ihr Kult geht in Ägypten bis ins dritte Jahrtausend zurück. Bereits in den ältesten Inschriften, den Pyramidentexten der Königsgräber um 2300 v. Chr., finden wir Isis als eines der bedeutendsten Mitglieder der ägyptischen Götterfamilie. Sie ist die Tochter von Geb und Nut, den Gottheiten des Himmels und der Erde. Aus den Titeln, die sie trägt, geht jedoch hervor, daß sie ursprünglich eine Urgöttin und Allmutter war, eine Große Mutter der Götter und der Schöpfung. Sie herrschte im Nildelta und wurde nach der Einigung Ober- und Unterägyptens um 2850 v. Chr. in das daraufhin entstehende ägyptische Pantheon eingegliedert. Hier ist sie Schwester und Gemahlin des Gottes Osiris und Mutter des Horus. Die Sitte der königlichen Geschwisterehe, die in Ägypten noch von den Ptolemäerkönigen geübt wurde, wird zurückgeführt auf das Vorbild der beiden Gottheiten, die in ihrer heiligen Geschichte[198] als mythische Herrscher des Landes angesehen werden. Osiris regierte als göttlicher Pharao über Ägypten und durchzog als Kulturbringer alle Gaue des Landes, um die Menschen den Anbau der Feldfrüchte und die

Regeln eines gesitteten Zusammenlebens zu lehren. Während seiner Abwesenheit führte seine Gemahlin Isis weise und tatkräftig die Regierung[199].

Der Mythos vom guten und vom bösen Bruder

Ein Bruder des Götterpaares aber, Seth[200], ist Osiris feindlich gesinnt. Als dieser zurückkehrt, veranstaltet Seth ein großes Gastmahl, bei dem er eine kostbare Lade aufstellt. Sie soll demjenigen unter den Gästen gehören, dessen Körpermaßen sie genau entspricht. Als sich Osiris zur Probe hineinlegt, wirft Seth eilends den Deckel darauf. Er ruft seine bewaffneten Spießgesellen herbei, die Nägel in die Lade treiben und sie zum Nil bringen. Dort wird die Lade, die zum Sarg des Osiris wurde, ausgesetzt und schwimmt durch einen der Nilarme ins Mittelmeer, bis nach Byblos an der Küste Phöniziens[201]. Isis erfährt vom Tode ihres Gemahls und macht sich in tiefem Schmerz auf die Suche, begleitet vom treuen Anubis, dem hunds- bzw. schakalköpfigen Gott. Ihre Tränen lassen das Wasser des Nils ansteigen. Seit damals ereignet sich das alljährliche Wunder der Nilflut, das Ägypten Fruchtbarkeit verleiht. Isis findet den toten Gemahl und begibt sich mit ihm auf den Rückweg. Am Nil aber spürt der böse Bruder sie auf. Er reißt Osiris aus der Lade, zerstückelt den Leichnam[202] und zerstreut ihn. Abermals macht sich Isis klagend und weinend auf die Suche. Sie findet die Teile und setzt sie wieder zusammen, unterstützt von Anubis, der sich auf die Kunst der Einbalsamierung und Mumifizierung versteht. Isis aber setzt sich mit Falken- («Schutzengel -») Flügeln auf den Sarkophag und belebt Osiris wieder, indem sie ihm heilsame Luft zufächert und ihm vom Wasser des Lebens zu trinken gibt. So kehrt die Kraft in ihn zurück, so daß Isis noch einen Sohn von ihm empfangen kann, Horus, der oft mit einem Falkenkopf dargestellt ist. Osiris aber wird zum Gott der Unterwelt.

Isis mit dem Horusknaben (8.–6. Jh. v. Chr.). Die Göttin trägt die Königsperücke, sie ist Schirmerin des Herrschers und als göttliche Herrin und Mutter zugleich Patronin aller Menschen.

Isis und Horus

Isis, die bisher die treusorgende Gattin war, setzt sich nun als fürsorgliche Mutter für ihr Kind ein, den Erben des Thrones, der von den Nachstellungen des Seth bedroht ist. Isis vermag ihrem Sohn mit der Muttermilch zugleich Kraft und göttliches Leben zu verleihen, so daß er alle feindlichen Anschläge überwinden kann. Zum Mann herangereift, tötet er Seth, um seinen Vater zu rächen, und wird dann Herrscher auf der Oberwelt, Vorläufer des Pharaos. Nach einer anderen Version des Mythos aber läßt Isis es nicht zu, daß Seth getötet wird, sie begnügt sich mit seiner Verurteilung durch ein Göttergericht[203]. Die ägyptische Weisheit erkennt in dem Bruderkampf der Götter das Wechselspiel zweier polarer Lebensmächte, die auf geheimnisvolle Weise die Welt im Gleichgewicht halten. Ägypten, mit seiner fruchtbaren Nilebene und der angrenzenden Wüste, wird gesehen einerseits im Bilde von Isis und Osiris, die den lebenschaffenden Elementen Erde und Wasser entsprechen, zum andern aber in Seth, dem Herrn der Dürre, der Wüste und des Sturmes, Verkörperung der steten Bedrohung des Nillandes durch Hungersnot, wenn die Nilflut ausbleibt, aber auch durch feindliche Völker, die aus der Wüste kommen, wie die Hyksos, die um 1700 v. Chr. in Ägypten einfielen.

«Ich bin Isis, ich wache!» Die Göttin des Pharao

Im Kampf gegen die Feinde bedarf der Pharao des Schutzes der Isis, die seinen göttlichen Vorgänger Horus gegen Seth beschützt hat. Das Volk grüßt seinen Herrscher mit dem Wunsch: «Mögest du leben und gesund sein, wie Horus für seine Mutter lebt, indem du auf dem Throne des Horus sitzt!»[204] Bei der Thronbesteigung wird der Pharao als Horus, Sohn der Isis, proklamiert. Er erhält seine Legitimation durch Isis, die Königsmutter und «Königsmacherin», die ihm seine Herrschaft garantiert. In einer Inschrift ist zu lesen: «Ich bin Isis, ich wache! Ich bin die Mutter des Horus, ich bin die Schwester des Osiris, ich bin die Zauberkräftige, ich bin die große Jungfrau. Siehe, ich bin an deiner Seite, ich bin es, die dein Herz liebt.»[205] Als «die große Jungfrau»[206], die alles aus sich selbst hervorbringt – wie die doppelgeschlechtige Kybele-Agdistis – ist Isis die Urmutter, die über alle Schöpfungskräfte und damit auch über geheimes Wissen, Zauberkräfte, verfügt. «Ich bin Isis, zauberkräftiger und ehrwürdiger als die übrigen Götter», sagt sie einmal von sich selbst[207]. Mit ihren schützenden Kräften bleibt sie dem Pharao auch nach dessen Tode nahe; sie geleitet ihn zu Osiris in die Unterwelt. Wie der von ihr neubelebte Osiris wird der Pharao dort herrschen und ein ewiges Leben genießen.

Die Seele auf der Waage der Gerechtigkeit – Demokratisierung des Jenseitsglaubens

Am Anfang der ägyptischen Geschichte glaubte man, daß nur der Pharao und seine Familie, dann noch die hohen Beamten, nach dem Tode im Jenseits weiterleben dürften. Im Verlauf politischer und sozialer Umwälzungen kam es jedoch zu einem tiefgreifenden Wandel in den Gottes- und Jenseitsvorstellungen. Dies führte allmählich zu einer «Demokratisierung» des Jenseitsglaubens[208]. Nicht mehr nur der Pharao, sondern alle Ägypter haben nun Zugang zum Jenseits. Voraussetzung ist nicht mehr der äußere Stand, sondern die innere Lauterkeit. In der Unterwelt sitzt Osiris als Totenrichter auf seinem Thron, und vor ihm werden die Herzen der Toten auf einer Waage gewogen. Der oder die Tote versichern, daß sie Gerechtigkeit und Mildtätigkeit geübt haben und sich gegen Götter und Mitmenschen nichts zuschulden kommen ließen. Dann wird das Herz auf die eine Waagschale gelegt und auf die andere eine Feder, die Feder der Göttin Maat (Wahrheit, Ordnung, Gerechtigkeit). Wenn das Herz des Verstorbenen rein ist, dann ist es nicht schwerer als die Feder – es ist im Einklang mit der göttlichen Ordnung. Der Tote wird von Osiris freundlich aufgenommen und darf die Freuden des Jenseits genießen, das, wie später bei den Griechen, ein verklärtes Diesseits ist. Er wird sogar zu einem zweiten Osiris: Er erhält den Namen des Gottes zu seinem Eigennamen hinzu. So heißt es: «Osiris NN. wird nicht im finsteren Tal wandern, er wird keinen Augenblick in der Hitze verbringen und nicht zu Fall kommen.»[209]

Isis und Osiris – Götter der Toten und der Lebenden

Durch diese Ausweitung und Intensivierung des Totenglaubens wurden Osiris und seine Gemahlin Isis, die Schützer des lebenden wie des toten Pharaos, nun zu Gottheiten aller Ägypter, zu Universalgöttern für die Lebenden wie die Verstorbenen. In ganz Ägypten besaßen sie eine zahlreiche Priesterschaft, die das geheime Wissen um die Begräbnisriten hütete. Damit der Verstorbene den sicheren Weg ins Totenreich fand, ohne unterwegs den Dämonen zum Opfer zu fallen, bedurfte er der sorgsamen Vorbereitung und der geistigen Führung durch die Priester. Die Priesterschaft erhielt dadurch eine große Bedeutung, die sie bis zum Ende des Isis- und Osiriskultes in der Spätantike behalten sollte. Die Priester verfaßten für den Verstorbenen ein Totenbuch[210], eine Sammlung von Sprüchen und Gebeten, die, auf Papyrus, auf Mumienbinden oder an die Grabwände geschrieben, dem Toten als «Jenseitsführer» mitgegeben wurden, damit er sich im Totenreich zurechtfinden und sich vor den dortigen Gefahren in Acht nehmen konnte. Während die Seele ihre Reise ins Jenseits antrat, rezitierten die Priester Gebete und Litaneien, wie die Hymne an den Totenrichter Osiris: «Sei gegrüßt, Osiris, Herr der Zeit, dessen Name dauert im Munde der Menschheit!»[211] Der Tote «ist» Osiris, und er durchlebt dessen Todesschicksal, um sich dann, geleitet von Isis, auf der Totenbarke über den Nil fahrend, auf die letzte Reise zu begeben, die ihn durch die zwölf Pforten der Unterwelt in die «Stätte der Ewigkeit» bringen wird.

Der beliebteste Begräbnisort war Abydos in Mittelägypten, die älteste Königsnekropole und wichtigster Kultort des Osiris. Hier hatte Isis, dem Mythos zufolge, die zerrissenen Teile des Osiris zusammengefügt, ihn mumifiziert und neubelebt. In Abydos, aber auch an den anderen Orten, wo Isis eines der zerstreuten Glieder geborgen hatte und die als «Grab des Osiris» galten, fanden jährliche Festfeiern statt, an die sich auch Bestattungen anschlossen.

Von solchen Osirisfeiern berichtet Herodot[212], der sie bei Sais im Nildelta erlebt hat: «In Sais», so sagt er, «befindet sich ein heiliger Bezirk mit einem Grab – den Namen dessen, dem es gehört, will ich in diesem Zusammenhang aus frommer Scheu nicht aussprechen. An diesem See veranstalten die Ägypter des Nachts Spiele von den Leiden des Osiris, die sie Mysterien nennen. Darüber will ich, obwohl ich einiges mehr über die Einzelheiten weiß, Schweigen bewahren.» Was Herodot hier Mysterien nennt[213], waren «Passionsspiele», die in Ägypten seit etwa 1850 v. Chr. bis in die römische Kaiserzeit gefeiert wurden.

Die Osirisfeiern von Abydos – das Ritual des Suchens und Findens

Das Ritual einer solchen mehrtägigen Feier aus Abydos ist auf einer Stele des Pharaos Sesostris III. erhalten[214]. Es handelt vom Tode des Osiris, der Totenklage und der Suche der Isis, der Auffindung und Belebung des Osiris und der Zeugung des Horus. Eine Priesterin in der Rolle der Isis begibt sich dabei auf die Suche nach dem zerstückelten Osiris. Sie hält das Sistrum, die Isisklapper: ein gebogenes Blech mit Griff, durch das Metallstäbchen gesteckt sind. Das Klirren soll Seth und die bösen Mächte abwehren. Sie hält aber auch das Gefäß mit dem Wasser des Lebens und das Ankh-Zeichen (Henkelkreuz), das Leben und Belebung bedeutet. So ist Isis selbst noch auf den Statuen der Römerzeit zu sehen. Trauernd und klagend zieht sie einher, begleitet von einem Priester, der den Gott Anubis verkörpert. Isis sammelt die Gebeine und fährt dann auf einer Totenbarke über den Nil. In der Osiriskapelle von Abydos war aus Lehm und Getreidekörnern, mit Nilwasser getränkt, eine Mumie gebildet worden, die in linnene Tücher gewickelt und mit dem üblichen Schmuck des toten Pharao versehen war. Sie wurde in einen ausgehöhlten Baumstamm gelegt, in dem die Körner zu keimen begannen[215]. Nun beginnt die Nacht der großen, feierlichen Totenklage, an der auch die Gläubigen teilnehmen, die in einer Wallfahrt alljährlich zu den Osirisfesten kommen. Die Nacht ist eingeteilt in die «Stundenwachen des Osiris»[216]; für jede Stunde sind bestimmte Rituale und Gebete vorgeschrieben. Während die Priesterinnen die Totenklage halten wie einst Isis und ihre göttliche Schwester Nephthys, bringen die Priester Öl und Salben dar, Weihrauch und Myrrhe, und rezitieren Gebete. Schließlich benetzt Isis den Gemahl mit dem Wasser des Lebens, dazu stimmen die Priester eine Litanei an: «Osiris, lebe, erwache, erhebe dich!» Bei den ersten Sonnenstrahlen erwacht Osiris zu neuem Leben[217], von Isis, den Priestern und der ganzen Gemeinde mit Jubel begrüßt. Isis aber wird den Horusknaben gebären, der von den Gläubigen angerufen wird: «Heil dir, Horus, der du aus Osiris hervorgehst und von der göttlichen Isis geboren wirst, du ‹Seele des Osiris›!»[218]. Horus wird von seiner Mutter liebevoll umsorgt und tatkräftig aus allen Gefahren errettet werden und das Erbe und die Herrschaft seines Vaters antreten. So erhoffte es sich auch jeder Ägypter, daß sein eigener Sohn im Schutze der Isis heranwachsen und einst bei den heiligen Feiern für sein Begräbnis sorgen werde. Viele Ägypter ließen sich während der Osirisfeiern in Abydos bestatten, oder sie ließen sich dort wenigstens ein Totenmal errichten. Aber die Teilnehmer an den Feiern stellten auch für sich selbst Gedenksteine an der Prozessionsstraße von Abydos auf. Sie lebten schon jetzt auf ihre Wiederauferstehung und Vereinigung mit den Göttern hin. Auch ihr tägliches Leben wurde von einem osirischen Rhythmus bestimmt. Die Feiern fanden im November statt, zur Zeit, da die neue Saat zu sprießen beginnt. Die Osirismumie, aus Getreidekörnern gebildet und mit Nilwasser getränkt, zeigt, daß zugleich die Lebenskräfte der Natur geweckt werden sollten.

Ägyptische «Passionsspiele» und griechische Mysterien

Es ist bei einem solchen rituellen Szenarium nicht verwunderlich, daß Herodot diese Osirisfeiern mit den griechischen Mysterien gleichsetzt und daher über sie Schweigen bewahren will. Die heilige Geschichte eines Gottes wird hier vergegenwärtigt, eine Geschichte mit Verlust und Tod, Suchen und Finden, Trauer und Freude. Geheimes Wissen wird vermittelt, um die tieferen Zusammenhänge des Lebens der Götter, der Menschen und der Natur zu verstehen. Wer dächte nicht an Demeter und Kore in Eleusis, oder an den getöteten, zerstückelten und wiedererweckten Dionysos Zagreus [219] oder an die Pinie des Attis? Und wenn es im Totenbuch heißt: «Die Götter werden, nachdem sie die Seele geprüft haben, in dem Verstorbenen einen Ebenbürtigen sehen» [220], so wird der Heilsbezug auf den Menschen ebenso evident wie in den eleusinischen Mysterien, in denen der Eingeweihte als «Stammverwandter der Götter» auf einen bevorzugten Status nach dem Tode hoffen darf. Wie in Eleusis bietet auch hier die Aussicht auf die Geburt eines göttlichen Kindes die Garantie für eine Zukunft mit Glück und Segen.

Isis und Sarapis im Ägypten der Ptolemäer

Isis, Osiris und Horus bildeten eine «heilige Familie», die den Menschen im Leben wie im Tode nahe war. Dieser allgemeinmenschliche Aspekt sicherte die Verbreitung ihres Kultes über die Grenzen der Länder und Zeiten hinweg. Isis, als die Hauptrepräsentantin der Götterfamilie, wurde in Ägypten während des Neuen Reiches zur beliebtesten Göttin. Dies führte dazu, daß sie die Attribute und Eigenschaften anderer Göttinnen an sich zog. So trägt sie die Sonnenscheibe und das

Kuhgehörn der Hathor, einer Himmels-, Liebes- und Frauengöttin, sie wird zu Isis Sothis, zur Gestirngöttin, die die Nilflut sendet. Sothis entspricht dem Hundsstern Sirius, bei dessen Aufgang am 19. Juli (1. Thot, der altägyptische Neujahrstag) die Nilüberschwemmung beginnt. Auch mit einer Erntegöttin wird sie verbunden, sie ist aber ebenso die «Herrin der Maat», Garantin der himmlischen und irdischen Ordnung: Himmelsherrin, Erdenmutter, Heilbringerin und Helferin, eine wahre Universalgöttin. Man konnte von ihr sagen: Sie ist «die Große und Mächtige, Herrscherin der Götter, mit erhabenem Namen vor allen Göttinnen. Die ganze Erde ist auf ihren Namen gesiegelt.»[221]

Die ägyptische «heilige Familie» in griechischem Gewand

Als Ägypten nach dem Tode Alexanders des Großen ein hellenistisches Königreich wurde, in dem Ägypter, Makedonen und Griechen zusammenlebten, sollte die Religion nach dem Willen der Herrscher als einigendes Band wirken. Die ägyptischen Götter mußten dazu «hellenisiert» werden. Isis war als Große Mutter, Spenderin des Lebens und der Fruchtbarkeit, als Helferin in Leben und Tod, für alle annehmbar. Horus, bisher das mythische Vorbild des ägyptischen Pharaos und des Sohnes, der die Totenriten für seinen Vater darbringt, wurde nun in enge Verbindung zu Isis gebracht und auf seine Erscheinungsform als Kind festgelegt. Er wird als Har-pichrod – Horus das Kind, verehrt, mit griechischem Namen Harpokrates. Es gibt viele Statuetten, die ihn als Säugling zeigen, der auf dem Schoß seiner Mutter sitzt und von dieser gestillt wird, der Typus der *Isis lactans*, der zum Vorbild für Darstellungen von Maria und dem Jesuskind wurde. Die typische Geste ägyptischer Kinderbildnisse, mit der Horus den Finger an den Mund legt, wird später zur Gebärde des heiligen Schweigens in den Isismysterien.

Auch Osiris erlebte eine Verwandlung. Als Totenrichter

Isis aus dem Ägypten der römischen Kaiserzeit, als göttliche Mutter mit dem Horuskind, das den Finger an den Mund legt: ursprünglich eine kindliche Gebärde, später als Hinweis auf die Schweigepflicht der Eingeweihten aufgefaßt. Isis hat als Attribute einer Universalgöttin das Kuhgehörn mit der Sonnenscheibe sowie Ähren und Lotosblüten, ihr Sohn trägt die Doppelkrone des Pharao.

und -herrscher war er allzu sehr auf ägyptische Jenseitsvorstellungen festgelegt. In Sakkara bei Memphis verehrte man ihn aber schon seit alters in einer Verbindung mit dem heiligen Stier Apis, als Osiris-Apis, Osarapis. In Apis lebte die Seele des Osiris, und er wird nach dem Tode zu einem Osiris. Der Apis ist mit Lebenskraft und Fruchtbarkeit verbunden, eine nicht nur aufs Jenseits, sondern auch aufs Diesseits gerichtete göttliche Erscheinung. Aus diesem Osarapis wurde nun Sarapis oder Serapis, der als Universalgott und Gatte neben Isis trat.

Sarapis, der neue Gemahl der Isis

Die theologische Ausgestaltung seines Kultes erfolgte auf Betreiben des ersten Königs von Ägypten, Ptolemaios I. (305–284 v. Chr.) unter Mitwirkung zweier Theologen, des Ägypters Manetho und des Griechen Timotheos. Dieser Abkömmling des Priestergeschlechtes der Eumolpiden aus Eleusis ist auch als Verfasser einer Schrift über den Kult der Göttermutter Kybele hervorgetreten (vgl. S. 121). Der römische Geschichtsschreiber Tacitus berichtet, König Ptolemaios sei in einem Traumgesicht von einem ihm unbekannten Gott aufgefordert worden, sein Kultbild vom Pontos, dem Schwarzen Meer, holen zu lassen. Auf Befragen erfuhr der König von Timotheos, es gebe dort eine Stadt Sinope mit dem Tempel eines unterirdischen Zeus – Tacitus nennt ihn Juppiter Dis, Dispater. «In dem Gotte selbst», sagt Tacitus, «sehen viele den Asklepios, weil er Krankheiten heile, einige den Osiris, den ältesten Gott Ägyptens, sehr viele Juppiter als Herrn über die ganze Welt (Kosmokrator), die meisten aber Dispater (Hades-Pluton), entweder aus seinen Attributen oder aufgrund von theologischen Spekulationen[222]». Die Attribute, die das aus Sinope angekommene Götterbild hatte, waren ein Hund und eine Schlange. Die beiden Priester deuteten sie als den Höllenhund Kerberos und das uralte Tier der chthoni-

Sarapis, der göttliche Gemahl der Isis, mit dem Getreidescheffel auf dem Haupt als Zeichen der Fruchtbarkeit. Sein Kult verbreitete sich von Alexandria aus.

schen Gottheiten. So überzeugten sie den König, es sei ein «unterirdischer Zeus», und er entspreche dem ägyptischen Osarapis – griechisch Sarapis oder Serapis.

Ptolemaios ließ dem Gott in Alexandria ein riesiges Heiligtum erbauen, das Serapeion (286/85 v. Chr.), wo er mit Isis zusammen verehrt wurde. Der Kult des Gottes wurde sogleich überall angenommen, dank der glättenden, hellenisierenden Hand des eleusinischen Theologen, der wohl auch den Bildtypus des Gottes festlegte. An der überall verbreiteten Büste, die ein berühmter athenischer Bildhauer geschaffen hatte, erinnert nichts an tiergestaltige ägyptische Götter, nichts an die Schrecken der Unterwelt: ein edler Männerkopf, bärtig, von Locken umwallt wie Zeus, würdig wie dieser, zugleich aber mild und freundlich wie der Heilgott Asklepios. Auf dem Haupt trägt der Gott einen von Pflanzen umrankten Getreidescheffel (Kalathos, *modicus*) als Zeichen der Fruchtbarkeit, die er spendet. Der Osirischarakter ist ins Griechische gewendet – als chthonische Gottheit mit den Kornähren ist Sarapis bergend und tröstlich. Er führt den Beinamen Σωτήϱ – *Sotēr*, Helfer, Heiland, und nach der altägyptischen Tradition übernimmt auch der Herrscher den Beinamen seines Gottes: Ptolemaios Soter.

Sogar die Juden, die zahlreich in Ägypten lebten, zollten der Gestalt des neuen Gottes Beifall. Sie deuteten den Namen Sarapis als «Sohn Saras» und erkannten in ihm ihren Erzvater Joseph, der das Getreidemaß auf dem Kopf trug, weil er das Land einst vor der Hungersnot gerettet hatte. War er es doch gewesen, der ein Traumgesicht des Pharao auf die sieben fetten und die sieben mageren Jahre gedeutet und ihn damit veranlaßt hatte, Getreidespeicher anzulegen.

Im Namen des Sarapis fanden auch Wunderheilungen statt[223]. Als sich Vespasian, damals noch nicht Kaiser, sondern General, in Alexandria aufhielt, kam ein Blinder, warf sich vor ihm nieder und bat ihn, er möge ihm Wangen und Augenlider mit Speichel bestreichen. Der Gott Sarapis habe ihm diese Bitte eingegeben. Vespasian wehrte ab, ließ sich aber schließlich doch dazu bewegen, und der Mann wurde wieder sehend. Darauf ging Vespasian ins Serapeion, um zu dem Gott zu beten und festzustellen, ob dies ein Zeichen sei, daß der Gott ihn zur Nachfolge auf dem Kaiserthron auserwählt habe. Im Tempel erblickte er einen Mann namens Basilides («der Königliche»), von dem er und viele andere wußten, daß er sich gerade an einem weit entfernten Ort aufhielt. Von da an war Vespasian überzeugt, zum künftigen Kaiser auserwählt zu sein.

Isis und Demeter

Auch Isis wurde im Bildtypus griechischen Göttinnen angeglichen, vor allem der Demeter, mit der sie vieles gemeinsam hatte. Sie war wie diese eine mütterlich-tatkräftige Göttin, heil- und segenspendend, mit der Ober- und Unterwelt verbunden. Ihre heilige Geschichte entsprach der von Eleusis. Wie Demeter begibt sich auch Isis trauernd auf die Suche nach einem geliebten Familienmitglied, das der Totenwelt verfallen ist. Demeter sucht ihre Tochter, Isis ihren Gatten, aber es gab auch Kultlegenden mit den entsprechenden Feiern, bei denen Isis ebenfalls ihr Kind suchte, den Horusknaben, der von Seth und den Titanen geraubt, ja nach einer Version sogar getötet und von ihr wiederbelebt worden war[224]. Suchen und Finden, Trauer und Jubel, Hindurchgehen durch den Tod, das Urthema der Mysterien, war hier bereits vorgeprägt.

Isisverehrung im römischen Reich

Als Isis und ihr Gatte ihren Einzug in die Mittelmeerländer hielten, kamen sie in eine kosmopolitisch offene Welt, die geistig und religiös von der Philosophie geprägt war. Man suchte die eine göttliche Erscheinungsform, eine «Idee des Göttlichen», hinter den einzelnen Göttergestalten. Isis entsprach Demeter, mit dem Vorteil, nicht an einen Ort gebunden zu sein. Sarapis konnte man als Zeus und Hades sehen.

Eine solche synkretistische Auffassung erleichterte die Aufnahme und die Ausbreitung des Kultes in der hellenistischen Zeit. Komplementär zur Weltoffenheit und Aufklärung herrschte jedoch das Bedürfnis nach einer unmittelbaren persönlichen Beziehung zu einem Gott, der den einzelnen in seiner Wichtigkeit als Individuum bestätigte und ihn vor den Gefahren der allzu groß gewordenen Welt beschützte. Dies führte zu einer Blüte der Mysterienfrömmigkeit, die sich in der Römerzeit fortsetzte, in der dann die orientalischen Mysterien, beginnend mit dem Kybelekult, führend wurden.

Der Isiskult profitierte von der Bedeutung Alexandrias, des Wirtschafts- und Geisteszentrum in den Jahrhunderten vor der Zeitenwende. Mit jedem Schiff fuhren Isisgläubige in die Länder rund ums Mittelmeer. In Italien verbreitete sich der Kult wie die Dionysosmysterien von den Landschaften Großgriechenlands aus nach Kampanien und Latium. In Puteoli, dem Landeplatz der Getreideschiffe aus Alexandria, entstand um 105 v. Chr. der erste große Isis- und Serapistempel, Pompeji und Herculaneum folgten. Durch die private Verbreitung richtete sich der Kult ganz auf das Heil des einzelnen und nahm Mysterienchrakter an. Isismysterien sind seit dem Ende des 2. Jahrhunderts v. Chr. im griechischen Raum nachgewiesen, ein Jahrhundert später in Italien.

Das Hohelied der Gatten- und Mutterliebe

«Nachdem Isis, die Schwestergattin des Osiris, als seine Rächerin der wütenden Raserei des Typhon (Seth) ein Ende bereitet hatte, wollte sie nicht, daß die Kämpfe und Mühen, die sie ertragen, ihr Umherirren, die vielen Taten der Weisheit und Tapferkeit, schweigendem Vergessen anheimfielen. Daher verband sie mit heiligen Weihen (*Teletai*) Bilder, Vorstellungen und Nachahmungen ihrer damaligen Leiden und stiftete damit zugleich ein Lehrstück frommer Pflichterfüllung und ein tröstliches Beispiel für Männer und Frauen, die sich in ähnlich unglücklicher Lage befinden.» So sieht Plutarch in seiner Abhandlung über Isis und Osiris, die er der Isispriesterin Klea gewidmet hat, die Einsetzung der Isismysterien[225].

Als «das hohe Lied von der Gatten- und Kindesliebe und –treue» (Th. Hopfner) mit glücklichem Ausgang konnte die heilige Geschichte der Isis zur Heilsbotschaft für Menschen aller Länder und Völker werden. Diese allgemeinmenschliche Botschaft erhielt ihre volle Anziehungskraft aber erst durch das exotische Gewand, in dem sie einherkam. Isis war eine Göttin aus einem Land voller Wunder und Geheimnisse, mit Traditionen, die bis in die dämmernde Morgenfrühe der Menschheitsgeschichte zurückreichten. Eine standesbewußte Priesterschaft mit straffer Hierarchie hütete die magischen Rituale und wußte in geschicktem Wechselspiel von Zeigen und Verhüllen das Interesse der Öffentlichkeit stets anzuregen und wachzuhalten.

Tägliche Gottesdienste in exotischem Ritus

In den Tempeln wurde täglich Gottesdienst gefeiert. Der Isistempel von Philae (bei Assuan) entwickelte sich zum bevorzugten Wallfahrtsort, zu dem man in der Kaiserzeit aus allen Ländern des Römischen Reiches kam. Von hier und von anderen heiligen Stätten holte man sich Nilwasser, das zur Heilung von Krankheiten aller Art diente. Das «Wasser des Lebens» wurde in jedem Tempel besonders verehrt.

Auf einem Fresko aus Herculaneum (s. Abb. S. 166) sehen wir einen Isisgottesdienst mit der Verehrung des heiligen Wassers. Sie fand beim zweiten Tagesgottesdienst statt, nach der morgendlichen *apertio*, der Öffnung des Tempels, bei der die Gläubigen zur Verehrung der Götterbilder kamen.

Man sieht auf der obersten Stufe einer Tempeltreppe drei

Szene aus dem Isisgottesdienst. Der Oberpriester präsentiert ein Gefäß mit dem heiligen Nilwasser. Auf den Stufen hebt ein anderer Priester einen Stab, als wolle er die Chöre der Gläubigen dirigieren. Das Fresko erinnert an Mozarts Zauberflöte («O Isis und Osiris»).

Zelebranten: in der Mitte der kahlköpfige, weißgekleidete Oberpriester, der das Gefäß mit dem heilkräftigen Nilwasser präsentiert – *manibus velatis*, mit ins Gewand gehüllten Händen, so wie in der katholischen Kirche die *vasa*, die heiligen Gefäße, gehalten werden. Neben ihm schwingt eine Priesterin das Sistrum und hält eine Situla, den Krug für die Trankspende an die Götter. Auf der anderen Seite steht ein dunkelhäutiger Priester, ein Äthiopier, mit einem Sistrum. Die priesterliche Dreiheit erinnert an die Auffindung des Osiris (Isis und Anubis mit dem Träger des Lebenswassers). Am unteren Ende der Treppe erhebt ein anderer äthiopischer Priester einen Stab, als wolle er die beiderseits auf den Treppenstufen aufgereihten Gläubigen bei einem Hymnus dirigieren. («O Isis und Osiris» – Mozart hat dieses Fresko in Italien gesehen; es wirkt wie ein Bühnenbild zur «Zauberflöte», deren Helden ja einen Einweihungsweg gehen, um «sich den Mysterien der Isis ganz zu weih'n».) Im Vordergrund entfacht ein Opferpriester auf dem Altar das heilige Feuer, neben ihm sitzt ein Flötenspieler. Palmen und Ibisse, die heiligen Vögel Ägyptens, deuten auf das Mutterland des Kultes. Obwohl der ägyptische Charakter der Rituale streng gewahrt blieb, wurde die den Gläubigen zugängliche Liturgie in der Volkssprache abgehalten, griechisch oder lateinisch. Neben den täglichen Gottesdiensten wurden in mehrtägigen Feiern[226] die Ereignisse aus der heiligen Geschichte der Isis und ihres Gemahls begangen. Da Isis einst übers Meer gefahren war, um die Leiche des Osiris zu suchen, galt sie als Patronin der Schiffahrt. Die Insel Pharos war ihr heilig; als man den später so berühmten Leuchtturm erbaute, wurde sie hier als Isis Pelagia, Isis des Meeres, verehrt, im Römischen *stella maris* («Meerstern, ich dich grüße!»)

Isisfeste im Römischen Reich

Ihr zu Ehren feierte man am 5. März das *Navigium Isidis*, die Seefahrt der Isis. Mit diesem Fest wurde die Wiederaufnahme der Schiffahrt nach der Winterpause fröhlich und festlich begangen. Das andere große Fest, die Isia, fand, wie schon im alten Ägypten, zum Andenken an die Wiederauffindung des Osiris statt. Früher wurde es vom 13. bis 16. November gefeiert, im Römischen Reich vom 29. Oktober bis 2. November, dem späteren Termin von Allerheiligen und Allerseelen. Bei diesen Festen zogen Prozessionen durch die Stadt, deren Anblick wir aus Reliefs kennen[227]: Die Götterbilder wurden im

Schmuck kostbarer Gewänder und Juwelen durch die Straßen getragen, gefolgt von den Priestern und Priesterinnen und den Gläubigen. Die Priester, kahlköpfig, im weißen Leinenrock[228], darüber einen schwarzen Mantel, wurden angeführt vom Oberpriester, der das Hydreion, das Gefäß mit dem Nilwasser, trug. Es folgten die Priesterinnen im Gewand der Isis: Über der leinenen Tunika trugen sie ein Kleid mit Fransen, das vor der Brust mit dem «Isisknoten», der Lebensschleife, geknüpft war (das Ankh-Zeichen in Schlaufenform), und darüber einen Mantel, ebenfalls mit Fransen. Kleid und Mantel waren rötlichschimmernd und schwarz, in den Farben «der Herrin, die Licht bringt in die Finsternis». In der Hand hielten die Priesterinnen das Sistrum, die Isisklapper, und ein Schöpfgefäß für das Nilwasser oder den Krug für die Trankspende. Die Oberpriesterin trug an der Stirn eine Lotosblüte und um den Arm gewunden eine – lebende oder bronzene – Uräusschlange.

Isis, die Eine mit den tausend Namen

Der Grieche oder Römer, der an der Straße stand und diese Prozession beobachtete, wurde nicht durch ekstatische Tänze oder entmannte Priester schockiert wie bei der phrygischen Göttermutter. Das ungute Gefühl einer «Überfremdung» durch diesen exotischen Kult mußte man jedoch auch hier verspüren. Dazu kam die Überlegung, wie es denn die Anhänger ägyptischer Gottheiten, wenn sie schon die nationalen Götter vernachlässigten, mit ihren Pflichten als Bürger hielten. Dies galt besonders für die Römer, für die ja das Wohlergehen des Reiches mit dem ordnungsmäßigen Götterkult in unlösbarer Verbindung stand. Doch die Göttin kam all diesen Einwänden zuvor. Sie ließ durch ihre Priester verkünden, daß sie die All-Eine sei, die unter mancherlei Gestalt, vielerlei Namen und verschiedenen Bräuchen auf dem ganzen Erdkreis verehrt würde – auch als Minerva, Diana, Proserpina, Ceres,

Juno[229]. Sie war also eine Erscheinungsform auch der einheimischen Göttinnen. Damit ließ sich manche Distanz überbrücken, vor allem bei den Gebildeten. Und Isis besaß auch in ihrer hellenisierten Form noch genügend Zauberkräfte, um selbst aufgeklärte Großstädter anzulocken. «Ich bin Isis», rezitierten die Priester, «ich bin das All, das Vergangene, Gegenwärtige und Zukünftige, meinen Schleier hat noch kein Sterblicher gelüftet»[230]. Die geheime Sehnsucht der Menschen jeder aufgeklärten, intellektualisierten Epoche, denen es bei ihrer Gottähnlichkeit bange wird, konnte hier gestillt werden. Sie setzten die nüchterne Vernunft beiseite und ließen sich fallen in einen geheimnisvollen, magisch-mystischen Urgrund. Die Weisheit des Orients war gefragt statt griechisch-römischen Intellekts.

Isis, die Göttin der Frauen

Die Großstädter weiblichen Geschlechts aber horchten auf, wenn sie hörten: «Ich bin Isis, ich bin die Göttin der Frauen. Ich bestimmte, daß Frauen von Männern geliebt werden sollten. Ich verband Gattin und Gatten und erfand das Ehegelöbnis. Ich bestimmte, daß Frauen Kinder gebären und daß die Kinder ihre Eltern lieben sollen»[231]. Isis wurde die beliebteste Frauengöttin, und sie nahm alle an ihr Herz, die römischen Matronen, die sie in einer eigenen Hauskapelle verehrten, wie auch die Zunft jener Schönen, die von den römischen Poeten geliebt und gepriesen wurden. Da Isis infolge des Synkretismus auch Züge orientalischer Göttinnen annahm, bei denen die Tempelprostitution üblich war, konnten Kurtisanen und Halbweltdamen sie als ihre Patronin anrufen. Und sie verehrten ihre Göttin ebenso fromm wie die römischen Ehefrauen. Dichter wie Tibull oder Ovid beklagten sich, daß ihre Geliebten ihre religiösen Pflichten, wie die der Enthaltsamkeit zu festlichen Tagen, gar zu ernst nahmen. War der Liebhaber jedoch erkrankt, erwartete er, daß seine Geliebte als Isisgläubige ihre Göttin um Hilfe anflehte. Nach erfolgter Heilung wird Tibulls Freundin Delia, dem Brauch gemäß, mit aufgelösten Haaren, im leinenen Gewand auf der Schwelle des Tempels sitzen und laut die Wundertaten der Göttin preisen[232].

Von der Isisverehrung römischer Matronen erzählt Juvenal[233]. Da gibt es Frauen, sagt er, die mitten im Winter in den eisigen Tiber steigen, dort zitternd vor Kälte untertauchen und dann im bloßen Untergewand auf Knien um den Tempel auf dem Marsfeld rutschen. Und es gibt welche, die gar eine Wallfahrt machen bis ans Ende der Welt, nach Meroë in Äthiopien, wo die Nilquellen sind, um dort das heilkräftige Wasser zu holen. Die Göttin selbst – so glaubt die Betreffende, das einfältige Gemüt! – hat es ihr im Traum befohlen! Der Satiriker belustigt sich am abergläubischen Gebaren, doch zeigt sich hier, wie schon beim Dionysos-Sabazioskult, ein psychotherapeutischer Aspekt. Schuldgefühle, Angst und Unsicherheit wurden überwunden durch Glauben und Ritual. Die ägyptischen Priester kamen zu den Menschen – mochte man das von höherer Warte aus auch als Missionierungsdrang oder schlicht als Betteln mit Seelenfängerei abtun –, sie hörten zu, gaben Rat und verwiesen alle voller Überzeugungskraft an jene, die da von sich sagte: «Ich bin Isis, die mit den tausend Namen» (μυριώνυμος *–myriōnymos*)[234], die auch in tausendfältigen Nöten Hilfe versprach.

Und so mochten von denen, die die Prozession an sich vorbeiziehen ließen, wohl manche den Drang verspüren, sich der Verehrung dieser Göttin zuzuwenden, nicht nur bei den Gottesdiensten unterm Volk zu stehen, sondern in eine enge Bindung zu Isis zu treten – als Mysteriengläubige.

Die Mysterien der Isis

Wie bei Kybele, so existieren auch im Kult der Isis exoterische und esoterische Riten, allgemeine Kultpraxis und Mysterien nebeneinander. Durch ihre heilige Geschichte war Isis prädestiniert zu einer Mysteriengottheit. Sie schirmte jeden Eingeweihten mit ihren Wunder- und Zauberkräften dank ihrer Allmacht hier auf Erden, wie sie ihr Kind beschützt hatte, und sie erweckte ihn im Jenseits zu neuem Leben, wie ihren Gatten Osiris. «Osiris Mystes» lautet eine Inschrift[235]. Bezeichnenderweise tritt im Mysterienkult wieder der ursprüngliche Gatte der Isis auf: Der Myste wollte das Schicksal des Gottes erfahren, den Isis errettet hatte.

«Getrost, ihr Mysten, da ja der Gott errettet ist: Auch euch wird Rettung aus der Mühsal sein!» Diesen Vers überliefert der christliche Schriftsteller Firmicus Maternus als Kennwort (*symbolon*) der Isismysterien[236]. Der Priester spricht ihn während einer nächtlichen Feier, sagt er, während auf dem Boden liegende steinerne Glieder zusammengesetzt worden sind, ein Götterbild auf einer Bahre liegt und von den Anwesenden in Klageliedern betrauert wird. Im Anschluß an diese Litaneien im Dunkeln wird Licht gebracht, der Priester salbt die Teilnehmer mit Öl und murmelt den obengenannten Vers. Firmicus Maternus berichtet auch, daß die Gläubigen ausrufen: εὑϱήκαμεν, συγχαίϱομεν (*heurékamen, synchaíromen*) – wir haben gefunden, wir freuen uns alle! Die Feier war also die *Inventio* oder Εὕϱησις (*Heúresis*), das Wiederauffinden des Osiris, wobei die Teilnehmer irrend und suchend Tod und Trauer durchlebten und dann den Wechsel zu Leben und Freude erfahren durften. In diesem typischen Mysterienritual – man denke an Eleusis und an den Tag *Hilaria* im Kybelekult – vollzog sich die Einweihung der Neophyten, der neuen Mysten.

Berufung zum Isisdienst

Die Einweihung konnte jedoch auch außerhalb der großen Feiern erfolgen, zu einem Zeitpunkt, den die Göttin selbst bestimmte, wenn sie jemanden zu ihrem Dienst berief. So sehr der Isiskult auch hellenisiert war, es gab doch fundamentale Unterschiede. Die Götter der orientalischen Religionen erhoben Anspruch auf den Menschen und forderten seine Hingabe. Bei aller Würde und Schönheit der eleusinischen Mysterien erhält man nicht den Eindruck, als hätten sich die Eingeweihten – etwa die Athener der klassischen Zeit – als das Eigentum der beiden Göttinnen von Eleusis gefühlt. Es bestand damals offenbar auch kein Bedürfnis nach einer solch unbedingten Hingabe und Bindung an das Göttliche. Nun aber, bei Kybele, vor allem aber bei Isis, ändert sich das Bild. Eine Gottheit, der täglich überall Gottesdienst gefeiert wird, ist ständig präsent, der Mensch lebt unter ihren Blicken. Und sie ist Isis, angerufen als: *una, quae es omnia* – «Du, die Eine, die alles in einem ist»[237]. Die Universalgöttin, die alle Bereiche des Kosmos für sich beansprucht – wie sollte sie nicht auch Ansprüche an den Menschen stellen, und zwar ausschließlicher, als es die olympischen Götter in ihrer Vielzahl je taten? Der Weg führt zum schließlichen Sieg des einen Gottes, der keine anderen Götter mehr neben sich duldet.

Das Zeugnis des Apuleius

Unter allen Zeugnissen, die direkt oder indirekt von den antiken Mysterienkulten erhalten sind, ragt eines hervor: der Bericht über die Erwählung und Einweihung eines Isismysten. Er stammt aus einem lateinischen Roman – von einem Autor, der in seinem Leben und Werk typisch ist für die römische Kaiserzeit, jene Epoche, in der die Isismysterien ihre Hochblüte erlebten. Es ist Apuleius aus der nordafrikanischen Stadt Madaura in Numidien (beim heutigen Algier). Geboren um 125 n. Chr. als Abkömmling von Puniern oder Berbern, eignete er sich das Lateinische ebenso an wie das Griechische, studierte in Karthago wie in Athen und erwarb sich eine hohe rhetorische und philosophische Bildung. In Rom war er als Redner und Anwalt tätig, kehrte dann aber wieder nach

Afrika zurück und lebte als Schriftsteller in Karthago. Dort ist er wohl nach 180 n. Chr. gestorben.

Vortragsreisen führten ihn durch ganz Griechenland und Kleinasien, wobei er sich in verschiedene Mysterienkulte einweihen ließ. Daß er sich nicht mit einem Kult zufriedengab, ist aus seinem philosophischen Wissensdrang zu erklären. Als platonischer Philosoph (er hat bis heute oft den Beinamen Platonicus) strebte er nach der Erkenntnis des Göttlichen hinter den Erscheinungen.

Die Mysterien als Quelle geheimen Wissens: der «Zauberer» Apuleius

Vom philosophischen Standpunkt aus ließen sich die Mysterien auch symbolisch-allegorisch auslegen. Plutarch, ein Platoniker wie Apuleius und sein Zeitgenosse, interpretiert das Suchen der Isis nach ihrem Gemahl Osiris geradezu als ein verborgenes Mysterium, als die Suche nach Weisheit und Erkenntnis. Die Göttin selbst ist für ihn die allweise und weisheitsliebende, denn ihr Name Isis hängt zusammen mit Wissen, εἰδέναι (*eidénai*). Die Gottheit übergibt ihre heilige Lehre den Eingeweihten, und deren Ziel ist die Erkenntnis des ersten, beherrschenden und nur geistig wahrnehmbaren Wesens, das die Göttin zu suchen auffordert und das bei ihr und mit ihr ist und ihr beiwohnt[238]. Geheimes Wissen, Erkenntnis: *Gnosis* – hier erscheint die Denkrichtung, die im frühen Christentum so folgenreich werden sollte. Aristoteles hatte über die eleusinischen Mysterien gesagt, die Mysten lernten nichts, sie erlebten eine innere Erschütterung (vgl. S. 44). Nun will man durch die Mysterien geheimes Wissen gewinnen über das, was die Welt im Innersten zusammenhält. Das Bedenkliche solchen Wissensdurstes erwies sich an Apuleius selbst. Seiner Mitwelt erschien er als einer, der «mit allen Wassern gewaschen» war, eingeweiht in gefährliche Geheimnisse. 158 n. Chr. wurde er in Afrika der Ausübung der Magie verdächtigt – ein todeswürdiges Verbrechen zur damaligen Zeit. Seine Ankläger waren die Verwandten seiner neuangetrauten Gattin, einer reichen, älteren Witwe. Mit Zauberkünsten habe Apuleius sich die Frau gefügig gemacht, behaupteten sie vor Gericht. Die glänzende und erfolgreiche Verteidigungsrede des Apuleius (*Apologia*) ist uns erhalten. Hier erzählt er auch, daß er sich in mehrere Mysterien habe einweihen lassen, «aus Liebe zur Wahrheit und aus frommer Pflichterfüllung gegenüber den Göttern» [239]. Obwohl (oder gerade weil?) er von der Anklage freigesprochen wurde, erschien er der Nachwelt als ein *magus*, ein früher Dr. Faustus, der durch geheimes Wissen in alle Sphären eindringen könne und auch Wunder zu wirken imstande sei [240].

Der Glaube an Magie und geheime Verbindungen aller Art zwischen Makro- und Mikrokosmos beherrschte die Menschen in der Kaiserzeit in allen Ländern des Reiches. Es galt, die «weiße Magie» zu kennen, d.h. die guten Kräfte von überallher auf sich zu konzentrieren, um sich vor der «schwarzen Magie», den bösen Beeinflussungen, zu schützen. Auch die Göttin Isis spielte hierbei eine Rolle. Schon im alten Ägypten war sie ja mit Heil- und Wunderkräften ausgestattet. Man gab den Toten Sargsprüche mit, die einen Abwehrzauber enthielten zur Bannung der Dämonen – bewirkt durch Isis. Es gab auch Täfelchen mit Liebeszauber: Isis wurde gebeten, dem oder der Begehrten eine solche Liebe einzuflößen, wie sie die Göttin selbst zu ihrem Gatten empfunden habe. Die Mysteriengläubigen der römischen Kaiserzeit trugen Amulette mit der Aufschrift: *Isis victrix* – Isis ist siegreich. Als die Allgöttin steht sie über den Mächten des Himmels und der Erde, sie besiegt selbst den Einfluß der Gestirne. «Ich stehe über dem Schicksal», verkündet sie ihren Anhängern [241].

Die Isisweihe im Roman des Apuleius

In dieser Welt spielt der Roman des Apuleius, der unter dem

Titel *Der goldene Esel* bis heute bekannt ist. Als antiker Titel ist auch *Metamorphosen, Verwandlungen,* überliefert. Es ist der erste uns vollständig erhaltene Schelmenroman. Der Held durchwandert eine bizarre Welt und erlebt in Eselsgestalt eine Fülle von Abenteuern, die vom Autor satirisch-parodistisch erzählt werden. Am Schluß aber erscheint Isis als Retterin, und es ist die Kunst des Apuleius, daß sich die verschiedenartigen Elemente zu einer Einheit verbinden.

Der Held und Icherzähler des Romans ist Lucius, ein junger Grieche, der sich auf eine Reise nach Thessalien begibt, jener griechischen Landschaft, in der von jeher das Hexen- und Zauberwesen zu Hause ist. Daran ist Lucius, der sich selbst als ausnehmend neugierig bezeichnet, brennend interessiert. Bereits auf dem Wege hört er die haarsträubendsten, aber unter dem Siegel der Wahrheit erzählten Berichte von Schadenzauber und daraus entstandenem Unglück aller Art. Am Ziel seiner Reise angekommen, erfährt er, daß die Frau seines Gastfreundes als Hexe und Erzzauberin verschrien ist. Obwohl man den jungen Mann warnt, beschließt er in seiner unersättlichen Neugier, die Geheimnisse der Hexenmeisterin auszukundschaften. Mit Hilfe ihrer Zofe gelingt es Lucius, die Zauberin bei ihren nächtlichen Praktiken zu beobachten. Als sie sich durch eine Salbe in einen Vogel verwandelt und davonfliegt, will Lucius es ihr gleichtun. Doch die Zofe verwechselt in der Eile die Salbenbüchsen, und Lucius wird in einen Esel verwandelt. Bevor die Zofe das Entzauberungsmittel für diesen Fall, nämlich Rosen, besorgen kann, überfallen Räuber das Haus. Sie laden ihre Beute auf den Esel und verschwinden mit ihm. Nun beginnt die lange Leidenszeit des Esels, der sein menschliches Wahrnehmungs- und Empfindungsvermögen behalten hat. Als geschundenes Grautier, von einem Eigentümer zum andern wechselnd, lernt er die ganze Erbärmlichkeit des Lebens kennen, bis zur Zwangsarbeit in einer Tretmühle – eine Dantesche Hölle für Mensch und Tier. Wie ein geheimnisvolles Licht im Dunkel leuchtet die Geschichte, die Lucius in der Räuberhöhle hört. Eine alte Frau erzählt sie, um ein gefangenes Mädchen zu trösten. Es ist das «Märchen von Amor und Psyche», vom Autor beziehungsvoll in die Mitte seines Romans gestellt[242].

Das Märchen von Amor und Psyche und die Geschichte des Lucius als Weg der Einweihung

Die schöne Königstochter Psyche hat durch ihre Neugier das Gebot ihres göttlichen Gatten Amor (Eros), des Sohnes der Venus, verletzt und diesen dadurch verloren. Trauernd durchwandert sie die Welt auf der Suche nach dem verlorenen Gatten, sie muß im Auftrag der erzürnten Venus schier unerfüllbare Arbeiten vollbringen, wird aber, obwohl sie bei der letzten Aufgabe scheinbar versagt, durch göttliche Gnade gerettet und mit ihrem Gemahl vereint, mit Venus versöhnt, ja unter die Götter versetzt. Die typische Suchwanderung des Märchens[243], das Vollbringen gestellter Aufgaben und der letztendlich glückliche Ausgang mit göttlicher Hilfe, sind symbolhaft für den Weg des Mysten zu seiner Einweihung.

So wird auch Lucius, wie der eingeweihte Leser ahnen kann, schließlich an ein glückliches Ziel seiner Irrungen und Wirrungen gelangen. Wie bei Psyche greift die Gottheit in dem Augenblick ein, da der Mensch, scheinbar am Ende, das eigene Mühen und Streben aufgegeben hat. Lucius ist es auch auf seiner letzten Station, in der Arena bei den Spielen, nicht gelungen, die langgesuchten Rosen zu finden, die ihn verwandeln sollen. Mit letzter Kraft entflieht er dem Tode und rettet sich ins Freie, an den Meeresstrand von Kenchreä, der Hafenstadt von Korinth. Dort fällt er erschöpft in Schlaf.

«Regina coeli – Himmelskönigin!» Die Erscheinung der Isis

Beim Aufgang des Vollmondes erwacht er und fühlt im Anblick des himmlischen Gestirns eine Ahnung künftiger Erlö-

Isis mit Sistrum, der «Isisklapper», und der Kanne mit dem heiligen Wasser. In solcher Gestalt erscheint Isis dem in einen Esel verwandelten Lucius im Roman des Apuleius.

sung. Er ruft die Allgottheit an, die den milden Schein ihres Lichtes auf die Erde sendet, und fleht sie an, ihm entweder Rettung oder den Tod zu gewähren[244]. «*Regina coeli*», Himmelskönigin, nennt er sie und wird dann im Schlaf ihrer göttlichen Erscheinung gewürdigt. Aus dem Meer taucht Isis auf, eine liebliche und zugleich königliche Erscheinung, in vielfarbig schillerndem Gewand, darüber einen nachtschwarzen Mantel, auf dem Mond und Sterne funkeln (wie die «sternflammende Königin» aus Mozarts «Zauberflöte»). Sie hält das Sistrum und ein Gefäß, von dem sich eine Schlange hochreckt, wie bei ihren berühmten Kultstatuen.

«Siehe, ich bin da, Lucius», sagt sie, «von deinem Gebet gerührt, ich, die Mutter der Natur, Herrin aller Elemente, erster Sproß aller Geschlechter, Höchste aller Gottwesen, Königin der Unterirdischen, Erste der Himmlischen, all-einzige Erscheinung aller Götter und Göttinnen. Mit einem Wink gebiete ich über des Himmels lichtes Firmament, des Meeres heilsam wehende Winde und die vielbeklagten stillen Reiche der Unterwelt. Ich, die eine und einzige Gottheit, werde in vielfältiger Gestalt, mit verschiedenen Bräuchen und unter mannigfachen Namen auf dem ganzen Erdkreis verehrt – als Göttermutter von Pessinous bei den Phrygern, als Pallas Athene bei den Athenern, als Venus von Paphos auf Zypern, als Unterweltsgöttin Proserpina auf Sizilien, als Demeter in Eleusis, auch als Juno oder Hekate. Doch die weisen Äthiopier und Ägypter verehren mich mit den mir angemessenen Zeremonien und nennen mich mit meinem wahren Namen: Königin Isis! Aus Erbarmen mit deinem Unglück bin ich hier, huldvoll und gnädig. Laß das Weinen und Klagen, wirf den Gram von dir. Dank meiner Vorsorge bricht dir leuchtend der Tag des Heiles an. Also höre nur und gibt acht auf meine Befehle!»

Isis belehrt Lucius, daß am folgenden Tag ihr Fest stattfindet, mit dem nach den Stürmen des Winters die Schiffahrt wieder eröffnet wird. Eine Prozession wird zum Meer ziehen, angeführt von dem Oberpriester, der einen Kranz von Rosen, das Siegeszeichen des wiederaufgelebten Osiris, an seinem Sistrum hängen hat. Lucius soll hinzutreten und von den Rosen fressen. Dann wird er alsbald wieder zum Menschen werden. «Du wirst», sagt Isis, «die Gestalt dieses garstigen, mir längst verhaßten Tieres ablegen.» Der Esel ist das Tier des Seth, des Feindes der Isisfamilie. Vielerorts in Ägypten war es üblich, zum Gedenken an die böse Tat des Seth einen Esel von einer Anhöhe herabzustürzen. Damit die Verwandlung ungestört von statten geht, wird Isis auch dem Oberpriester im Traum erscheinen und ihm Weisung geben. «Aber denke daran», fährt die Göttin fort, «*mir* ist dein ganzes restliches Erdenleben bis zu deinem letzten Atemzug verfallen! Es ist nur recht und billig, daß du derjenigen dein ganzes Leben schuldest, durch deren Wohltat du wieder zum Menschen wirst. Du wirst aber ein glückliches, ein ruhmvolles Leben unter meiner Schirmherrschaft führen. Und wenn du dein irdisches Leben durchmessen und zur Unterwelt hinabgestiegen bist, dann wirst du mich auch dort in jener unteren Hemisphäre sehen, wie ich des Acherons Finsternisse erleuchte und die Behausungen des Styx regiere. Du aber wirst die Gefilde der Seligen bewohnen und beständig mich, deine Gönnerin, anbeten. Ja wenn du dich durch unablässigen Gehorsam, fromm-gewissenhaften Tempeldienst und strenge Askese um meine Gottheit verdient gemacht hast, wirst du erfahren, daß es mir allein freisteht, dir dein Leben sogar über die dir zugemessene Spanne zu verlängern.» So spricht die unbezwingbare Gottheit (*numen invictum*) und entschwindet Lucius' Blicken.

Der Tag der Rettung

Der Tag seiner Rettung bricht an, und er begibt sich zur großen Isisprozession. Der Oberpriester kommt heran, das Sistrum mit einem Rosenkranz geschmückt, den er dem Esel hinhält. Dieser frißt die Rosen, und sogleich schwindet die

Eselsgestalt – Lucius steht als junger Mann vor der staunenden Menge. In einer Predigt voll göttlicher Eingebung wendet sich der Oberpriester an den überglücklichen Lucius wie an die Festgemeinde. Endlich ist dieser den Heimsuchungen der blinden Fortuna, des mißgünstigen Schicksals, entronnen, sagt er, und in den sicheren Hafen der Ruhe und an den Altar der Barmherzigkeit gelangt. Nichts hatte ihm seine vornehme Abkunft, nichts seine Bildung und Gelehrsamkeit genützt, in jugendlicher Unreife hat er sich niedrigen Vergnügungen hingegeben und seine törichte Neugier teuer bezahlen müssen. Die Göttin aber hat ihn nun errettet.

«Schließe dich froh dem Zug deiner göttlichen Wohltäterin an! Es sollen dich die Ungläubigen sehen, sie sollen ihren Irrtum erkennen: ‹Seht, aus all seinen Nöten befreit, feiert Lucius den Triumph über sein Schicksal! Damit du ein für allemal in sicherer Hut bist, verschreibe dich jetzt diesem heiligen Kriegsdienst (*sanctae militiae*) – den Eid (*sacramentum*) dafür abzulegen, wurdest du ja kürzlich schon aufgefordert. Weihe dich in Gehorsam unserem Glauben (*religio*) und nimm freiwillig das Joch des Dienens auf dich. Wenn du deinen Dienst bei der Göttin erst begonnen hast, dann wirst du auch die Früchte deiner daraus gewonnenen Freiheit recht genießen!»

Der Mensch im Banne der göttlichen Gnade

Die Selbstoffenbarung der Isis sowohl wie diese Predigt zeigen einen gewandelten Gottesbegriff, der in vielem dem Christentum nahesteht. Nicht nur das aus Paulus bekannte Streitertum Gottes oder die geradezu mönchischen Tugenden des Gehorsams und der Askese fallen hier auf, sondern vor allem die Sicht des göttlichen Wirkens: Die Gottheit wirkt durch Gnade – die über das Verwandlungswunder betroffene Menge meint, dieser Lucius müsse sich durch einen reinen und unschuldigen Lebenswandel die Gunst der Göttin verdient haben. Das Gegenteil ist der Fall – die Gottheit «erwählt» den Menschen ohne sein Verdienst, um ihre Macht und ihre Barmherzigkeit (*misericordia*) an ihm zu zeigen. Dafür ist der Mensch dann auch lebenslang ihr Schuldner: ein Gottesknecht. Auffällig ist auch, wie aus dem Absolutheitsanspruch der Gottheit eine Missionierungstendenz entsteht: Die Ungläubigen (*inreligiosi*) sollen angesichts des Wunders ihren Irrtum eingestehen. «Vom Irrtum der profanen Religionen» heißt die Kampfschrift des zum Christentum übergetretenen Firmicus Maternus. Die Übereinstimmungen mit dem Christentum sind deutlich, doch ist keine Abhängigkeit zu konstatieren. Der Weg zur universalen Gottheit war vorgezeichnet, und einer solchen alle und alles «umfassenden» Gottheit gegenüber mußte man die frühere freie geistige Grundhaltung aufgeben. Knechte Gottes, *servi Dei*, sind die Auserwählten Christi in der Apokalypse des Johannes (7,3). Dafür wurde man von Ängsten und Unsicherheit erlöst, die offenbar so groß waren, daß man den Preis dafür zu zahlen bereit war. Wenn der einst glorreich am Beginn der griechischen Geistesgeschichte stehende Begriff des «Wissenwollens» nun als «eselhafte Neugier» erscheint, von Heiden wie bald auch von Christen verteufelt zu schädlich-schändlichem Vorwitz (*curiositas*)[245], dann ist freilich ein Epochenwandel mehr als deutlich.

Lucius, der Gerettete und Auserwählte aber, reiht sich froh in den Festzug ein und feiert das Isisfest mit. Nachher kann er sich nicht entschließen, mit der Menge heimzukehren; er mietet sich im Tempelbezirk eine Wohnung, als privater Diener der Göttin, in Wohngemeinschaft mit den Priestern.

Des Nachts erscheint ihm Isis und fordert ihn auf, sich einweihen zu lassen. Doch Lucius zögert. Die Scheu vor soviel strengem Dienst und sauer zu erfüllenden Pflichten hält ihn zurück. Offenbar versteht ihn die Göttin. Sie schickt ihm die Diener zu, die er bei seinem Abenteuer zurücklassen mußte, samt seinem Hab und Gut, sogar das Pferd fehlt nicht. Aus der Heimat kommen Freunde und Verwandte und statten ihn reichlich aus. Dies nimmt Lucius als Unterpfand dafür, daß es ihm auch an irdischem Segen im Dienst der Göttin nicht fehlen wird, und er ist bereit, sich einweihen zu lassen. Der Oberpriester, nun sein geistiger Vater, belehrt ihn, man begehe die Weihen «nach der Art eines freiwilligen Todes (*instar voluntariae mortis*, 21,7) und eines durch Bitten erlangten Heiles.» Die Göttin setze selbst den Tag fest, und sie erwähle vornehmlich solche, die schon auf der Schwelle des Todes stünden – denen ließen sich die heiligen Geheimnisse unbeschadet anvertrauen –, und sie setze die durch ihre Fürsorge gewissermaßen Wiedergeborenen (*renatos*) in einen neuen, gesegneten Lebenslauf ein.

Die Weihe als «freiwilliger» Tod

Die Einweihung setzt also eine Schwellen- und Krisensituation voraus. Nur in einer solchen Ausnahmesituation ist der Mensch innerlich bereit, sich von seinem bisherigen Leben zu lösen, um ein neues zu beginnen, und er geht dabei durch einen «freiwilligen Tod» hindurch. Hier berühren sich archetypische Erfahrungen, wie sie den Stammesinitiationen traditionsgebundener Gesellschaften zugrundeliegen, mit psychoanalytischen und psychotherapeutischen Erkenntnissen. Die Verwandlung, die Metamorphose, die Lucius durchlebt, ist nicht nur die eines Esels zum Menschen, sondern auch die eines «eselhaft Dahinlebenden» zum Eingeweihten. Er ist nachher nicht in seinen früheren Zustand zurückversetzt, sondern weitergebracht worden – aus dem Machtbereich einer blinden Fortuna, der er blind ergeben war, in den einer sehenden und vorsorgenden Allmacht, wie es der Oberpriester formuliert. Hat der Autor seinem Roman deshalb den Titel im Plural gegeben – Metamorphosen? Nicht jeder wird so drastisch verwandelt wie Lucius, aber jeder Myste durchlebt eine Metamorphose, und es wird hier besonders deutlich, warum die Schlange das heilige Tier der Mysteriengottheiten, auch der Isis, ist. Sie häutet sich, wechselt ihre Haut und wandelt sich dabei – Vorbild für den Mysten, der sein altes Gewand ablegt und sich in der Weihe mit einem neuen bekleidet.

Auch Lucius erhält ein neues leinenes Gewand, als der Tag seiner Einweihung gekommen ist. Voraus ging eine zehntägige Vorbereitungszeit mit strenger Abstinenz. Zunächst wird Lucius in ein Bad geführt und dort nach der üblichen Reinigung noch einer besonderen Waschung und Besprengung unterzogen, einem Tauchbad, analog zum Untertauchen des toten Osiris im Wasser. Als es Abend wird, kommen die Gläubigen und überreichen dem Novizen Lucius Geschenke, wie es Brauch ist – Abschiedsgeschenke an den «alten Menschen». Die Sonne geht unter, und Lucius wird ins Innere des Heiligtums geführt.

Das Licht in der tiefsten Mitternacht: der «Sonnenheld auf Nachtmeerfahrt»

«Du fragst vielleicht voller Spannung, eifriger Leser, was nun gesprochen, was getan wurde. Ich würde es sagen, wenn ich es sagen dürfte, du würdest es erfahren, wenn du es hören dürftest. Allein Ohren und Zunge würden gleichermaßen für einen solchen Frevel zu büßen haben, entweder wegen gottloser Schwatzhaftigkeit oder frecher Neugierde (*curiositas*). Indessen will ich dich, wenn dich womöglich fromme Sehnsucht verzehrt, nicht auf die Folter spannen. Höre also, aber glaube auch – es ist die Wahrheit: Ich kam an die Grenzscheide zwischen Leben und Tod. Ich übertrat in der Unterwelt die Schwelle der Proserpina, und nachdem ich durch alle Elemente gefahren, kehrte ich wieder zurück. Zur Mitternacht sah ich die Sonne in hellem Lichte strahlen. Ich trat den Göttern der Tiefe wie den Göttern der Höhe von Angesicht zu Angesicht gegenüber und betete sie aus nächster Nähe an[246]. So, nun habe ich dir berichtet, was du zwar gehört, aber nicht verstanden hast – zwangsläufig. Also werde ich dir wenigstens vermelden, was man ohne Sünde auch Laien (*profani*) zu Gehör bringen darf.» (11,23, 5–7)

Am Morgen ist die Einweihung vollendet, erzählt Lucius, und er wird auf einem Podest der Göttin vorgestellt. Er ist «geheiligt durch zwölf Gewänder» und trägt nun einen kostbaren, mit Tierfiguren bunt bestickten Mantel, auf dem Kopf einen strahlenförmigen Kranz aus Palmblättern. In der Hand hält er eine brennende Fackel. Wie das Abbild des Sonnengottes steht er da, so sagt er, als nun die Vorhänge des Tempels aufgezogen werden und er von der versammelten Gemeinde begrüßt wird.

Danach feiert er seinen Mystengeburtstag (*natalis [dies] sacrorum*), wie der Christ seinen Tauftag, als großes Fest mit einer reichen Tafel und in fröhlicher Gesellschaft seiner Mitgläubigen. Zu diesem Liebesmahl hat Lucius zuvor genau nach Anweisung Besorgungen machen müssen, ein Hinweis darauf, daß eine Einweihung auch mit Kosten verbunden war. Schließlich standen dieser Kultgemeinschaft keine öffentlichen Mittel zu Gebote. Am folgenden Tag wird ebenfalls noch gefeiert, mit Andacht und Frühmahl und der üblichen Abschlußfeier der Einweihung.

Auch der moderne Leser wird von Neugierde geplagt wie die Zeitgenossen des Apuleius: Was «sah» Lucius, und wie verlief sein Einweihungsweg? Der heiligen Geschichte der ägyptischen Gottheiten entsprechend wird der Myste zu Osiris, wie auch jene Inschrift besagt (vgl. o. S. 171). Nach ägyptischen Vorstellungen, wie sie vom Mysterienglauben übernommen wurden – der ja an Osiris festhielt –, ist Osiris aber eins mit Re, dem Sonnengott, eine der göttlichen Polaritäten von Licht und Dunkel, Leben und Tod, wie wir sie bereits in den eleusinischen Mysterien kennenlernen konnten. Ein Götterbild mit der Mumie des Osiris und der Sonnenscheibe des Re trägt die Beischrift: «Das ist Osiris, der untergeht als Re. Re ist das, der untergeht als Osiris» [247]. Der Sonnengott fährt am Tag auf der Sonnenbarke über den Himmel und taucht des Nachts hinab in die Unterwelt, um dort den Toten zu leuchten. Das ist das Licht, das Lucius in der tiefsten Mitternacht sah. Die Seele des Toten – später des Mysten – wandert in verschiedenen Gestalten in den zwölf Stunden der Nacht durch die zwölf Regionen der Unterwelt – zwölf heilige Gewänder trug Lucius in der Weihenacht. Am Morgen aber erscheint er geschmückt wie der Sonnengott: Die Seele wird bei Sonnenaufgang mit Re wiedergeboren zu ihrem neuen Leben, und so geschieht es auch dem Mysten. Lucius hat die Jenseitsreise unternommen, das Totenreich durchmessen, ist dort Osiris begegnet und den anderen Totengöttern. Er durfte dann, als das Licht des Sonnengottes erschien, die Verwandlung des Osiris in Re erleben, in die Sonnenbarke einsteigen und, einsgeworden mit dem Gott, mit Osiris-Re aufsteigen in die Höhe, wo die Planeten die Elemente verkörpern. Was er erlebt, ist eine Reise durch alle Bereiche des Kosmos – davon künden die Bilder der Tierkreiszeichen auf seinem Mantel. Sicher hatte er im Innersten des Tempels durch dunkle Gänge zu gehen, die Schrecken des Eingesperrtseins in der Finsternis zu erleben, und eine Situation, in der er zu sterben glaubte. Vielleicht wurde er, wie man aus der Statuette einer Isismystin folgern kann[248], wie eine Mumie eingewickelt, nahm um sich herum die Priester wahr, die die Bestattungsriten ausführten, und während er die Sprüche des Totenbuches hörte, die die Seele auf ihrem Weg ins Jenseits begleiten, vermochte er seinen Körper zu verlassen und eine Seelenreise anzutreten. Er ist «der Sonnenheld auf Nachtmeerfahrt» (C. G. Jung)[249], der hinabtaucht ins Unbewußte, um in einer Krisis neue Lebensenergie zu holen und einen Reifeschritt zu machen – die Wiedergeburt oder Metamorphose. Für Apuleius-Lucius vollzieht sich diese Regression in seinem kulturellen Szenarium, in der Mysterienweihe.

Im Durchgang durch das osirische Totenreich erlebt er den «freiwilligen Tod»: Er läßt sein bisheriges Leben hinter sich und wagt das Neue. Er erlebt und durchlebt aber auch das große Urgeheimnis aller Mysterien, die polare Einheit von Leben und Tod im Einssein von Osiris und Re.

Nachdem Lucius seine «Nachtmeerfahrt» hinter sich gebracht hat, überkommt ihn, wie jeden, der seine Krisis absolviert hat, ein großes Glücksgefühl, das er bei seiner Göttin ausströmt: «Du, heilige, stets bereite Helferin und Retterin des Menschengeschlechtes, die zärtliche Liebe einer Mutter erzeigst du den Elenden in ihrem Leid! Ich kann dich, die Herrin aller Welten, nicht genügend preisen, auch wenn ich tausend Zungen hätte. Was aber ein frommer Mensch nur tun kann, dafür will ich Sorge tragen: Dein himmlisches Antlitz und dein göttliches Wesen will ich für alle Zeit in meinem innersten Herzen hüten und bewahren und mir stets vor Augen halten» (11,25). Gegenüber der göttlichen Allmacht wird der Mensch klein und gering – war er nicht einmal «das Maß aller Dinge?» Aber die Liebe der göttlichen Mutter scheint des Preises der Hingabe wert. Auch ist sie keine «furchtbare Mutter», sie macht ihre Eingeweihten keineswegs unmündig. Sie schickt Lucius, der vor ihrem Angesicht im Tempel verharren will, in die Welt zurück. Gereift und erwachsen, soll er seinen Beruf aufnehmen und als Isisjünger in der Öffentlichkeit wirken.

Lucius in Rom, der Heiligen Stadt

So reist Lucius auf Geheiß der Göttin nach Rom, das hier schon, als Sitz des Isiskultes, *sacrosancta civitas*, die Heilige Stadt, heißt. In ihrem großen Tempel auf dem Marsfeld verehrt Lucius täglich die Göttin, als ihr stetiger Diener, wie er sagt, fremd im Tempel, also kein Gemeindeangehöriger, aber heimisch in der Religion.

Hier erhält er in einem Traumgesicht von Isis die Aufforderung zu einer abermaligen Einweihung. Verwundert befragt Lucius die Priester, die ihm erklären, er müsse auch noch die Weihen des Osiris absolvieren. Zwar seien beide Gottheiten eng verbunden, ihr Kult bilde eine Einheit, aber da Lucius in besonderer Weise zum Diener der Götter berufen sei, müsse er sich auch dieser Initiation – einer Art höherer Weihe – noch unterziehen. Lucius zögert, denn die Zeremonien verursachen Kosten, in Rom noch mehr als in der Provinz, und seine ohnehin spärlichen Mittel sind aufgebraucht. Ein neuerliches Traumbild mahnt ihn: Würde er nicht für allerlei nichtige Vergnügungen auch sein letztes Hab und Gut, wie seine Kleider, opfern? Nun aber zögert er, sich um so großer Geheimnisse willen in eine Armut zu stürzen, die er niemals bereuen werde? Lucius veräußert auch noch sein Letztes, schafft alles Nötige in reichem Maße an, absolviert wieder die zehntägige Fastenzeit, und wird dann in nächtlicher Feier in die Mysterien des großen Gottes Osiris eingeweiht, über die er uns nichts Näheres berichtet. Der Myste durchlebte dabei vermutlich das Schicksal des Osiris: Tod und Wiederaufleben, entsprechend dem rituellen Szenarium beim Fest der *Inventio*, dem Wiederauffinden des Osiris.

Leben in der Mysteriengemeinde

Sogar zu einer dritten Einweihung wird Lucius durch göttliche Mahnung noch aufgefordert, was ihn in nicht geringe Gewissenszweifel stürzt. Ist bei den früheren Weihen etwas versäumt worden? Er verdächtigt die Priester sogar der Unehrlichkeit, muß aber dann erfahren, daß er sich angesichts dieser Aufforderung als besonders berufen und auserwählt fühlen darf. Außerdem gibt es noch einen praktischen Grund: Er wird bei der Weihe ein neues Festgewand erhalten, das frühere ist ja im Weihetempel in Griechenland verblieben. Mit seinem neuen Gewand, das er hinfort bei allen Gottesdiensten tragen wird, nimmt er seinen Platz in der hiesigen Gemeinde ein; er ist nicht mehr «fremd im Tempel». Ja er wird als besonders Auserwählter aus der Schar der Isismysten herausgehoben und von Osiris selbst in das Priesterkollegium der Pastophoren[250] eingesetzt, ja sogar zu einem der Vorsteher berufen. Nun reuen ihn weder die Ausgaben noch die Fastenzeiten. Er läßt sich den Kopf scheren und zeigt seinen Kahlkopf jedermann, setzt sich damit auch dem Gespött der Menge aus. So tritt er mit Freuden in das ehrwürdige Kollegium ein.

Soweit die Geschichte des Lucius, der noch hervorhebt, daß auch der in Aussicht gestellte materielle Segen nicht ausgeblieben ist. Er betätigt sich auf dem Forum als Anwalt, und sein Geschäft floriert, obwohl er sich als Nichtrömer seinen Platz erst erkämpfen muß. Osiris selbst läßt es sich nicht nehmen, ihn in einem Traumgesicht aufzufordern, sich auch an illustre Fälle zu wagen und sich nicht durch die Neider abschrecken zu lassen, die ihm sein unermüdlicher Fleiß und seine große Gelehrsamkeit zugezogen haben. Die Mysterienzugehörigkeit verschafft auch hienieden Segen, Plutos, wie ihn schon die Göttinnen von Eleusis ihren Eingeweihten versprochen hatten. Und der neu zugereiste Angehörige einer Mysteriengemeinde, der sich beim Tempeldienst mit seinen geistlichen Brüdern und Schwestern trifft, gewinnt dadurch, wie Apuleius sagt, «einen starken Trost in der Fremde» (11,28,6). Das war bei der großen Mobilität im Römerreich von nicht zu unterschätzender Bedeutung. Nach der mystischen Erhöhung der Isisweihe bringt die Schilderung von Lucius' Rom-Aufenthalt einen willkommenen Einblick in die straffe, weitgespannte Organisation des Isiskultes mit dem Gemeindeleben, das den Eingeweihten allerorten aufnahm.

Die Geschichte des Lucius und der «Eselsroman» – Fremdes und Eigenes bei Apuleius

Es stellt sich die Frage, inwieweit dieses letzte Buch der «Metamorphosen» autobiographisch ist. Vor der Weihe an Osiris in Rom begibt sich Lucius zu einem Priester, der ihm als Mystagoge dienen soll. Ebendieser hatte schon von dem Gott vernommen, er werde ihm einen Mann aus Madaura senden (*Madaurensis*, 11,27,9), den er einweihen solle. Der Romanheld Lucius ist ein Grieche; aus dem nordafrikanischen Madaura aber stammt Apuleius selbst, zu dem auch die große Gelehrsamkeit paßt, die Anfeindung bei den Römern hervorgerufen hat. Ist es also die eigene Geschichte des Apuleius, der nach all seinem Suchen und Forschen im sicheren, ruhigen Hafen der Isisfrömmigkeit Zuflucht suchte? Oder blieb er, der Jünger Platons, letztlich doch bei der Philosophie? Vielleicht war das Schreiben des Isisbuches für ihn eine Katharsis, die Befreiung aus einer existentiellen Krise, analog einem «Werther-Erlebnis»[251]. Ganz sicher aber war es ihm ernst mit seiner Darstellung des Mysterienglaubens. Für seinen Roman, der so originell wirkt, gibt es nämlich eine Vorlage, und aus den Unterschieden läßt sich eine Intention des Apuleius ableiten. Diese Vorlage ist der sogenannte Eselsroman eines nicht näher bekannten Griechen, Lukios von Patrai. Eine verkürzte Fassung dieses Romans ist uns unter den Schriften Lukians erhalten: «Lukios oder der Esel»[252]. Hier finden wir die Verwandlung eines neugierigen jungen Mannes namens Lukios in einen Esel und seine komischen und traurigen Abenteuer. Apuleius hat diese Geschichte in seinem Roman[253] ausgestaltet, diesen mit Episoden ausgestattet und ihm durch seine Sprach- und Erzählkunst das unvergleichliche Kolorit gegeben. Bei einem stofflichen Vergleich fällt auf, daß sich Apuleius bis in Einzelheiten an seine Vorlage hält und nur zwei Stücke völlig sein Eigentum sind: Das Märchen von Amor und Psyche und das letzte Buch mit der Isisweihe. Der Held der griechischen Vorlage befindet sich zum Schluß ebenfalls als Esel im Amphitheater in Erwartung der wilden Tiere. Da erblickt er einen Händler, der mit einem Korb voll Blumen bei den Zuschauern die Runde macht. Eilends springt Lukios hinzu, durchstöbert den Korb und frißt die Rosen. Er wird sogleich wieder zum Menschen, was einen großen Tumult hervorruft, da man ihn für einen gefährlichen Zauberer hält.

Zum Glück ist der Statthalter der Provinz als Ehrengast zugegen, Lukios erklärt ihm alles, und da der Gouverneur Lukios' angesehene Familie kennt, entläßt er ihn wohlwollend nach Hause. Dies ist eine einleuchtendere Lösung als der gelungene Fluchtversuch des Esels bei Apuleius, der von der Bühne weg, mitten aus dem vollbesetzten Amphitheater von Korinth entläuft, ohne angehalten zu werden.

Da Apuleius als genialer Erzähler ohne weiteres einen «eigenen» Schelmenroman hätte erfinden können, muß man annehmen, daß er ganz bewußt diese Geschichte – mit dem Esel als dem Tier aus dem Isismythos – ausgewählt hat. Er wollte offenbar den Lesern die Erlösung durch Isis als Kontrast präsentieren und als seine Lösung nahelegen. Er zeigt damit die Mysterienfrömmigkeit als eine der großen Möglichkeiten, das Leben zu meistern.

Isis: Suchen und Finden

Immer mehr Menschen bekannten sich in der Kaiserzeit zu dieser Möglichkeit, Ruhe, Glück und Sicherheit zu finden; die Mysterienfrömmigkeit wurde zur populären Religiosität. In den Urthemen der Mysterien, die sich im Lauf der Spätantike immer mehr angleichen, erkennt man Grundmuster der menschlichen Existenz. Die heilige Geschichte der Isis wie die der Demeter spiegelt die Lebensreise des Menschen. Sie vollzieht sich als ein Irren und Suchen nach der Wahrheit, dem Heil und dem Glück; sie besteht in Trennung und Wiederfinden, Trauer und Jubel, der Begegnung mit dem Tod und schließlich in der Rückkehr in den Schoß des Göttlichen.

Der antike Roman auf dem Hintergrund der Mysterien

Als profaniertes Heilsgeschehen lassen sich diese Grundmuster im antiken Roman wiedererkennen. Dieser erlebt in den Jahrhunderten nach der Zeitenwende gleichzeitig mit der

Mysterienfrömmigkeit einen Höhepunkt[254]. Seine Themen: Trennung und Wiederfinden, Irren und Suchen, wie auch seine Situationen: tödliche Gefahren und wundersame Errettung, wurden zu ihrer Zeit auf dem Hintergrund der Mysterienerfahrung gelesen, ohne daß sie damit zu Schlüsselromanen oder Propagandaschriften für den einen oder den anderen Kult wurden. Ihre auf den ersten Blick trivialen Themen wurden dadurch jedoch ins Allgemeingültige erhöht. Dies gilt im Bereich der Isis außer für Apuleius besonders für Xenophon von Ephesos und seine Geschichte des Liebespaares Abrokomes und Anthia[255]. Hier spielt Isis eine Rolle als Beschützerin der Liebenden, jene Isis mit den tausend Namen, die auch als Artemis auftritt, wie sie sich bei Apuleius vorstellt. Zu ihr gehört der Sonnengott Osiris-Re, im griechischen Bereich mit Apollon-Helios gleichgesetzt. «Dir, o größte Göttin, gilt unser Dank für unsere Rettung; durch dich, die du uns die verehrungswürdigste aller Gottheiten bist, besitzen wir einander wieder», beten die Liebenden im Tempel der Isis, als sie sich nach langer Trennung und vielen Gefahren endlich wiedergefunden haben.

«Ich wollte dich schon längst in meine Geschichte einweihen», sagt in den «Äthiopischen Abenteuern»[256], dem Roman des Heliodor aus dem 3. Jh. n. Chr., eine Person zu einer anderen. Die Thematik und Sprache der Mysterien ist nun so geläufig, daß sie in die Alltagssprache übergegangen ist. Sie hat damit eine weitere Metamorphose erlebt, nachdem sie schon von Platon in den philosophischen Sprachgebrauch erhoben, dann von den Künstlern auf Vasen und Sarkophagen zur Bildersprache für ein glückliches Jenseits umgeformt und zuletzt in die Szenentypik des Romans eingegangen war[257].

Der Siegeszug der Isis im Römischen Reich

Die Isisfrömmigkeit, der Apuleius so bewegenden Ausdruck verliehen hat, blieb bis zum Ende der heidnischen Ära bestehen. Isis war zwar keine nationalrömische Göttin geworden wie die Mater Magna Kybele; ihr Kult hatte mit großen Widerständen, ja mit Verfolgung und Vertreibung zu kämpfen[258] und war verdächtig als exotisch-sittenlos und unrömisch. Ihr Stern schien vollends zu sinken, als Kleopatra, die sich die «Neue Isis» nannte, zur Kriegsgegnerin Roms wurde. Aus Vergils Worten in der Aeneis wird der Abscheu des traditionsbewußten Römers vor dem monströsen ägyptischen Götterwesen deutlich[259]. Doch was die ägyptische Königin nicht erreicht hatte, gelang der Göttin: sie eroberte das gesamte Römische Reich. Während Tiberius, den nationalrömischen Tendenzen des Augustus verpflichtet, den Kult noch bekämpft hatte, erbaute Caligula den ersten großen Isistempel in Rom. Er gedachte die hellenistischen Gottkönigsvorstellungen zu verwirklichen, die sein Urgroßvater Antonius, Kleopatras Gatte, gehegt hatte, und dazu gehörte auch die «Königsmacherin» Isis. Sein Scheitern vermochte den Siegeszug der Göttin nicht aufzuhalten. Sie gab sich nun auch betont römisch. Beim Isisfest zur Eröffnung der Schiffahrt (*Navigium Isidis*) wurde feierlich «für Kaiser und Reich» gebetet. In der Spätantike gehörte dieses Fest – neben den Prozessionen der Mater Magna – zu den öffentlichen Demonstrationen der Altgläubigen, mit denen sie sich gegen das Christentum zu behaupten suchten. Das Schiff der Isis symbolisierte als «Schiff des Heiles» Roms Glück und Wohlfahrt[260]. Unter den christlichen Kaisern lebte der Isiskult allenthalben noch fort, ob in Köln, in London, in Frankreich oder in Österreich, wo die Göttin als Isis Noreia, mit einer einheimischen Göttin verschmolzen, am Ulrichsberg bei Klagenfurt verehrt wurde. Nur mit brutaler Gewalt ließen sich die Gläubigen von ihrer Göttin trennen. 391 n. Chr. ließ Bischof Theophilos mit Zustimmung des Kaisers Theodosius das berühmte Serapeion in Alexandria zerstören und die Kultstatuen zerschlagen, ein Fanal für die Verwüstung der Heiligtümer im ganzen Reich. In Philae wurde Isis noch bis ins 6. Jh. hinein verehrt, bis

Kaiser Justinian 535 den Tempel schließen und die Priester ins Gefängnis werfen ließ[261].

Das Ende der heidnischen Epoche – eine neue «Regina coeli»

Doch was mit Isis in die Welt gekommen war, sollte nie mehr daraus verschwinden. Als im Verlauf der theologischen Diskussion über die gottmenschliche Natur Jesu Christi dessen Mutter als Theótokos, als Gottesgebärerin, ins Blickfeld trat, waren es gerade die ägyptischen Theologen, wie Kyrill von Alexandria, die auf dem Konzil von Ephesos i. J. 431 die Rolle der heiligen Jungfrau und Gottesmutter Maria dogmatisch festlegten. Und ihre Verehrung wurde sogleich allenthalben bereitwillig angenommen. Als Himmelskönigin mit Krone und Zepter, den Mond zu Füßen, ziert sie bis heute Kirchen und Plätze der christlichen Welt. Mochten Theologen diese Erscheinungsform auch als die der Frau aus der Apokalypse des Johannes (12,1) interpretieren, die breite Masse sah darin ein vertrautes Bild. Und alle Mühseligen und Beladenen, die im männlich dominierten Glauben des Christengottes nach dem weiblichen Element und mütterlicher Hilfe Ausschau hielten, wandten sich an die himmlische Mutter mit dem uralten Gebet: «Du Helferin des Menschengeschlechtes, die zärtliche Liebe einer Mutter erzeigst du den Elenden in ihrem Leid!»

Auch in der säkularisierten Welt bleibt die Erinnerung an Isis lebendig[262]. Taucht nicht ihre Gestalt hinter der himmlischen Mutter Maria auf, wenn es am Ende von Goethes Faust II heißt: «Jungfrau, Mutter, Königin, Göttin, bleibe gnädig!»

Die Suchwanderung der Isis aber wurde in unserer Zeit als mahnendes Thema aufgegriffen. «Isis und Osiris. Bruch und Einung» lautet der Titel eines Kunstwerks des Malers Anselm Kiefer (zu sehen auf der documenta 8 in Kassel 1987).

Der mythische Weltenberg ist von Scherben übersät, von denen Verbindungslinien zu einem Bild der Isis laufen: ein Symbol für die Suche nach der verlorenen Ganzheit, Isis als Hoffnungsbild für ein Ende aller Spaltung und allen Zerfalls.

VI. Die Mysterien des Mithras

IN EINER INSCHRIFT aus den Caracallathermen in Rom ist zu lesen: «Einzig ist Zeus, Sarapis, Helios – unbesiegbarer Weltenherrscher.» Anstelle des Wortes Sarapis hat man später einen anderen Götternamen eingesetzt: Mithras [263]. Es war im 3. Jh. n. Chr., als dieser Gott im Römischen Reich eine führende Stelle einnahm und den Gatten der Isis als Kosmokrator weitgehend verdrängte.

Der Gott Mithras ist persischen Ursprungs, sein Name bedeutet Vertrag [264], und als Schützer des vertraglichen Rechts treffen wir ihn im iranischen wie auch im indischen Bereich, in den heiligen Büchern des Awesta und der Veden. Er ist der «Weitschauende, immer Wachende», der jedes Unrecht sieht, und wird daher – wie der griechische Gott Helios – zum Sonnengott. Mithras ist das Auge des obersten persischen Himmelsgottes Ahuramazda, der das Prinzip des Lichtes und des Guten verkörpert. Als sein Abgesandter kämpft er gegen den Gott Ahriman, den Herrn des Bösen und der Finsternis. Mithras vernichtet die Dämonen, die Ahriman aussendet, um die Herrschaft Ahuramazdas zu stürzen. Mithras streitet auch gegen die Gottlosen und Vertragsbrüchigen, die den Sieg des Guten in der Welt vereiteln wollen. Kämpferisch, wahrheits- und treueliebend, sonnenhaft – mit diesen Zügen ausgestattet wird Mithras zum Vorbild und Schutzherrn der persischen Könige und des Adels, dessen Mitglieder zu Männerbünden zusammengeschlossen waren. Der junge Adlige hatte sich zur Aufnahme in den Männerbund seines Clans einer Initiation zu unterziehen. Er wurde regelrecht «ausgesetzt» und mußte auf sich gestellt zu überleben suchen [265].

Dann wurde er harten Prüfungen, Kasteiungen und Züchtigungen unterzogen, «Initiationstorturen», wobei er sich mehrmals mit dem Tod konfrontiert sah. Durch das Initiationserlebnis wurde er «wiedergeboren» zu einem neuen Menschen, zum Mitglied der adligen Kriegergesellschaft. Initiationen mit körperlichen Torturen waren auch Bestandteil der Mithrasmysterien, und es wird von hier aus verständlich, warum man in einen solchen männerbündischen Kult keine Frauen aufnahm: eher aus Rücksicht denn aus Mißachtung.

Der persische Mithras besaß eine eigene Priesterschaft, die ihn mit Ahuramazda vereint als «glorreichen Herrn der Wahrheit und Herrscher aller Länder» anbetete, ja es gab sogar die Doppelform Mithra-Ahura. Die Priester machten das unter persischer Herrschaft stehende Kleinasien zu einem Zentrum der Mithrasverehrung, die dort auch politische Veränderungen überlebte. *Magoi*, «Magier», wurden sie genannt, was eigentlich «die in die Riten des Gottesdienstes Eingeweihten» bedeutete. Sie waren aber auch Eingeweihte in den Sternenglauben, den sie von den Chaldäern aus Babylon übernommen hatten, und Priesterastronomen wie diese. Mithras war als sonnenhafte Gottheit mit kosmologischen Lehren leicht zu verbinden.

Die Götter auf dem Nemrud Dag

Im südöstlichen Hochland von Anatolien, zur Grenze nach Syrien hin, liegt die Landschaft Kommagene. Im 1. Jh. v. Chr. hat sich hier, auf dem 2000 m hohen Nemrud Dag, König Antiochos I. ein Grabmal mit einer Kultstätte erbaut. Vor einem riesigen Grabhügel erheben sich Terrassen mit Tempelmauern und Altären, vor denen gewaltige Götterstatuen thronen: die Göttin Kommagene, der oberste Himmelsgott Zeus-Jupiter-Ahuramazda und Mithras-Apollon-Helios. Der König war ein orientalisch-hellenistischer Fürst, der seine Ahnenreihe einerseits auf die persischen Großkönige, zum andern

Blick auf den Nemrud Dag in Kommagene (Osttürkei) mit dem Kopf des Mithras (Mitte hinten).

aber auf Alexander den Großen zurückführte. Daher nannte er die Götter seines Pantheons mit persischen und griechischen Namen. Auf einem Relief reicht Apollon-Mithras dem König die Hand und bestätigt ihn durch diesen göttlichen Handschlag in seiner Herrschaft. Der Synkretismus morgen- und abendländischer Götter war gleichzeitig eine politische Demonstration des Herrschers eines Landes, das wie eine Drehscheibe zwischen Ost und West lag.

Mithras erobert das Römische Reich

Die offiziell vorgenommene Assimilation, unter der Mitwirkung der Magierpriester, bahnte Mithras den Weg nach dem Westen. Nach einer Notiz des Plutarch sollen die Seeräuber, die einen eigenen männerbündischen Räuberstaat in Kilikien (Südkleinasien) errichtet hatten, Mithrasmysterien gefeiert haben[266].

Ob dies nun zutrifft oder nicht, Kleinasien bildete auf jeden Fall den Ausgangspunkt eines Mithras-Mysterienkultes. Und die Seeräuber waren sicher insofern mit seiner Ausbreitung verbunden, als erst nach ihrer Beseitigung ein reger Verkehr mit den römischen Provinzen und Ländern Kleinasiens einsetzte und damit die äußeren Voraussetzungen gegeben waren. Soldaten und Händler, Sklaven, Reisende und Beamte brachten den Mithraskult in den friedlichen Jahren nach der Zeitenwende nach Italien und Spanien, in den Donauraum und an den Rhein, den ganzes Limes entlang, und bis nach England. Die römischen Soldaten, unter denen die Mithrasverehrung im 3. Jh. n. Chr. ihre Hochblüte erlebte, sahen Mithras als ihren besonderen Schutzgott an, der beim häufigen Wechsel der Dynastien die Stabilität des Imperiums verkörperte. Doch war Mithras keineswegs nur der Gott der Krieger. Mochte auch eine an den germanischen oder britannischen Limes verlegte Legion sich ein Mithräum, ein Mithrasheiligtum bauen, um ihren vertrauten Gott in der Fremde bei sich zu haben, so fanden sich doch bald Einheimische ein, die den Kult weiterführten, auch wenn die Legion abgezogen war. Unter den besonders zahlreichen Denkmälern aus dem deutschen Raum finden sich viele, die nicht von Soldaten stammen, sondern aus der bürgerlichen romanisierten Oberschicht des 2. und 3. Jh., auch aus Städten wie Köln und Trier, wo es sogar einen Devotionalienhandel gab. Nicht nur der Soldat, sondern jeder Mensch konnte sich als Streiter des Mithras im Kampf des Guten gegen das Böse fühlen. Jeder war von den finsteren Mächten bedroht und auf himmlischen Schutz angewiesen. Hier bot der rigorose Dualismus des Mithras, der ihm trotz aller hellenistisch-kleinasiatischen Abwandlungen aus seiner persischen Heimat geblieben war, Halt und Sicherheit. Aus diesem Dualismus leiteten sich auch entschiedene Moralforderungen ab, die jedoch gerade zur Anziehungskraft des Kultes beitrugen.

Der Mithraskult als Sternenreligion

Zum Kult des Mithras gehörte eine Kosmologie und eine damit verbundene Seelenlehre, von der sich besonders die Gebildeten angesprochen fühlten. König Antiochos von Kommagene hatte nicht nur persische Magier, sondern auch griechische Gelehrte zu Beratern gehabt, die in der zeitgenössischen Philosophie und Naturwissenschaft bewandert waren. Hier ist vor allem jene Sicht des Kosmos zu nennen, die sich seit dem Hellenismus allmählich durchsetzte und dann ihre Fixierung als «Ptolemäisches Weltbild» erhalten sollte[267]. Die Erde steht zwar noch im Mittelpunkt des Weltalls, doch ist sie keine in sich ruhende, vom Weltstrom Okeanos umflossene Scheibe mehr, die über sich die olympischen Götter und in ihrer Tiefe die Unterwelt hat. Um die Erde drehen sich die Planeten in der Reihenfolge Mond, Merkur, Venus, Sonne, Mars, Jupiter, Saturn. Dann folgt die alles umschließende Fixsternsphäre mit dem Zodiacus, dem Tierkreis. Zwischen der Erde und dem nächsten Gestirn, dem Mond, breitet sich die sublunare Ära aus (‹unterhalb des Mondes›), die dem Zerfall und trüber Vergänglichkeit ausgesetzt ist. Die darüber befindliche superlunare Sphäre (‹oberhalb des Mondes›) ist streng getrennt vom Irdischen und bevölkert von Dämonen und Elementargeistern. Die Erde ist durch ihre Lage in der Mitte des Kosmos den Einflüssen der Gestirne von allen Seiten ausgesetzt. Die Götter aber sind nun ferne und entrückt. Dennoch gibt es eine Verbindung des Menschen zu ihnen, denn seine unsterbliche Seele ist ein Lichtfunke, der vom Göttlichen stammt. Sie muß danach streben, daß sie nach dem Tode wieder zu ihrem Ursprung, dem «überhimmlischen Ort» (Platon) zurückkehren darf.

Doch wie kann die Seele, ganz auf sich gestellt, die ungeheuren Räume des Alls durchmessen und, ohne Schaden zu leiden oder vom rechten Wege abzukommen, an ihr Ziel gelangen? Sie brauchte einen göttlichen Mittler, und sie bedurfte der Vorbereitung bereits hier in ihrem irdischen Leben. Diesen Vorstellungen, die in populärer Form allgemein verbreitet waren, trug die Mithrasverehrung Rechnung. Ausgerichtet auf eine spätzeitliche individuelle Heilserwartung jetzt und künftig, war sie deshalb auch ausschließlich Mysterienkult. Die Mithrasmysterien besaßen ein System von sieben Weihegraden, die den sieben Planetensphären entsprachen. Der Myste trat bei seinen Einweihungen jeweils eine Seelen- und Himmelsreise an. Mithras war schon von seinem Ursprung her der Mittler[268] zwischen dem obersten Himmelsgott und der Welt; er vermochte seine Eingeweihten sicher zu geleiten und sie aus der drückenden Abhängigkeit von den Schicksalsmächten zu befreien. «Dein Vater Mithras wird dir, wenn du auf seine Weisungen hörst, im Leben ein sicherer Halt sein. Wenn du aber einmal von hier scheiden mußt, kannst du mit guter Hoffnung auf ihn als freundlichen göttlichen Geleiter vertrauen». So gibt Kaiser Julian, ein Mithrasmyste, seiner Zuversicht gläubigen Ausdruck.[269]

Die Kultlegende – das Stieropfer

Die heilige Geschichte des Mithras ist nur aus Denkmälern abzulesen, es existieren keine literarischen Quellen. Mithras wurde zu Anfang der Welt aus der Spitze eines Felsens geboren (aus dem Stein, wie die Göttermutter Agdistis-Kybele). Das Himmelsgewölbe über ihm war dunkel, und der Gott brachte bei seiner Erscheinung erst das Licht. Daher waren seine Heiligtümer unterirdisch angelegt. Sie hatten den Charakter einer Höhle mit einem Tonnengewölbe, das die Krümmung des Firmaments wiedergibt. Der Gott erleuchtete das All mit einer Fackel, und mit diesem Licht brachte er der Welt auch Leben und Wachstum. So hält er auf manchen Abbildungen eine Ähre in der Hand, und neben ihm breitet der Lebensbaum seine Krone aus. Die Geburt des Gottes, der das Dunkel erhellt hatte, wurde in den Heiligtümern nachvollzogen. Auf den Altären wurde das Feuer entzündet, an dem die Gläubigen ihre Fackeln entflammten. Manche Kultbilder konnten auch von hinten beleuchtet werden, so daß ein Licht-

Das Mithräum unter der Basilica von San Clemente in Rom, mit den Seitenschiffen in der Form von Speisesofas für das heilige Mahl und dem Stieropferrelief.

schein von ihnen ausging. Der Tag, an dem das Licht wieder zunahm, die Wintersonnenwende, feierte man als den Geburtstag des Mithras[270]. Der Gott hatte auch weiterhin segensreich für die Menschheit gewirkt. Man sieht ihn, wie er Wasser aus dem Felsen schlägt, Feigen von den Bäumen und Ähren im Kornfeld schneidet oder auf der Jagd wilde Tiere erlegt: Er ist Heilsbringer und Kulturschöpfer zugleich.

Seine größte Tat aber war die Tötung des Urstieres, des Symbols der Stärke und der Fruchtbarkeit. Mithras verfolgte den Stier weit über die Erde und lud ihn sich dann auf die Schultern. Die typische Suchwanderung der Mysterien fehlt also auch hier nicht. *Transitus dei*, Durchgang, Übergang des Gottes, wird sie genannt, ein Weg mit Mühen und Anstrengungen, Vorbild für den Lebensweg des Mysten. «Und auf meine Schultern lade ich, was die Götter mir auferlegen und trage es bis ans Ende», hat einer von ihnen in einer Inschrift verkündet[271]. Mithras bringt den eingefangenen Stier in eine Höhle, wo er ihn opfert. Diese Szene war offenbar der Kern der heiligen Geschichte; sie findet sich überall auf den Kultbildern in den Mithräen dargestellt. Der Gott, eine jugendlich-schöne Gestalt, ist auf den Rücken des Stieres gesprungen. Durch einen Griff in die Nüstern hat er ihn wehrlos gemacht und trifft ihn mit dem Dolch in die Halsschlagader, so daß das Blut hervorströmt. Ein Hund springt hinzu, um von dem Blut zu trinken, ein Mischkrug, um den sich eine Schlange ringelt, ist aufgestellt, um es aufzufangen. Ein Skorpion befindet sich an den Genitalien des Stieres, um seinen Samen zu trinken. Auf dem wehenden, wie das Firmament aufgewölbten und sternenbesetzten Mantel des Mithras sitzt ein Rabe, als Bote vom Sonnengott, der in dieser Konstellation den obersten Himmelsgott vertritt. Sol, der Sonnengott, ist zusammen mit den Symbolen des Mondes, der Gestirne und der Jahreszeiten jeweils auf Bildern am Rande der Stieropferreliefs zu sehen. Das Geschehen nimmt dadurch kosmischen Charakter an. Der Sonnengott gibt Mithras den Befehl, den Stier zu töten, das heißt, Mithras orientiert sich am Sonnenstand, um den richtigen Zeitpunkt, den heiligen Tag für das Opfer festzustellen[271]. Zwei persisch gekleidete Gestalten in Hirtentracht stehen an den Seiten, der eine mit erhobener, der andere mit gesenkter Fackel, den Morgen- und Abendstern bezeichnend. Aus der Schwanzspitze des Stieres aber, bisweilen auch aus der Halswunde, entsprießen Ähren, Kräuter und Pflanzen. Der Urstier wird geopfert zur Erneuerung des Lebens der Welt. Aus seinem Blut und Samen regenerieren sich alle Bereiche der Erde, verkörpert durch die Tiere. Während die Schlange das Tier der Erdentiefe ist, bezeichnen Hund und Skorpion die Oberwelt. Die Erde ist durch Hitze ausgedörrt und kraftlos geworden, wenn der Hundsstern (Sirius) am Himmel steht. Dann ist der Zeitpunkt gekommen, die Erde zu erneuern, damit sie wieder Kraft für die Wintersaat erhält, die im Zeichen des Skorpions zu keimen beginnt[273].

Mithras und die phrygische Mütze

Der Gott trägt auf fast allen Abbildungen die sogenannte phrygische Mütze, eine lederne helmartige Kopfbedeckung mit einem runden, nach vorn geneigten Zipfel. Mit dieser Mütze werden allgemein Personen orientalischer Herkunft abgebildet: die Trojaner, Paris, Attis und Adonis, die Amazonen, bis hin zu den heiligen drei Königen in S. Apollinare nuovo in Ravenna, die damit als Magier, als orientalische Priesterastronomen, gekennzeichnet sind. Die Mütze wurde hergestellt aus dem Stierbeutel (Hodensack) des Tieres samt der angrenzenden Fellpartie, die nach dem Trocknen besonders hart wird[274]. Nach altertümlicher Auffassung werden die Lebenskräfte des Tieres auf den Träger einer solchen Kopfbedeckung übertragen, ebenso wie bei Eberzahnhelmen oder Fellmützen mit Wolfsrachen. Die Stiermütze des Mithras zeigt an, daß die lebensspendenden Kräfte des Urstieres auf ihn übergehen. Er aber «spendet» sie zur Erneuerung der Welt. Die phrygische Mütze war auch das Zeichen des obersten Einweihungsgrades, des Pater, der wie Mithras das heilbringende Stieropfer darbringen durfte.

Mithras und der Stier – der Opferer als Opfertier

Zwischen Mithras und dem Stier besteht aber noch eine engere Beziehung. Auf mehreren Reliefs mit der Stiertötung fällt der wehmütig-schmerzliche Gesichtsausdruck auf, mit dem sich Mithras abwendet oder zum Sonnengott hinblickt. Es ist hier nicht an Mitleid mit dem Opfertier zu denken, das wäre im Vollzug des Opfers eine unfromme Haltung. Es hieße ja, daß man im Grunde die Opfergabe zu entziehen trachtete,

Mithras beim Stieropfer mit abgewandtem Blick. An den Seiten die Gefährten Cautes und Cautopates mit erhobener und gesenkter Fackel, Morgen- und Abendstern bezeichnend.

und damit wäre die Wirksamkeit des Opfers beeinträchtigt. Die Miene des Gottes soll vielmehr anzeigen, daß der Opferer gleichzeitig das Opfer ist: Mithras «ist» der Stier, der Gott ist das Opfertier, wie Dionysos Zagreus in den Dionysosmysterien. Sein Gesichtsausdruck «spricht aus, daß der Heros zugleich Opferer und Geopfertes ist ... In jenen späten Kulten, wo der Heros, der seit alters in seinen Taten alles Übel und den Tod überwindet, zur göttlichen Hauptfigur geworden ist, wird er zum priesterlichen Selbstopferer und zum Wiedererzeuger des Lebens» (C. G. Jung) [275]. Wenn wir Mithras so verstehen, ordnet er sich ein in die Reihe der Mysteriengottheiten, die «Schicksal» haben, einen Wandel erleiden und im Hindurchgehen durch dieses Schicksal dem Mysten daran Teilhabe gewähren und ihm Heil spenden. Nur im geheimnisvollen Durchgang durch den Tod erhebt sich Mithras vom

Heilbringer zur Mysteriengottheit. Wie könnte er auch, ohne ein eigenes Todesschicksal siegreich überwunden zu haben, zum Mysteriengott der Soldaten werden, die ständig mit dem Sterbenmüssen konfrontiert sind? Er wird so erst wahrhaft zum Mittler des Heiles, als der Erste, der *renatus*, wiedergeboren ist und damit zum Vorbild für seine Mysten wird: «Auch uns hast du errettet, indem du das ewige Blut vergossen hast», lautet eine Inschrift aus einem Mithräum[276].

Das Mithrasmahl

Dieser Charakter des Mithras erklärt auch, warum sein Kult von den Christen mit solch emotionsgeladener Feindschaft verfolgt wurde. Davon künden – neben manchen Äußerungen christlicher Schrifsteller[277] – noch heute die Spuren der Beilhiebe auf den Reliefs der Stiertötung. Für andere Kulte wie den der Großen Mutter hatten die Christen souveränen Spott bereit (vgl. o. S. 135f.). Mithras aber, Opferer und Opfergabe zugleich, erinnerte zu sehr an den Erlöser Jesus Christus, zumal sich die Mithrasmysten auch noch zum Gedächtnis des Stieropfers zu einem Kultmahl vereinten. Mithras und der Sonnengott feierten nach der Stiertötung ein gemeinsames Mahl, bei dem sie das Fleisch des Stieres verzehrten. Dieser selbst oder sein Fell diente ihnen als Tisch, wie man auf Kultbildern sieht, und auf diesem stehen Brot und Wein. Es gab auch drehbare Kultbilder, bei denen man auf einer Steinplatte die Stiertötung sieht und auf der Rückseite das Göttermahl[278]. Man kann auf eine eigene Liturgie schließen, so wie man im Verlauf des christlichen Gottesdienstes Flügelaltäre öffnete. Auf einem anderen Relief werden die Götter beim Mahl von menschlichen Gestalten bedient, den Mysten. Es gibt auch Darstellungen, bei denen nicht die Götter, sondern nur die Gläubigen zu einer Speisung mit Brot und Wein versammelt sind (das Stieropfer blieb hohen Feiertagen vorbehalten). Indem die Mithrasanhänger das Mahl der Götter nachvollziehen, wird ihnen die göttliche Heilkraft des Opfers zuteil.

Die Weihegrade im Mithraskult

Die Mysten, die beim Kultmahl als Diener abgebildet sind, tragen ein Löwenhaupt, einen Rabenkopf und die phrygische Mütze: Es sind Eingeweihte der verschiedenen Grade. In einem Mithräum in Ostia ist ein Fußbodenmosaik des Mittelgangs gefunden worden, das einen Einblick in das System der Weihegrade gibt. Es stellt eine Leiter mit sieben Sprossen dar, zwischen denen jeweils die Embleme der einzelnen Weihegrade abgebildet sind. Der Gläubige, der eingeweiht wurde, stieg auf dieser Stufenleiter in die himmlischen Räume empor. Jede der sieben Stufen steht unter dem Schutz eines der sieben Planetengötter. Durch die sieben Sphären führt der Weg der Seele bis hinauf zum Fixsternhimmel. Die Weihegrade wurden in Abständen nach entsprechender Vorbereitungszeit verliehen; die Einweihung war mit strengen Prüfungen verbunden. In jedem Gottesdienst hatte der Adept die gesamte «Himmelsleiter» vor sich und konnte die Hierarchie seines Kultes überblicken.

Die Himmelsleiter

Vor dem Aufstieg wird der Mithrasjünger mit den wichtigsten Symbolen des Kultes vertraut gemacht: Man sieht am Fuße der Leiter den Altar, auf dem das Licht entzündet wird, den Mischkrug, der die heilsamen Substanzen aufnimmt, den Lebensbaum und die Gefährten des Mithras, Cautes und Cautopates, die «Himmelswächter». Nun folgt die erste Stufe, mit dem Bild eines Raben, dazu als Planetengott Mercur. *Corax*, der Rabe, ist (wie Wotans Raben) Diener und Bote des obersten Gottes, er überbringt die Aufforderung zum Stieropfer.

So soll auch der Mithrasanhänger ein gehorsamer Diener der Götter sein. Ein Becher deutet auf das Amt der «Raben» im Kult: Sie ministrieren beim heiligen Mahl. Der nächste Grad wird *Nymphus* genannt, die Bienen- oder Schmetterlingspuppe, mit dem Planeten Venus[279]. Wie in den Übergangsriten der Jugendliche abgesondert wird, so «verpuppt» sich in den Mysterien der Novize, um sich dann, verwandelt wie der Schmetterling, zu einer höheren Stufe zu erheben. Er soll in einer Zeit stiller Verborgenheit in der Erkenntnis fortschreiten. Im dritten Feld sehen wir Helm und Lanze des Mars und einen Soldatensack. Der Eingeweihte erreicht nun den Grad des *Miles*, des Soldaten. Hierzu gehörte als Prüfung ein Zweikampf, denn als Gefolgsmann des Gottes muß der Myste fortan tapfer gegen die Mächte des Bösen streiten. Der Kirchenschriftsteller Tertullian berichtet, bei der Einweihung in der Mithrashöhle, «diesem Feldlager der Finsternis», habe man dem Adepten auf der Spitze eines Schwertes einen Kranz gereicht, er habe diesen aber wieder vom Kopf nehmen und sagen müssen, allein Mithras sei sein Kranz und seine Krone[280]. *Quasi mimum martyrii* – wie die Nachahmung eines Martyriums, also als Scheinkampf (der aber für den Mysten echt wirkte) habe sich diese Szene abgespielt. Auf den aufschlußreichen Fresken des Mithräums von Capua sieht man einen Mysten nackt am Boden knien, neben ihm liegt ein Schwert. Man hat auch ein Gerät gefunden, das möglicherweise wie ein Theaterdolch benutzt wurde. Der Myste sah also andere Initianden, die scheinbar den Tod erlitten hatten, und geriet in Schrecken[281]. Es heißt auch, daß die Mysten nackt und mit verbundenen Augen weggeführt wurden, dann wurden ihnen die Hände zusammengebunden. Man stieß sie in wassergefüllte Gruben, schließlich trat ein höherrangiger Myste hinzu, *Liberator*, Befreier, genannt, der die Fesseln mit dem Schwert durchschnitt[282]. In einem Mithräum in England hat man eine enge, sargähnliche Grube gefunden, in die wohl der Novize gelegt wurde. Er hatte einen rituellen Tod zu erleiden, *voluntaria mors*, wie der Isismyste: Nur wer über die Schwelle der Proserpina geschritten war, erlebte seine Initiation. Er wandelte in diesen Schwellensituationen seine Ängste in ein Kraftpotential um und war dann «neugeboren». Anschließend erhielt er in einer unterirdischen Quelle – im Mithräum von San Clemente in Rom ist sie in einen Brunnen gefaßt – eine Taufe, die ihn von seinen Schwächen und Fehlern reinigte. An den Eingeweihten wurden nun strenge moralische Forderungen gestellt wie Selbstbeherrschung, Freisein von Leidenschaften, auch dies ein Grund, warum Mithras von den Christen als ernstzunehmender Rivale angesehen wurde.

Der vierte Grad hieß *Leo*, der Löwe, Symbol des Feuers, mit dem blitzeschleudernden Jupiter als Planetengott. Die Eingeweihten dieses Grades trugen beim Festmahl Löwenmasken und spendeten Weihrauch. Sie erhielten auch ein Mal auf die Stirn gebrannt, eine Tätowierung, wie die «Auserwählten des Lammes» in der Apokalypse des Johannes (7,3 f.). Um den Löwengrad zu erhalten, mußte man «die Feuerprobe bestehen». Auf einem Fresko sehen wir den Mysten, knieend, die Hände auf dem Rücken gefesselt[283]. Hinter ihm steht der Mystagoge, der seinen Kopf festhält. Vor dem Initianden steht ein *Miles*, der ihm eine brennende Fackel vors Gesicht hält, der er nicht ausweichen kann. Die Fackel dient in den Mysterien zur Reinigung; das Feuer ist jedoch auch eine Kraft des Kosmos, an der man durch Bestehen der Feuerprobe teilhaben kann. Noch heute kann man sehen, wie Menschen in einer geistig-religiösen Hochstimmung unbeschadet über glühende Kohlen laufen. Dieses Ritual war auch in der Antike gebräuchlich. Der *Leo*, der sich dem feurigen Element anvertraute, indem er das Feuerlaufen absolvierte, mußte den Mut zur Selbstüberwindung zeigen, den Schritt ins Neue, Ungewisse tun, im Vertrauen auf seinen Gott. Dann erhielt er Anteil an den kosmischen Kräften; er hatte eine höhere, eine geistige Natur erworben.

Die höheren Weihen

Der Weihegrad des Löwen leitete über zu den «höheren Weihen», die offenbar nicht von allen Mithrasgläubigen angestrebt wurden. Der fünfte Grad: *Persa*, der Perser, mit der Planetengöttin Luna, erinnerte an das Ursprungsland des Mithras. Hier gab es eine weitere Reinigungszeremonie: Man bestrich Hände und Zunge des Mysten mit Honig, einem reinen Stoff. «Reiten, Bogenschießen und die Wahrheit reden, das lernen die Perser bereits in der Schule», hatte schon Herodot anerkennend bemerkt[284]. Zum sechsten Grad leitete eine Wagenfahrt über. Mithras war einst, nachdem er seine heilsamen Taten auf der Erde vollbracht hatte, zum Sonnenwagen gelaufen, um auf ihm zum Himmel aufzufahren. So hieß dieser Grad *Heliodromus*, Sonnenläufer, mit dem Planetengott Sol-Helios. Die Symbole sind die Peitsche des Wagenlenkers, der Strahlenkranz des Sonnengottes und die erhobene Fackel. Dem Mysten als dem Heliodromus reicht der Sonnengott die Hand und hilft ihm beim Aufsteigen, wie einst dem Mithras. Beide, der Gott und der Myste, sind *syndexi,* durch Handschlag Verbundene. Als Heliodromus durfte der Eingeweihte mit dem Pater zusammen das heilige Mahl abhalten.

Den obersten Rang in der Hierarchie erreichte der Mithrasjünger mit dem siebten Grad, der *Pater*, Vater, hieß. Planetengott war Saturn, Symbole waren die Sichel des Saturn, dessen Namen man mit den Saaten in Verbindung brachte, die phrygische Mütze des Mithras, die dem Eingeweihten aufgesetzt wurde, sowie Stab und Opferschale der persischen Magier. Der Pater bekleidete das Amt des obersten Priesters. Er durfte das Stieropfer vollziehen, den Gottesdienst abhalten und Einweihungen vornehmen. Als Stellvertreter des Gottes hat er das große Tor erreicht, das sich für den auftut, der alle Prüfungen bestanden hat. Er vermag schon einen Blick zu tun in die ewigen Reiche, die seine Seele nach dem Tode bewohnen wird. In einem visionären Erlebnis geht er ein in die kosmischen Räume, fährt wie der Isismyste «durch alle Elemente» und erblickt die Götter in strahlendem Licht. Zu ihnen konnte er als Eingeweihter vertrauensvoll sagen: «Ich bin ein Stern, der mit euch seine Wandelbahn geht und aufleuchtet aus der Tiefe» [285]. Der Myste ist ein «Stammverwandter der Götter», wie in Eleusis, oder «der Sohn von Himmel und Erde», wie auf den bakchisch-dionysischen Goldtäfelchen. In den Mithrasmysterien fühlt sich die Seele als ein göttlicher Funke von den Gestirnen. Die Seele «schaut» ihre Verbundenheit mit dem Göttlichen und gewinnt daraus Zuversicht.

Mithrasgemeinden

Ein Pater hat ein Heiligtum errichtet, «*ut possint syndexi hilares celebrare vota per aevom* – damit die durch Handschlag Verbundenen fröhlich für immer ihre Feiern abhalten können» [286]. Nach dem Vorbild ihres Gottes, der Treu und Glauben durch Handschlag besiegelt, sind auch die Gläubigen miteinander durch das Band der Loyalität und Wahrhaftigkeit verbunden. Sie alle, ob Sklaven oder Senatoren, nennen sich Brüder und stehen unter der Obhut eines Vaters. Die Heiligtümer waren ihrem Höhlencharakter entsprechend klein (ca. 15–20 m lang) und daher nur einer begrenzten Teilnehmerzahl (30–50 Personen) zugänglich. Wenn die Anhängerschaft zunahm, wurde ein neues Mithräum errichtet. So bildete sich jeweils eine überschaubare Gruppe, die ein Zusammengehörigkeitsgefühl entwickeln konnte. Sie bot damit auch «einen starken Trost in der Fremde», wie es Apuleius vom Isiskult sagt. Gerade die Mithrasanhänger lebten ja in der Mehrzahl fern von ihrer Heimat; als Soldaten und Händler, Beamte und Funktionäre wechselten sie zwangsläufig oft ihren Aufenthaltsort innerhalb des weiten Römischen Reiches. Überall konnten sie sich aber als *syndexi* mit anderen Kultgenossen verbunden fühlen. Von einem Berufspriestertum erfahren wir wenig; die höheren Grade der Eingeweihten übernahmen die Priesterämter. Auch dies diente der Integration der Gläubigen, die bei den Mahlgemeinschaften ministrierten und in verschiedenen Funktionen tätig waren, einschließlich des Pater, der zwar ihr Oberhaupt, aber doch auch einer der Ihren war.

Mit ihrer Loyalität und hohen Moralauffassung empfahlen sich die Mithrasdiener für den Staatsdienst, und aus Votivinschriften ist zu entnehmen, daß in der Tat viele kaiserliche Beamte und Funktionäre sowie Bürger in Gemeindeämtern Mithrasanhänger waren. Auch Männer in hohen Rängen sind verzeichnet, sogar Kaiser waren Eingeweihte, wie Nero, Commodus, Caracalla und Julian. Die Soldatenkaiser förderten den Kult, da sie angesichts drohender Aufstände und neuer Thronprätendenten auf die absolute Loyalität ihrer Truppen angewiesen waren.

Mithras und Sol Invictus, der unbesiegte Sonnengott

Im späten dritten Jahrhundert n. Chr. hatte Kaiser Aurelian den Sonnengott als oberste Gottheit des Reiches eingeführt[287]. Es war ein letzter Versuch, die auseinanderstrebenden Teile des Imperiums im Zeichen der Religion zu einen. Da der Kult stark synkretistisch war und jedes Volk ein göttliches Prinzip des Lichtes verehrte, war Aurelians Bemühung vom Erfolg gekrönt. Soldaten wie Gelehrte konnten den *Sol invictus*, den unbesiegbaren Sonnengott, auf ihre Weise verehren. Mithraskult und Sonnenverehrung waren verwandt, und so treffen wir seit dem Ende des 3. Jh. auf Weihungen an *Sol Invictus Mithras*. Obwohl manche Versuche einer Angleichung und Identifizierung unternommen wurden, blieb der Mithraskult dennoch eigenständig. Er behielt seinen persönlichen, intimen Charakter und bot den Mysterienkult für die Sonnenverehrer. Als 308 n. Chr. die Kaiserkonferenz zu Carnuntum stattfand, dem großen Legionslager bei Wien, restaurierten Diokletian, Galerius und Licinius ein Heiligtum des Mithras und nannten ihn *fautor imperii sui* – Schützer ihrer Herrschaft. In diesem kritischen Moment, als es darum ging, die Streitigkeiten zwischen den Nachfolgekaisern des Diokletian zu schlichten und einen Bürgerkrieg zu verhindern, wurde nicht der Sonnengott angerufen, sondern Mithras, der Schützer der Verträge. In seinem Namen bekannte man sich als *syndexi*.

Christus, die Sonne der Gerechtigkeit

Doch schon wenige Jahre später begann der Siegeszug des Gottes, der als die wahre «Sonne der Gerechtigkeit» erschien. Mit Kaiser Konstantins Sieg an der Milvischen Brücke 312 n. Chr. hatten sich die heidnischen Götter als die Unterlegenen gezeigt. Von da an scheint der Mithraskult recht schnell seine Bedeutung eingebüßt zu haben, während andere Kulte, wie der Isiskult, noch bedeutend länger bezeugt sind [288]. Da die Mithrasanhänger zum großen Teil den Eid auf den Kaiser geleistet hatten und sich zum Prinzip der Loyalität bekannten, konnten sie nicht länger einen Kult ausüben, den der Kaiser ablehnte. Es mochte aber auch gerade den Anhängern des Mithras leichter fallen, zum Christentum überzutreten, als etwa den Gläubigen einer weiblichen Gottheit. War nicht auch der Christengott ein Erlöser, der von seinen Anhängern Treue, Wahrhaftigkeit und Brüderlichkeit erwartete und ihnen ein ewiges Leben verhieß?

Mithraskult und Christentum

«Hätte ein tödliches Mißgeschick den Siegeszug des Christentums aufgehalten, dann hätte die Welt dem Mithras gehört.» So lautet ein oft zitiertes Wort von E. Renan [289]. Man muß sich indes fragen: Hätte eine Mysterienreligion überhaupt zur «Staatsreligion» werden können? Sie war ihrem Wesen nach auf das Heil des einzelnen gerichtet, pflegte ein Glaubensleben in kleinen Gruppen ohne überregionale Organisation, im

Mithrasrelief von Osterburken. Mithras beim Stieropfer, umrahmt von Szenen aus dem Kosmos und der heiligen Geschichte des Gottes.

Falle des Mithras ohne ein Berufspriestertum, das jene unabdingbare Allianz «Thron und Altar» hätte schließen können, die zu einer Staatsreligion gehört. Insofern war der Sonnenkult mit seiner vom Kaiser eingesetzten Priesterschaft eine stärkere Konkurrenz, und die Kirche trug dem auch Rechnung, wie der sonnenhaft-siegreiche Charakter des Erlösers samt seinem Geburtsfest beweist[290].

Ein Mangel des Mithraskultes war es auch, daß er keine Frauen zuließ. Der Grund ist aus dem männerbündischen, kämpferischen Charakter und den dafür typischen harten Initiationsprüfungen verständlich. Da sich in der Nähe von Mithräen oft auch Heiligtümer der Großen Mutter Kybele fanden und man somit auf eine Kultgemeinschaft schließen kann, mag diese Beschränkung nicht als so einschneidend empfunden worden sein. Doch fehlte Mithras damit eine große, rege Anhängerschaft. Die Frauen, nach antiker Meinung das religiösere Geschlecht, spielten ja in den einzelnen Kulten, wie etwa in den Dionysosmysterien, eine höchst aktive Rolle, ob als Priesterinnen oder als fördernde Mitglieder. Sie gehörten folgerichtig auch zu den Stützen des frühen Christentums[291]. Man wird jene Äußerung also als überspitzt ansehen können. Was Mithraskult und Christentum angeht, so sind wir heute gewohnt, das Christentum als eine Religion sui generis anzusehen, die – was gerade die Forschungsgeschichte der letzten Zeit ergeben hat – ohne substanzielle Anleihen bei den Mysterienkulten auskam. Für die Zeitgenossen bestanden aber offenbar, gerade in Bezug auf Mithras, irritierende Ähnlichkeiten und Berührungspunkte.

Mithrasmahl und christliches Abendmahl – eine «teuflische Nachahmung»

Hiervon betroffen zeigt sich der Kirchenschriftsteller Tertullian (2./3. Jh.), der als Sohn eines heidnischen Centurio sicher gute Einblicke in den Kult hatte, wenn er nicht sogar selbst zu den Eingeweihten gehörte. Da ihm das Alter des Kultes bekannt war, sprach er nicht von einer Nachahmung christlicher Zeremonien durch die Mithrasanhänger, sondern machte den Teufel selbst verantwortlich: «Der Teufel (*diabolus*) tauft auch seine Getreuen; er verheißt Nachlassung der Sünden aufgrund eines Taufbades, und wenn ich mich noch an Mithras erinnere, so zeichnet er seine Kämpfer auf der Stirn. Er feiert eine Darbringung des Brotes und führt das Scheinbild einer Auferstehung vor» (*panis oblationem et imaginem resurrectionis*)[292].

Das Kultmahl, durch das die Gläubigen teilhatten am Opfer des Gottes, war also für Tertullian ein besonderer Stein des Anstoßes. Auch Justin (um 165 in Rom als Märtyrer gestorben) fügt, nachdem er die Einsetzung des Abendmahles durch Christus erwähnt hat, hinzu, die bösen Dämonen hätten dies in den Mithrasmysterien nachgeahmt: Dort gebe es bei der Einweihung Brot und einen Becher Wasser, und dazu würden bestimmte Formeln gesprochen. Tertullian und Justin stehen mit ihrer Ansicht nicht allein; der Bildersturm der siegreichen Christen richtete sich in den Mithräen besonders gegen die Kultbilder mit der Szene des heiligen Mahles. Diese wurden von fanatischen Gläubigen in tausend Stücke zerhackt und anzerschlagen. Wir erhalten damit eine Bekräftigung der Ansicht vom Heilscharakter des Mithrasmahles, das den Mysten Hoffnung auf ein dauerndes Beisammensein mit den Göttern in den ewigen Sphären versprach. Für dieses Herzstück des Gottesdienstes hatten ja die Seitenschiffe der Mithräen die Form von Speisesofas.

Mithrasmahl und christliches Abendmahl bestehen unbeeinflußt nebeneinander als eindrucksvoller Beweis der Existenz großer religiöser Ideen, die in der Menschheitsgeschichte immer wieder auftauchen. So stammt vieles, was als Entlehnung aus der Welt der Mysterienreligionen im Christentum scheinen kann, aus diesem gemeinsamen Schatz religiöser und kultureller Ideen und Symbole. Die christliche Kirche ist im übrigen auch nicht immer mit verbaler und brachialer Gewalttätigkeit gegen die Mysteriengläubigen vorgegangen. Sie wußte wohl, daß sich eben unter diesen die religiös Interessierten befanden, die es anzusprechen galt. Ein Mann, der sich in einer Altarinschrift bezeichnet als: Pater des Sol Invictus Mithras, Hierophant des Dionysos und der Hekate, Inhaber der Taurobolienweihe[293] – war dieser nicht ein Suchender, dem man den wahren Gott auf seine Weise nahebringen mußte? Daher sagte Clemens von Alexandrien: «Komm, ich will dir den Logos zeigen und die Mysterien des

Logos, und ich will sie dir erklären in Bildern, die dir – dem Mysteriengläubigen – vertraut sind!»[294] Abermals erfuhr die Mysteriensprache eine Metamorphose; Clemens sprach vom Christentum als den wahrhaft heiligen Mysterien, bei denen der Herr als der Hierophant seine Eingeweihten heilige. Statt des dionysischen Zuges der Mänaden sieht Clemens einen Chor der Seligen vor sich, die, Psalmen singend und Gott lobpreisend, mit Engeln und Propheten in einem heiligen Thiasos Gott dem Herrn entgegenziehen. Auch Paulus aus Tarsos in Kilikien, der kleinasiatischen Heimat des Mithras, wußte, daß er mit seiner Metapher vom Streitertum Christi und vom Herrn, der sein Kranz und seine Krone sei, viele religiöse Menschen aus dem Heidentum ansprechen konnte. Und er ist wiederum Zeuge für einen über dieses Leben hinausweisenden Heilscharakter der Mysterien, wenn er sagt: Könnten wir nur für dieses Leben auf Christus hoffen, dann wären wir bedauernswerter als all die anderen Menschen – nämlich die Mysteriengläubigen[295].

Das Christentum in den Augen der Mysteriengläubigen

Für diese aber war, unbeschadet aller dogmatischen und heilsgeschichtlichen Besonderheiten, das Christentum eine Religion, die in ihre religiöse Vorstellungswelt paßte. Sie enthielt die heilige Geschichte eines Gottes, eine sehr ansprechende und rührende, die aber gleichwohl eine «Einweihung» voraussetzte, sonst blieb das Kreuz ein «Ärgernis und eine Torheit» (Paulus). Die großen Taten dieser heiligen Geschichte wurden im Ritus nachvollzogen und boten den Gläubigen Teilhabe am Heilsgeschehen. Sie verwandelten den Menschen, erhoben ihn zu einem höheren Sein und gaben ihm Aussicht auf eine dauernde Vereinigung mit seinem Gott. Und wenn Mysteriengläubige zum Christentum übertraten und aus den heiligen Büchern hörten, daß der Stifter dieser Religion von einer Wiedergeburt gesprochen hatte und dabei auf das Unverständnis seines jüdischen Gesprächspartners gestoßen war[296], dann fühlten sie, daß sie diesen Christus sehr wohl verstehen konnten.

Angesicht des siegreichen Christentums war den Mysterienreligionen kein Weiterleben bestimmt. Was ihre Stärke gewesen war inmitten einer polytheistischen Glaubenswelt: intime, persönliche Religiosität, ohne Dogmatismus, ohne «alleinseligmachenden» Anspruch, ohne eine einzige weltweite Hierarchie, das erwies sich nun als Schwäche.

«Eingeweihte» gestern und heute

Doch die Organisationsform kleiner Gruppen mit «Eingeweihten» tauchte im Lauf der Geschichte immer wieder auf, ob als gnostische Sekten[297], Gralsritter, Rosenkreuzer oder Freimaurer[298]. Und es wird heutzutage die Meinung vertreten, in einer solchen Form spiritueller Gruppierungen habe das Christentum eine Zukunft, ohne den Hintergrund einer Staatsreligion.

Über die Grenzen der Religionen hinaus aber hat sich die Mysterieneinweihung als archetypische Erfahrung erwiesen. Menschen, die schon die Schwelle der Proserpina überschritten hatten und durch ärztliche Kunst wieder zurückgeholt worden waren, berichten von ihrem Erleben heute nicht anders als einst ein Mysteriengläubiger, der den Jenseitsweg der Seele im Bilde der Einweihung sah[299]: «Zuerst ein zielloses, ängstliches Umherirren in der Finsternis, Schauder und Schrecken. Dann aber plötzlich ein wunderbares Licht – es ertönen freundliche Stimmen, Musik, es öffnen sich schöne Gegenden und Wiesen, und der Eingeweihte, vollendet nun und ledig aller Bürde, geht froh umher und feiert bekränzt ein ewiges Fest, zusammen mit den anderen ebenfalls Eingeweihten» – eine tröstliche Vision, daß Sterben nichts anderes ist als eine Initiation zu einem neuen Leben.

Anmerkungen

I Die Mysterien von Eleusis

1 Vgl. M. Eliade (1978) I S. 408, W. Burkert (1972) S. 274; W. Burkert (1987) S. 7 ff.

2 *Od.* 5, 125; Hesiod *Theogonie* 968 ff.

3 Vgl. E. Neumann (1956/1985) S. 288 ff.; G. Weiler (1985) S. 44 ff., I. Riedel pass.

4 Vgl. A. van Gennep, Les rites de passage. Paris 1909, dt.: Übergangsriten. Frankfurt–New York–Paris 1986; M. Eliade, Mythen, Träume und Mysterien. Salzburg 1961; M. Eliade, das Mysterium der Wiedergeburt. Versuch über einige Initiationstypen. Frankfurt 1988

5 Frg. 282 in FHG 911

6 Demeterhymnus 90 ff., übers. von A. Weiher, Homerische Hymnen. München (Tusculum) 4 1974

7 Vgl. M. Giebel, Sappho. Reinbek 1980 (Rowohlts Monographien 291) S. 26 ff.

8 In den *Fasten* IV 417 ff., *Metamorphosen* V 385 ff. – Zum Granatapfel: F. Muthmann, Der Granatapfel. Mainz 1982

9 Man hat Persephones Aufenthalt in der Unterwelt vielfach mit der hochsommerlichen Dürreperiode in Einklang bringen wollen, doch sprechen die Angaben des Demeterhymnus eindeutig für den Frühling. Die Übereinstimmung mit den Wachstumsperioden des Getreides im Mittelmeerraum (Persephone als Vegetationsgottheit) ist in den eleusinischen Mysterien nicht von Wichtigkeit. Vgl. hierzu W. Burkert (1972) S. 286 ff. – Zu verwandten Zügen in vorderasiatischen Mythen (Telepinu und Ischtar) vgl. G. Kirk, Griechische Mythen. Berlin 1980, S. 44; 240

10 *Frösche* 354 ff.; 455 ff., s. auch 145 ff.; 173 ff. Vgl. F. Graf (1974) S. 120, 140

11 Diogenes Laertios VI 39. – Platon stellt in seinem 7. Brief fest, daß sich unter den Mördern des Dion zwei Athener befanden, die ihm durch die gemeinschaftliche Einweihung in die Mysterien verbunden waren: offenbar kein so fester und vertrauenswürdiger Bund, wie ihn die Philosophie schafft (*Ep.* VII 333e, ff.)

12 In Unteritalien und Sizilien wurden Demeter und Persephone als die Großen Göttinnen verehrt. Der Raub der Persephone wurde auch auf Sizilien in der Nähe von Enna lokalisiert. Vgl. G. Zuntz, *Persephone. Three Essays on Religion and Thought in Magna Graecia*. Oxford 1971. Zu Demeterkulten außerhalb von Eleusis G. Sfameni Gasparro (1986) und Pausanias im 8. Buch seiner *Beschreibung Griechenlands*. Zum Cereskult in Rom: H. Le Bonniec, *Le Culte de Cérès à Rome*. Paris 1958; H. Wagenvoort, *Initia Cereris*, in: Stud. in Roman Lit., Culture and Rel. Leiden 1956, S. 150–168.

13 *Il.* 11,631 ff. – Ameis-Hentze: Homers Ilias und Odyssee für den Schulgebrauch erklärt. Leipzig 1874 u. ö.

14 So R. G. Wasson – A. Hoffmann, The Road to Eleusis. Unveiling the Secret of the Mysteries. New York–London 1978, dazu W. Burkert (1987) S. 108f.

15 Mit ihr wird der Jambus verbunden, ein volkstümlicher Vers, der in Form von Schmäh- und Spottreden (Aischrologie) im Dionysos- und Demeterkult bezeugt ist. Archilochos von Paros (um 650 v. Chr.) führte den Jambus in die Literatur ein und gebrauchte ihn in seinen Schmähgedichten gegen seine Feinde. Zu Iambe-Baubo vgl. die Beiträge von M. Franz und K.-P. Koepping in: Die wilde Seele. Zur Ethnopsychoanalyse von G. Devereux, hg. von H. P. Duerr. Frankfurt 1987 – Mit den Brückenspäßen lassen sich die Spottreden aus Aristophanes' *Fröschen* 419ff. vergleichen.

16 *Frösche* 403ff.

17 *Frösche* 373ff.

18 *Protreptikos* 2,21,2; bei N. Turchi (1923) Nr. 122

19 Die verschiedenen Ansichten über die *Hierá* bei M. Eliade (1978) I S. 411

20 So aufgrund einer Stelle bei Theophrast W. Burkert (1972) S. 300f. sowie (1977) S. 427f. – Zum Synthema vgl. G. Mylonas

(1961) S. 294ff.; M. Eliade (1978) I S. 273f. und die Diskussion bei W. Burkert (1972) S. 297ff.

21 Vgl. Mylonas (1961) S. 146ff.; 263 und Abb. 52

22 Tertullian *ad nationes* 2,7,15; vgl. auch G. Mylonas (1961) S. 310f.

23 Aelian frgm. 58,8 bei G. Mylonas (1961) S. 226

24 *Octavius* 22,2

25 G. Mylonas (1961) S. 263, vgl. ebenso O. Kern (1927) S. 23f.

26 Arist. frgm. 15 Rose, bei N. Turchi (1923) Nr. 87

27 Vgl. K. Kerényi (1962) S. 97

28 In seiner griechischen Schrift von der *Widerlegung aller Häresien* (*Philosophumena*, meist zitiert unter dem Titel *Refutatio omnium haeresiarum*, dt. in der «Bibliothek der Kirchenväter». München 1922) referiert Hippolytos, Presbyter in Rom, geb. um 160 n. Chr., die Meinung einer gnostischen Sekte, der Naassener. Er bringt viele Details antiker Mysterien, deren Wahrheitsgehalt freilich im einzelnen umstritten ist. Das Zitat V 8 auch in: Die Gnosis Bd. 1, hg. von W. Foerster. Zürich 1979, S. 355

29 Vgl. M. Eliade (1978) I S. 275: «Aber es fällt schwer zu glauben, daß die Enthüllung einer frischgeschnittenen Ähre eines der großen Geheimnisse der Epoptie gewesen sein soll...» – K. Kerényi (1962) sieht in der Ähre «kein bloßes Gleichnis, das nichts bewiesen hätte, sondern das Erinnerungszeichen einer Begegnung, in der die Todesgöttin ... sich wie eine Mutter zeigte» (S. 100). Vgl. auch W. Burkert (1977) S. 426: «An seinem [Hippolytos'] Zeugnis zu zweifeln besteht kein Anlaß», ebenso U. von Wilamowitz (^{3}1959) II 46.

30 Zur Abfolge von Myesis und Epoptie vgl. das Zeugnis von Plutarch *Demetrios* 26 und G. Mylonas (1961) S. 274, W. Burkert (1972) S. 303f.

31 Die Zeugnisse bei K. Kerényi (1962) S. 91ff., vgl. auch G. Mylonas (1961) S. 287f., 291, 306ff. – Das Hippolytos-Zitat in: Die Gnosis (s. Anm. 28) S. 356. – Brimo ist auch ein Beiname der Hekate. Vgl. G. Weiler (1985) S. 51f.: «Der Urmythos wird Ereignis, wenn Hekate, Demeter und Kore / Persephone im großen Mysterium von Eleusis zur Gestalt der Einen Großen Göttin zusammentreten.»

32 Weimarer Ausg. 1. Abt. Bd. III S. 130

33 Aufgeführt bei M. Eliade, Geschichte der religiösen Ideen,

Quellentexte, hg. von G. Lanczkowski. Freiburg 1978 S. 242ff. – Demeterhymnus: V. 480ff. – Pindar: Fragm. 137 (102). – Sophokles: Fragm. 753 Nauck. – Die Inschrift bei S. Angus, The Mystery Religions and Christianity. London 1925, S. 140. – Das Scholion: zu Aristophanes, *Frösche* 158. – Isokrates: *Panegyrikos* 28. – Cicero: *de legibus* 2,36.

34 Vgl. F. Cumont, Lux perpetua. Paris 1949, S. 401–405. – Noch Kaiser Julian ist gewiß, als Eingeweihter des Mithras «mit guter Hoffnung» einst aus dem Leben zu scheiden, vgl. u. S. 211

35 Zur Auffassung von der substantiellen und der individuellen Unsterblichkeit der Seele vgl. M. Baltes, Die Todesproblematik in der griechischen Philosophie, in: Gymnasium 95, 1988, S. 97–128, bes. S. 102–107.

36 *Frösche* 443ff.

37 *Axiochos* 371e, vgl. A. Dieterich, Eine Mithrasliturgie. Leipzig-Berlin 1923, S. 137; E. Rohde (1925) II S. 422f.

38 *Kratylos* 403a

39 Her. 8,65

40 Vgl. Isokrates *Panegyrikos* 28f.

41 Vgl. Thukydides 6,27; Plutarch *Alkibiades* 19 und 22, dort auch der Wortlaut der gegen Alkibiades erhobenen Klage (415 v. Chr.). – Livius 31,14 berichtet von zwei jungen Männern, die i. J. 200 v. Chr. als Uneingeweihte zusammen mit den Mysten den Weihetempel betreten hatten. Obwohl sie als Fremde in Unkenntnis der Gebräuche waren, wurden sie hingerichtet. In anderen Fällen wird von plötzlicher Krankheit oder unerwartetem Tod berichtet. Pausanias gibt an, ein Traum habe ihm verboten, zu beschreiben, was sich innerhalb der Mauern des heiligen Bezirks von Eleusis befände (1,38,7). – Horaz (Oden 3,2,25ff.) erklärt, er würde niemals mit jemand, «der Ceres' geheimen Dienst enthüllte», ein Schiff besteigen, um nicht gemeinsam mit dem Frevler der sicheren göttlichen Strafe zu verfallen.

42 *de legibus* 2,36

43 Erhalten sind die Reste der Großen Propyläen von Marc Aurel, der Giebel eines Porticus mit einem Medaillon des Antoninus Pius.

44 (1956/1985) S. 303

45 (1985) S. 53 (mit Vorbehalt geäußert).

46 Bei N. Turchi (1923) Nr. 133. Vgl. M. Eliade I (1978) S. 274f.; G. Mylonas (1961) S. 311ff. – Die Glaubwürdigkeit aller Zeugnisse christlicher Autoren untersucht G. Mylonas (1961) S. 287–316

47 Vgl. G. Mylonas (1961) S. 11ff.

48 *Symposion* 209e Ende, 210a; *Phaidros* 250b, c. – Vgl. auch H. Dörrie, Mysterien (in Kult und Religion) und Philosophie. In: J. M. Vermaseren (Hg.) (1981) S. 341–362; Chr. Riedweg, Mysterienterminologie bei Platon, Philon und Klemens von Alexandrien. Berlin 1987

II. Dionysos und seine Mysterien

49 Demeterhymnus 269; Il. 14,325

50 Im Epos *Dionysiaka* des Nonnos wird der Kriegszug des Dionysos gegen die Inder geschildert.

51 Il. 6,130ff.

52 Vgl. Il. 6,130ff., 14,325; 22,460; Od. 24,74f.

53 Vgl. K. Kerényi (1976) Teil I–III

54 Sein zweiter Name Bakchos wird als ‹Stier› oder als ‹Schreier› gedeutet, Ausdruck einer frühen, tiergestaltigen Erscheinungsweise des Gottes. Bakchen sind seine Anhänger, die mit ihm eins werden und daher seinen Namen führen.

55 Her. 5,67. – Zur Entstehung der Tragödie vgl. H. Patzer, Die Anfänge der griechischen Tragödie. Wiesbaden 1962

56 «Komm herbei, Dionysos, mit dem Stierfuß rasend, würdiger Stier – Ἄξιε Ταυρε (*Axie taure*)» riefen die Frauen von Elis in einem altertümlichen Kultlied (zit. b. H. Patzer, s. o., S. 91). – Zu den Riten an den Anthesterien vgl. W. Burkert, Homo necans. Berlin–New York 1972, S. 255–263; K. Kerényi (1976) S. 238–248; M. Eliade (1978) I S. 330–332

57 Vgl. T. B. L. Webster, Die Nachfahren Nestors. München–Wien 1961, S. 70f.

58 Frühe literarische Erwähnungen in der Ilias 6,389; 22,460 und im Demeterhymnus: Beim unerwarteten Wiedersehen mit ihrer Tochter fährt Demeter empor «wie die Mänade in schattigen, waldigen Bergen» (V. 386).

59 Eur. *Bakchen* 116ff. – Vgl. E. Dodds (1970) S. 48ff. und den Anhang I: Mänaden, S. 141–149

60 Vgl. M. Eliade, Mythen, Träume und Mysterien. Salzburg 1961; ders., Das Mysterium der Wiedergeburt. Frankfurt 1988 sowie E. Dodds (1970) S. 76ff. – Zur Ekstase vgl. auch o. S. 132

61 Aus: Götzendämmerung: Was ich den Alten verdanke 4. Werke ed. G. Colli / M. Montinari 6. Abt. 3. Bd. Berlin 1969 S. 153

62 Vgl. E. Dodds (1970) S. 147ff.; E. Rohde (1925) II S. 3ff.

63 Plut. *Quaest. Rom.* 112,291 A

64 Vgl. Nonnos, *Dionysiaka* 12,188ff.

65 Vgl. K. Kerényi (1976) S. 80ff.

66 Übers. von Th. von Scheffer. München 1926, [2]Wiesbaden o. J. und D. Ebener. Berlin u. Weimar 1985. – Vgl. auch Clemens v. Alexandrien *Protreptikos* 2,17,2; Firmicus Maternus, *De errore profanarum religionum* – Vom Irrtum der heidnischen Religionen 6

67 Nonnos 6,165. – Zeugung, Geburt und Tod des Zagreus: 5,563–6,228

68 Nonnos 6,172f.

69 Im Demeterhymnus Mutter des Zeus und der Demeter, ist sie als Vermittlerin zwischen beiden dort ebenfalls um den Fortgang des Lebens bemüht, wird später mit Kybele gleichgesetzt, der phrygischen (kleinasiatischen) Göttermutter.

70 Raute bzw. Rhombe, Rhombus: Schwirrholz, ein Gerät, das bei der Drehung einen Ton erzeugt, in dem man in archaischen Kulturen die Stimme der Ahnen oder der Gottheit zu hören glaubt. Dann der Spiegel, der das Abbild der Seele zurückwirft, ein Kreisel, die Bewegung ohne Anfang und Ende, Astragaloi, ‹Knöchelchen›, zum Würfeln und Orakeln, ein Ball, die Urgestalt des Vollkommenen. – Zu den ‹Spielzeugen› vgl. Ch. A. Lobeck (1829/1961) I S. 699 und die Lit. bei M. Eliade (1978) I S. 425 (das folgende Zitat: S. 339). – Die Titanen als Ahnengötter werden in einem orphischen Hymnus angerufen, vgl. W. Quandt, Orphei Hymni. Berlin 1955, Nr. 37

71 Im Demeterhymnus will Demeter den kleinen Sohn des Königs von Eleusis, Demophon, unsterblich machen, indem sie ihn ins Feuer hält; sie wird aber durch das Dazwischenkommen der Mutter gehindert (ähnlich Thetis und Achilleus). – Die Töchter des Pelias wollen ihren Vater durch das Kochen in einem Kessel

verjüngen. – Vgl. auch M. Eliade, Das Mysterium der Wiedergeburt. Frankfurt 1988, über den «Initiationstod».

72 Heraklit Fragm. 115 Reclam (121 DK). Platon: Phaidros 265 b, 244 c–e; vgl. auch E. Dodds (1970) S. 48 ff.

73 Zum Seelenbegriff vgl. W. Burkert (1977) S. 446 f.

74 Das Folgende nach F. Walsdorff, Totenkult und Jenseitsvorstellungen auf griechischen Vasenbildern (in Vorb., zit. nach d. Ms., Kassel 1988), vgl. auch K. Kerényi (1976) S. 290 ff.

75 *A-methysteis* – der nicht berauscht wird, Nonnos 12,380 f.

76 Vgl. Platon *Gesetze* 815 c

77 In der Agrippinilla-Inschrift (vgl. S. 85) werden als Mitglieder eines privaten Kultvereins u. a. *Bukoloi* (Hirten), *Archibukoloi* (Oberhirten) und *Liknophoroi* (Trägerinnen des Liknon, der «Wiege» des Dionysos) genannt, auf einer anderen Inschrift auch Frauen als «Ammen des Dionysos». Zu den dionysischen Kultvereinen vgl. R. Merkelbach (1988) S. 15–30

78 *Phaidon* 69 d

79 Vgl. hierzu F. Walsdorff (s. Anm. 74) und K. Kerényi (1976) S. 213; ders., Der spiegelnde Spiegel, in: Festschrift für Ad. E. Jensen, hg. von E. Haberland u. a. München 1964, S. 285–291 u. Tafel 5

80 Pindar frgm. 131 b Snell, vgl. auch Orph. frgm. Nr. 209 und 214 Kern

81 Vgl. Platon *Gesetze* 701 bc

82 Bei Herodot werden Orphiker und Bakchosmysterien bereits zusammen erwähnt: 2, 81; vgl. auch Plut. *Alex.* 2

83 Vgl. Her. 4,94 über den mysterienähnlichen Kult des Zalmoxis. – Vgl. auch M. Eliade (1979) II 151 ff. sowie E. Rohde (1925) II 6 ff. über die Thraker sowie E. Dodds (1970) über Orpheus und das Schamanentum, S. 82 ff.

84 Paus. 9,30,4

85 Paus. 8,37,5. – Zu Onomakritos vgl. K. Kerényi (1976) S. 193 ff.

86 Vgl. Platon *Gorgias* 493 a; Kratylos 400 c: σῶμα-σῆμα (*sōma-sēma*), der Leib das Grab der Seele. Zum Folgenden vgl. *Phaidon* 67 cd; 69 cd

87 Vgl. E. Dodds (1970) S. 85–91

88 In: Homers Wettkampf (1871/72). Ges. Werke, Musarion-Ausgabe München 1920, 2. Bd. S. 371

89 Vgl. Platon *Menon* 81 bc, Phaidros 248 d, Gesetze 870 e sowie den Jenseitsmythos am Ende des *Staates* 614 a–621 d

90 Zum Problem des Orphisch-Pythagoreischen vgl. K. Kerényi, Pythagoras und Orpheus, in: Humanistische Seelenforschung. München–Wien 1966, S. 15–51; W. Burkert (1977) S. 440 ff. (mit Lit.) und ders., Weisheit und Wissenschaft. Nürnberg 1962 sowie M. Eliade (1979) II S. 159 ff. (mit Lit.). – Zur orphischen Theogonie und Kosmogonie vgl. O. Kern (1927) S. 49 ff.

91 *Olympien* 2,122 ff., Übers. L. Wolde

92 Goldblättchen von Hipponion in Unteritalien, um 400 v. Chr., gefunden 1969, s. W. Burkert (1977) S. 436 f.

93 Aus Thurioi in Unteritalien, um 350 v. Chr., vgl. G. Zuntz, The gold Leaves, in: Persephone. Three Essays on Religion and Thought in Magna Graecia. Oxford 1971. Er sieht Pythagoras als Vermittler ägyptischen und mesopotamischen Gedankenguts und als «Erfinder» der Goldblättchen für den Gebrauch in seinem Kreise an, vgl. bes. S. 392 f.

94 Dem. 18,259 f. – Zu Sabazios vgl. R. Fellmann, Der Sabazios-Kult. In: M. J. Vermaseren (Hg.) (1981) S. 316–340; S. E. Johnson, The present State of Sabazios Research. In: Aufstieg und Niedergang der römischen Welt (= ANRW) Hg. W. Haase. Berlin–New York 1984, II 17.3, 1984, S. 1583–1613

95 Eine heilige Schlange (aus Metall?), die den Gott verkörperte, wurde dem Mysten bei der Einweihung «durch den Schoß gezogen» (Firmicus Maternus [s. Anm. 66] 10): Der Gott vereinigte sich mit ihm. Vgl. W. Burkert (1987) S. 106. Die Kultworte sind wohl phrygisch, vgl. Strabon 10, 3, 18

96 *Staat* 364 b–365 a

97 E. Dodds (1970) spricht von Rückbildung, einer Reaktion auf Rationalismus und Aufklärung des 5./4. Jh. v. Chr. (S. 104 ff.).

98 Livius 39,8–19. – Das *Senatum Consultum* ist auf einer Inschrift erhalten (CIL I [2] 581, vgl. Römische Inschriften, hg. L. Schuhmacher. Stuttgart 1988, S. 79 ff.). Vgl. hierzu F. Cumont ([8] 1981) S. 194 ff. und A. Bruhl, Liber Pater. Origine et expansion du culte dionysiaque à Rome et dans le monde romain. Paris 1953; L. Foucher, Le culte de Bacchus sous l'empire Romain. In: ANRW II 17.2, S. 684–702

99 Vgl. die Schilderung eines glanzvollen dionysischen Festzuges,

den König Ptolemaios II. Philadelphos in Alexandria veranstaltete, bei Athenaios 5,196 a ff.

100 Vgl. die Schemazeichnung bei W. Burkert (1987) S. 58 und S. 95 mit Lit. – Vgl. auch die Interpretation von R. Merkelbach, Roman und Mysterium in der Antike. München–Berlin 1962, S. 49 f.

101 Rituelle Geißelung von Frauen bei einem Dionysosfest in Arkadien bezeugt Pausanias 8,23,1. – Auf einem Sarkophag ist ein Silen abgebildet, der einen Satyrknaben mit einem Riemen schlägt, offenbar eine rituelle Züchtigung bei der Einweihung eines männlichen Initianden, vgl. K. Kerényi (1976) S. 299 f.; F. Matz (1963) S. 68; s. auch M. P. Nilsson (1957) S. 128

102 Vgl. K. Kerényi (1976) S. 280 f. – Die Kölner Inschrift s. bei F. Cumont ([8] 1981) S. 199 und 319.

103 Vgl. F. Matz (1963) S. 36 ff. sowie ders., Die dionysischen Sarkophage. Berlin 1968; R. Turcan, Les sarcophages romains à représentations dionysiaques. Paris 1966

104 Macrobius, *Saturnalien* 1,18,15. Vgl. W. A. Daszewski, Dionysos der Erlöser. Griechische Mythen im spätantiken Cypern. Mainz 1985

105 Spätantike und frühes Christentum. Katalog der Ausstellung Liebieghaus, Frankfurt/M. 1983, S. 614 zu Abb. Nr. 206

III. Die Mysterien von Samothrake

106 Diodor 5,47–49

107 Vergil *Aen.* 8,679. – Die Identifizierung der Penaten mit den samothrakischen Göttern u. a. bei Plutarch im *Leben des Camillus* 20. Vgl. auch Chr. A. Lobeck (1829/1961) II, S. 1202–1207; 1240 ff.; B. Hemberg (1950) S. 305: *penates*.

108 Her. 3,37; das folgende Zitat: 2,51 f. – Man vergleiche Statuetten des altägyptischen Gottes Bes, der in Zwergengestalt, aber mit dämonisch-allgewaltigem Ausdruck dargestellt wird. Er wurde im Volk als umfassende Schutzgottheit zur Abwehr von bösen Geistern und Gefahren aller Art angerufen.

109 Her. 2,51

110 Vgl. die Übersicht bei B. Hemberg (1950) S. 318 ff. und H. Ehrhardt (1985) S. 100 ff.

111 Im Eingangschorlied der *Bakchen* des Euripides werden Kybele, Dionysos, die Kureten, die Korybanten und Rheia als ekstatisch schwärmende Gottheiten zusammen genannt (64ff.). Drei tanzende Kureten als Waffentänzer sind mit Kybele abgebildet auf der Parabiago-Platte, vgl. S. 141

112 Vgl. den orphischen Hymnus an die Kureten: «Tanzfreudige Kureten, / Die ihr die Schritte setzt im Takt des Waffentanzes; / ... Gefährten / Der in Bergen rasenden Mutter: / Zeigt euch gnädig gesinnt!» Übers. von J. O. Plassmann in: Orpheus. Altgriechische Mysterien. Köln 1982 S. 65 (Nr. 31 bei W. Quandt, Orphei Hymni. Berlin 1955)

113 *Dionysiaka* 3,73

114 Auf der sog. Kabirenscherbe (um 440 v. Chr.) Vgl. auch Pausanias 9,25,5 zum Kabirenheiligtum in Theben

115 Zitiert bei Chr. A. Lobeck (1829/1961) II S. 1221, vgl. auch B. Hemberg (1950) S. 87ff.

116 Die vierte Gestalt wird auch nach dem etruskisch-lateinischen Wort *camillus* als ‹Opferdiener› gedeutet. Vgl. B. Hemberg S. 316f.

117 Vgl. B. Hemberg (1950) S. 88 und 97; S. Guettel Cole (1984) S. 2f.

118 Von B. Hemberg (1950) und S. Guettel Cole (1975)

119 *De spectaculis – Über die Spiele* 8,4. – Varro: vgl. B. Hemberg (1950) S. 81

120 Der erste Teil des Namens, *Axio-*, bedeutet: *würdig* (vgl. die altertümliche Anrufung des Dionysos als *Axie taure – würdiger Stier*, o. Anm. 56), also: *Verehrungswürdige* ...

121 Zu Landschaft und Bauten vgl. allg. H. Ehrhardt (1985)

122 Griechisch-lateinisch aus dem 2. Jh. n. Chr.: *Deorum sacra qui non acceperunt non intrant* – Ἀμύητον μὴ εἰσιέναι (*Amýeton mē eisiénai*), abgebildet bei K. Lehmann (1975) S. 38

123 Plut. *Alexander* 2

124 Zur Geschichte Samothrakes vgl. den Überblick bei H. Gsänger (1960) S. 14–22 sowie H. Ehrhardt (1985) S. 58–92

125 Vgl. die Auflistung bei S. Guettel Cole (1975) S. 337–361

126 So vermutet K. Lehmann (1975) S. 28

127 Vgl. die Rekonstruktionszeichnung bei K. Lehmann (1975) S. 35

128 Vgl. S. 93

129 Platon *Euthydemos* 277d, vgl. B. Hemberg (1950) S. 113f., S. Guettel Cole (1975) S. 48f.
130 *Orphei Hymni* ed. W. Quandt. Berlin 1955 Nr. 38. Übersetzung von J. O. Plassmann (s. Anm. 112) S. 75
131 Vgl. S. Guettel Cole (1975) S. 52–55
132 *De rerum natura* 6,1044
133 *Ion* 533 de; 535 e; 536 a b. – Der Magnetstein heißt hier der herakleische, nach Heraklea auf Samothrake, wo zuerst ein solcher Stein, vielleicht ein Meteorit, gefunden sein soll.
134 *Die Argonauten* 1,917f., Übersetzung von Thassilo von Scheffer. Wiesbaden 1940. Die Erklärung stammt aus Scholien zur Stelle, vgl. H. Ehrhardt (1985) S. 363f.
135 Aristophanes *Frieden* 276f., Kallimachos in der *Anthologia Graeca* Buch VI Nr. 301 (Tusculum-Ausgabe)
136 Her. 2,51f.
137 Vgl. W. Burkert (1977) S. 243f. – Hermes und Persephone: bei Cicero *De natura deorum* 3,56. Zum Hermes auf Imbros: B. Hemberg (1950) S. 38ff.
138 *Ref. omn. haer.* (vgl. Anm. 28) in: Die Gnosis S. 349f.
139 Von H. Ehrhardt (1985) S. 260ff.
140 So vermutet K. Lehmann (1975) S. 36, vgl. die Erörterung bei S. Guettel Cole (1975) S. 69ff. sowie W. Burkert (1977) S. 423
141 Vgl. H. Ehrhardt (1985) S. 356f. – Die Abbildung der Trittsteine bei K. Lehmann (1975) S. 37
142 Vgl. Livius 45,5 über den Fall des Königs Perseus und seiner Begleiter.
143 Diodor 5,49
144 *Frösche* 455ff.; das folgende 354ff. Übersetzung L. Seeger. – Vgl. auch hier S. 30
145 Ob er direkt aus Eleusis entlehnt wurde, ist nicht erwiesen.
146 In Eleusis kam unter dem Einfluß der Orphik die sogenannte Satzung des Triptolemos auf: die Eltern ehren, die Götter [nur] mit Feldfrüchten erfreuen, die Tiere schonen.
147 Vgl. die Abbildung der Apsis des Neuen Tempels bei H. Gsänger (1960) S. 53
148 A. Conze bei B. Hemberg (1950) S. 115 Anm. 5
149 *Faust II* V. 8070ff., s. auch V. 8168ff., dazu und zur Erscheinung der Kabirengötter vgl. Rudolf Steiner bei H. Gsänger (1960)

S. 41–44; 49 ff. und bei H. Ehrhardt (1985) S. 371–374 mit Abbildung S. 373. – Vgl. auch K. Reinhardt, Die Klassische Walpurgisnacht, in: Von Werken und Formen. Godesberg 1948 S. 348–405, hier auch über Fr. Schellings Schrift: Über die Gottheiten von Samothrake (1815); K. Kerényi, Das Ägäische Fest, in: Humanistische Seelenforschung. München–Wien 1966, S. 116–149, bes. S. 132–136

150 Der Dichter Diagoras von Melos, genannt der Gottlose, dem auch die Verspottung der eleusinischen Mysterien zur Last gelegt wurde. Vgl. Cicero *De natura deorum* 3,89

IV. Die Große Mutter Kybele und Attis

151 Vgl. J. Mellaart, Catal Hüyük. Stadt aus der Steinzeit. Bergisch Gladbach 1967

152 Zur «Herrin der Tiere» vgl. E. Neumann, Die Große Mutter. Olten–Freiburg 1985 S. 255–266

153 Vgl. H. Göttner-Abendroth, Die Göttin und ihr Heros. München 1980, zu Kybele und Attis S. 75–78

154 Abgebildet in: Land des Baal. Syrien – Forum der Völker und Kulturen. Mainz 1982 (Ausstellungskatalog) Nr. 152 auf S. 158, vgl. dazu auch S. 334

155 Der Cybele-Brunnen in Madrid (18. Jh.) erinnert an die Verbreitung des Kultes in Spanien und zeigt die Göttin auf ihrem Löwenwagen. – Zu Kybele in der deutschen Barockmalerei vgl. P. Grau, Antiker Mythos bei Johann Evangelist Holzer. Eichstätt 1988

156 Vgl. hierzu J. G. Frazer, The Golden Bough. A Study in Comparative Religion. Part IV: Adonis – Attis – Osiris. London 1890/1900. ND New York 1961, dt. Der goldene Zweig. Das Geheimnis von Glauben und Sitten der Völker. Reinbek 1989. Zu Frazer grundsätzlich W. Burkert (1987) S. 75 ff.

157 Der berühmteste Steinkult wurde der des syrischen Sonnengottes Baal von Emesa. Kaiser Elagabal (218–222 n. Chr.) führte den Gott in Form eines schwarzen Steins in Rom ein.

158 Vgl. G. Sfameni Gasparro (1985) S. 38. – Zur Vorstellung einer ursprünglichen Zweigeschlechtlichkeit auch der Menschen vgl. den Mythos in Platons *Symposion* 189 d ff.

159 Pausanias 7,17,10–12; Arnobius *Adversus nationes* – Gegen die Heiden 5, 5–7 bei H. Hepding (1903) S. 37ff. – Vgl. auch Lukian, *De dea Syria* – Von der syrischen Göttin, dt. in: Lukian. Werke III, Berlin 1981, S. 168–195

160 Ebenfalls Name einer großen Muttergottheit babylonisch-elamitischen Ursprungs. Es ergibt sich ein Dreieraspekt der Großen Göttin, der Attis als Sohn, Geliebter und Opfer gegenübersteht.

161 Vgl. G. Binder, Die Aussetzung des Königskindes. Kyros und Romulus. Beiträge zur Klass. Philologie 10, Meisenheim 1964, S. 158

162 Nach Arnobius ist der Name entweder lydisch: hübsch, schön, oder er ist aus dem Phrygischen abgeleitet von *attagus*, Bock.

163 Vgl. auch G. Sfameni Gasparro (1985) S. 32ff.

164 Her. 4,76

165 *Fasten* 4,259

166 Livius 29,10–11; 14. – Ovid, *Fasten* 4,179–372

167 Vgl. F. Boemer (1964)

168 Vgl. Juvenal 6,511ff.; Apuleius, Metamorphosen – Der goldene Esel 8,24ff.

169 Livius 29,14,12; Ovid *Fasten* 4,305ff.

170 *Adversus nationes – Gegen die Heiden* 7,49

171 Aen. 6,784ff.

172 Vgl. die Abbildung zu J. Vogt, Tod und Jenseits: Magna Mater in: Der altsprachliche Unterricht Reihe VIII H. 4,1965 S. 70–74 und Tafel III, hier auch ein Relief mit dem Schiff der Göttin und der Vestalin bei der Keuschheitsprobe: Sie zieht das aufgelaufene Schiff mit ihrem Gürtel vorwärts.

173 Der Name hängt wohl ursprünglich zusammen mit babylonisch *kalu*, sumerisch *gallu*. So hießen die Priester der Inanna-Ischtar

174 Vgl. im Kleinen Pauly I Sp. 1165 unter: Chronograph vom J. 354

175 Hipp. *Ref.* (s. o. Anm. 28) 5,8, zitiert in: Die Gnosis S. 355. Vgl. auch Firmicus Maternus *De errore profanarum religionum* – Vom Irrtum der heidnischen Religionen 2,3ff., lat.-dt. von K. Ziegler. München 1953

176 Pseudo-Chrysostomus bei H. Rahner, Griechische Mythen in christlicher Deutung. Zürich 1966, S. 176

177 Vgl. M. Eliade, Schamanismus und archaische Ekstasetechnik. Zürich 1957; ders., Das Mysterium der Wiedergeburt. Frankfurt 1988

178 Felicitas D. Goodman (USA) in einer Sendung des Österreichischen Fernsehens 1989. – Vgl. auch E. Weigert-Vowinkel, The Cult and Mythology of the Magna Mater from the Standpoint of Psychoanalysis. In: Psychiatry 1, Washington 1938, S. 347–378; H. Cancik (Hg.), Rausch, Ekstase, Mystik. Grenzformen religiöser Erfahrung. Düsseldorf 1978

179 Vgl. E. Neumann, Die Große Mutter. Olten–Freiburg 1985 S. 246f. sowie C. G. Jung, Heros und Mutterarchetyp, Grundwerk C. G. Jung Bd. 8. Olten–Freiburg 1985 S. 281ff.

180 Minucius Felix, *Octavius* 22,4; Augustinus *De civitate Dei* – Vom Gottesstaat 7,24ff.

181 Firmicus Maternus, *De errore profanarum religionum* – Vom Irrtum der heidnischen Religionen 18; auch bei Clemens von Alexandrien, *Protreptikos* 2,14

182 Auch der Isismyste Lucius erlebt bei der Einweihung eine Katabasis, vgl. u. S. 183

183 Auf den Andromeda-Mythos gedeutet von K.-H. Hunger, Das Geheimnis der Portlandvase. München 1988

184 Salustios, *De diis et mundo* 4 (s. A. D. Nock, Sallustios concerning the Gods and the Universe. Cambridge 1926, gr.-engl.)

185 Einer Anhängerin der Großen Mutter zugeschrieben von F. Cumont (^{8}1981) S. 229 Anm. 50

186 Vgl. Horaz Oden 3,30,8f.

187 Die sog. Parabiago-Platte, abgebildet in: Spätantike und frühes Christentum (s. o. Anm. 105) Nr. 138 auf S. 530; Vgl. Abb. auf S. 142 dieses Buches.

188 Julian, Rede auf die Göttermutter (*Or.* 5), Salustios *De diis et mundo* (vgl. Anm. 184), Porphyrios, *De antro nympharum* – Von der Nymphengrotte

189 Vgl. F. Cumont (^{8}1981) S. 148–177 über Astrologie und Magie

190 Arnobius 7, 32, vgl. F. Cumont S. 57ff.; 230 Anm. 58

191 Vgl. R. Klein, Symmachus. Eine tragische Gestalt des ausgehenden Heidentums. Darmstadt (Impulse der Forschung 2) 1971

192 Der Name, von *tauros* – Stier, und *bolē*, Wurfleine, Lasso, geht

zurück auf den urtümlichen Brauch einer Jagd mit Stierfang, wie sie auf dem mykenischen Becher von Vaphio abgebildet ist, bei der eines der Beutetiere geopfert wurde. Zur Entwicklung des Tauroboliums vgl. R. Duthoy (1969)

193 Prudentius *Peristephanon* X 1006–1050, bei H. Hepding (1903) S. 51

194 Der goldene Esel – *Metamorphosen* 11,24,4. Die Parallele zeigt, daß man beim Tauroboliendatum nicht an den realen Geburtstagstermin zu denken hat, was bei einem gemeinsamen Datum von Vater und Sohn (vgl. G. Sfameni Gasparro [1985] S. 114) auch schwer denkbar ist. Man wird einen Wiedergeburts- und Erlösungscharakter des Tauroboliums nicht in Abrede stellen können.

195 Firmicus Maternus 27,8

196 Die Inschrift des S. Agesilaus Aedesius aus Rom, vgl. R. Duthoy (1969) Nr. 23, S. 18. *Renati*, wiedergeboren, sind auch die Isis- und Mithrasmysten, ohne daß an christliche Beeinflussung zu denken wäre. Vgl. auch L. Bösing, Zur Bedeutung von *renasci* in der Antike. In: Museum Helveticum 25,1968, S. 145–178, bes. S. 169

197 Aug. *De civitate Dei – Vom Gottesstaat* 7,24

V. Isis und Osiris und die Isismysterien im Römischen Reich

198 Vgl. Plutarch, Über Isis und Osiris (gewöhnlich zitiert: *De Iside et Osiride*) mit verschiedenen Deutungen, dazu W. Burkert (1987) S. 84 f. Außerdem Firmicus Maternus *De errore profanarum religionum* – Vom Irrtum der heidnischen Religionen Kap. 2; Diodor 1,11 ff.

199 Der Name bedeutet «Thron», vgl. M. Münster (1968) S. 190. So ist Isis «die Mutter des Thrones» und das Vorbild weiser Regentschaft.

200 In seiner Person spiegelt sich der Antagonismus zwischen Ober- und Unterägypten sowie zwischen den Ackerbauern des Niltales und den eindringenden Jägernomaden. Die Griechen setzten Seth mit dem drachenköpfigen Titanen Typhon gleich, der gegen Zeus und die Olympier kämpfte und in den Tartaros geschleudert wurde. Er sollte unter dem Ätna liegen und dessen

Ausbrüche verursachen. Vgl. Hesiod *Theogonie* 820ff.; Plut. *Is.* 27; 30; H. Kees, Horus und Seth als Götterpaar. Leipzig 1923; H. te Velde, Seth, God of Confusion. Leiden 1967.

201 Hier spiegeln sich alte wirtschaftliche und kulturelle Beziehungen. Zedernholz und Zedernöl (zur Einbalsamierung) wurden nach Ägypten importiert, von wo Papyrus nach Byblos kam und dort zu Schreibmaterial verarbeitet wurde (daher βίβλιον – *biblion*, Buch, «Bibel»). Der Kult des Adonis zu Byblos wies Ähnlichkeiten zum Osiriskult auf, was Lukian auffiel (*De dea Syria* – Von der syrischen Göttin Kap. 6). Vgl. auch Th. Hopfner im Kommentar zu Plutarchs *Über Isis und Osiris* (1941) S. 50ff.

202 In 14 Teile, vgl. Plut. *Is.* 42: «Dies deuten die Ägypter auf die 14 Tage der Abnahme vom Vollmond bis zum Neumond.» Es mag sich dahinter auch der neolithische Brauch verbergen, ein zerstückeltes Opfertier auf die Äcker zu bringen, ein Fruchtbarkeitsritus. – Vgl. auch C. G. Jung, Heros und Mutterarchetyp. Olten–Freiburg 1985, Bd. 8 S. 81ff.

203 Vgl. Plut. *Is.* 40 und den Osirishymnus Nr. 213 V. 83ff. in: Ägyptische Hymnen und Gebete, hg. von J. Assmann. Zürich–München 1975, S. 446ff.

204 Vgl. J. Bergman (1968) S. 145

205 Vgl. M. Münster (1968) S. 193

206 Vgl. E. Neumann, Die Große Mutter. Olten–Freiburg 1985, S. 256: «Das Weibliche als Große Mutter ist die ‹Jungfrau› als das schöpferische Prinzip in seiner Unabhängigkeit vom persönlichen Mann.» – Vgl. auch J. Bergman (1968) S. 274f.

207 Vgl. M. Münster (1968) S. 196

208 Etwa seit der Ersten Zwischenzeit am Ende des Alten Reiches 2190–2052

209 Spruch 130 aus: Das Totenbuch der Ägypter, hg. von E. Hornung. Zürich–München 1979

210 Vgl. Anm. 209 sowie E. Hornung (Hg.), Ägyptische Totenbücher. Zürich–München 1972; A. Champdor, Das Ägyptische Totenbuch. München 1987

211 Hymne an Osiris (vgl. Anm. 203)

212 Her. 2,170f.

213 Vgl. dazu J. Bergman (1968) S. 230ff. sowie S. Morenz, Die

Zauberflöte. Eine Studie zum Lebenszusammenhang Ägypten–Antike–Abendland. Münster–Köln 1952, S. 78ff.

214 Vgl. F. Cumont ([8] 1981) S. 90 mit Anm. 98 auf S. 248

215 Vgl. Firmicus Maternus (s. Anm. 181) Kap. 27. Kleine «Osirismumien» dieser Art wurden als Auferstehungssymbole in Gräber gelegt.

216 Vgl. Th. Hopfner im Kommentar zu Plut. *Is.* S. 61 ff.

217 Abbildungen des Osiris, der sich von der Bahre erhebt, bei Th. Hopfner (1941) S. 132f.

218 Ebd. S. 87

219 Vgl. Plut. *Is.* 35; Her. 2,42; 48

220 Spruch 190 im Ägyptischen Totenbuch (s. Anm. 209); A. Champdor (Anm. 210) Kap. CXC auf S. 80

221 Inschrift am Geburtshaus in Philae, vgl. J. Bergman (1968) S. 169f. Diese «Allmachtsformeln» betonen den Charakter der Isis als Universalgöttin.

222 Tac. *Historien* 4,83ff.; Plut. *Is.* 28f. – Der Name Dis (von *dives* – reich, fruchtbar) entspricht im griechischen Pluton, Name des Unterweltsherrschers Hades, vgl. o. S. 49

223 Tac. *Hist.* 4,81f. – Sarapis als «Sohn Saras» vgl. Firmicus Maternus Kap. 13

224 Vgl. Diodor 1,25,6; Minucius Felix, *Octavius* 22; Th. Hopfner im Kommentar zu Plut. *Is.* S. 90ff.

225 Plut. *Is.* 27

226 Vgl. R. Merkelbach, Isisfeste in griechisch-römischer Zeit. Daten und Riten. Beiträge zur Klass. Phil. 5. Meisenheim 1963, S. 39ff.

227 Vgl. F. Cumont ([8] 1981) Tafel III Nr. 5.

228 Nach Plut. *Is.* 4 trugen die Priester (und die Gläubigen bei Kultfeiern) leinene Gewänder, da sie besonders reinlich (und daher gesund) waren und der Flachs nicht, wie die Wolle von Schafen, von Überflüssigem stammte. Aus diesem Grunde würden sich auch die Priester den Kopf scheren. Es sei reinlich und entlaste von Überflüssigem. Die Isisjünger ließen sich auch in ihrem Leinengewand bestatten, wie später fromme Christen in einer Kutte.

229 Vgl. Apuleius, *Metamorphosen* (Der goldene Esel) 11,5,2, s. o. S. 176f.

230 Vgl. Plut. *Is.* 9 und Schillers Ballade «Das verschleierte Bild zu Sais»

231 Aus der sog. Isis-Aretalogie von Kyme (Aretalogie: «Tugendkatalog», Litanei, in der ersten Person abgefaßt als Selbstoffenbarung der Gottheit wirkend). Der Originaltext befand sich im Tempel zu Memphis; in griechischen Fassungen rühmt sich die Göttin auch der Einführung der Mysterien. Der griechische Text bei M. Totti (1985) S. 1ff. sowie J. Bergman (1968) S. 301ff.

232 Tibull 1,3,23ff. Vgl. auch Properz 2,33; Ovid, *Amores* – Liebesgedichte 1,8,73f.

233 Juvenal 6,522ff.

234 Plut. *Is.* 53; *Myrionymos* die Vielnamige u. a. in Köln auf einer Statuenbasis aus einem Isistempel unter St. Gereon (4. Jh. n. Chr.).

235 Inschrift des 2. Jh v. Chr. aus Thessalonike, vgl. G. Hölbl (1983) S. 109 Anm. 35

236 Firmicus Maternus Kap. 22 und 2

237 Inschrift aus S. Maria Capua Vetere (CIL X 3800). Sie offenbart eine henotheistische Auffassung, d. h. die Verehrung eines Gottes, der als Hauptgott die vielen vorhandenen Götter in sich faßt. Der Isiskult mit seinem betonten Universalanspruch stellt schon die Vorstufe zum Monotheismus dar, dem ausschließlichen Eingottglauben.

238 Plut. *Is.* 2

239 *Apologia* 55,5

240 Augustinus warnt vor Leuten, die angebliche heidnische Wundertaten, wie die des *magus* Apuleius von Madaura, mit den biblischen Wundern vergleichen, vgl. Briefe 102,32; 136,1; 138,19

241 Isis-Aretalogie von Kyme (s. Anm. 231) § 55f.

242 Buch 4,28 – Buch 6,24. – Vgl. R. Merkelbach (1962) S. 1–72. – Die verschiedenen Deutungen in: Das Märchen von Amor und Psyche (dtv zweisprachig), hg. von C. Loehning. München 1980. – Allg. zum Werk des Apuleius s.: Die römische Literatur in Text und Darstellung. Kaiserzeit I, hg. von W. Kißel. Stuttgart 1985, S. 258ff.

243 Vgl. auch den Sammelband: Amor und Psyche, hg. von G. Bin-

der und R. Merkelbach. Wege der Forschung 126, Darmstadt 1968

244 11,2ff. Vgl. hierzu und zum folgenden W. Wittmann (1938) S. 9ff. – Zu den Gestalten der Prozession ebd. S. 40ff.

245 Vor allem von Tertullian und Augustinus, Afrikanern wie Apuleius, vgl. W. Wittmann (1938) S. 81ff. – Zum Begriff der *curiositas* vgl. A. Wlosok, Zur Einheit der Metamorphosen des Apuleius, in: Philologus 113,1969, S. 68–84

246 Die Vermutung, dieser Text sei ein Symbolon, eine Bekenntnisformel ähnlich wie in Eleusis und im Kybele-Attiskult, äußert M. Dibelius (1917) S. 7ff.

247 Vgl. M. Münster (1968) S. 96

248 Vgl. F. Cumont ([8]1981) Tafel IV Nr. 4

249 Vgl. das Mythenschema in C. G. Jung, Grundwerk Bd. 8, Olten–Freiburg 1985, S. 53

250 Unterer Priesterrang, ‹Diakon›, bestand schon seit Sullas Zeit (1. Jh. v. Chr.). Die Mitglieder waren in weltlichen Stellungen tätig, bei Prozessionen trugen sie Kultgegenstände. – Vgl. H.-B. Schönborn, Die Pastophoren im Kult der ägyptischen Götter. Beiträge zur Klass. Phil. 80. Königstein 1976

251 Vgl. auch F. Solmsen (1979) S. 109ff.

252 Dt. in: Apuleius: Der goldene Esel / Metamorphosen, lat.-dt. von E. Brandt und W. Ehlers. Zürich–München [3]1980, S. 528–566

253 Vgl. A. Lesky, Apuleius von Madaura und Lukios von Patrai, in: Gesammelte Schriften. Bern–München 1966, S. 549–578; H. van Thiel, Abenteuer eines Esels oder die Verwandlung des Lukios. München 1972

254 Vgl. R. Merkelbach (1962); T. Hägg, Eros und Tyche. Der Roman in der antiken Welt. Mainz 1987 (mit ausführl. Lit.); N. Holzberg, Der antike Roman (Artemis-Einführungen). München–Zürich 1986. Vgl. auch W. Burkert (1987), S. 66f.

255 Xenophon von Ephesos, Abrokomes und Anthia, übers. von B. Kytzler. Leipzig 1986 (vgl. hierzu auch das Nachwort von W. Kirsch), ebenfalls in: B. Kytzler (Hg.), Im Reiche des Eros. Sämtliche Liebes- und Abenteuerromane der Antike. München 1983. – Als «Xenophon's Isiac Romance» wird der Roman bezeichnet von R. E. Witt (1971), S. 243–254

256 Heliodor, Die äthiopischen Abenteuer von Theagenes und Charikleia, übers. von H. Gasse. Stuttgart 1972, B. 2 Kap. 23,6; 29,2

257 Die Thematik geht auch ins christliche Erzählgut über. Dies zeigt die *Historia Apollonii regis Tyri – Die Geschichte vom König Apollonius von Tyrus* (dtv zweisprachig, hg. von F. P. Waiblinger. München 1978) – die christliche Überarbeitung eines heidnischen Romans mit dem Motto: «Von zeitlicher Trübsal, die sich schließlich in ewige Freude wandelt.»

258 Unter Tiberius gab es einen Skandal, als ein römischer Ritter die Priester bestach, um sich einer Dame in der Maske des Gottes Anubis nähern zu können. Der Kaiser ließ den Isistempel schließen, die Priester verbannen oder töten. – Kaiser Caracalla nahm Isis 212 n. Chr. unter die Staatsgötter auf.

259 Verg. Aen. 8,696 ff. – Kleopatra ließ sich auf Münzen mit Caesarion als Isis und Horus darstellen und als «Gottesmutter mit ihrem Sohn» bezeichnen.

260 Vgl. A. Alföldi, A Festival of Isis in Rome under the Christian Emperors of the IV th Century. Budapest 1937

261 Vgl. G. Hölbl (1984): Die Auseinandersetzungen zwischen Heidentum und Christentum [in Ägypten], S. 105 ff.

262 Vgl. z. B. Rudolf Steiner, Isis und Madonna. Dornach 1955; ders., Ägyptische Mythen und Mysterien. Dornach 1931

VI. Die Mysterien des Mithras

263 Vgl. F. Cumont (⁸1981) Tafel III Nr. 2

264 Vgl. M. Eliade (1978) I 298 ff. – Mithras als Schützer der Verträge erscheint in einem Vertragstext der Hethiter aus dem 14. Jh. v. Chr.

265 Vgl. G. Binder, Die Aussetzung des Königskindes. Kyros und Romulus. Meisenheim 1964 (Beiträge zur Klass. Phil. 10)

266 *Leben des Pompeius* 24. – Auf Mithrasverehrung in Kleinasien geht auch der Königsname Mithridates zurück. Zur Verbreitung im römischen Germanien vgl. E. Schwertheim (1979) S. 26 f. – Neuere Funde: Mithräum von Pons Aeni bei Rosenheim, 1978–80 ausgegraben, vgl. J. Garbsch (1985); bei Mundelsheim Kr. Ludwigsburg, vgl. D. Planck in: Archäol. Ausgrabungen in

Baden-Württemberg 1989, hg. vom Landesdenkmalamt B.-W., Stuttgart 1990, S. 177–183. 1997 wurde ein Mithräum bei Doliche in Kleinasien entdeckt.

267 Den Einfluß dieses Weltbildes auf das Denken und die Religion betont L. H. Martin (1987) S. 8 ff.; 156 f. Vgl. auch E. R. Dodds, Heiden und Christen in einem Zeitalter der Angst. Frankfurt 1985; R. Merkelbach (1984) S. 215 ff.

268 Vgl. Plut. *Is.* 46: «Die Perser nennen den Mithras Mittler (Mesítēs)» d. h. zwischen der Welt des Lichtes und der Welt der Materie.

269 Kaiser Julian läßt in seiner Schrift *Caesares* – Das Gastmahl der Caesaren – den Gott Hermes so zu ihm selber sprechen (336 C).

270 Schon in Persien waren ihm die Tage der Sommer- und Wintersonnenwende heilig. Am 25. Dezember wurde seit Kaiser Aurelians Einführung des Sonnenkultes auch der Geburtstag des *Sol invictus*, des unbesiegbaren Sonnengottes, gefeiert, der vielfach mit Mithras gleichgesetzt wurde.

271 Vgl. M. Vermaseren (1965) S. 146. – Das Stiertragen wurde wohl als symbolische Szene bei der Einweihung nachvollzogen, vgl. R. Merkelbach (1984) S. 93

272 Vgl. R. Merkelbach (1984) S. 130. – Zum Verhältnis Sol-Mithras, das nicht eindeutig festgelegt scheint, vgl. M. Vermaseren (1965) S. 56, E. Schwertheim (1979) S. 41 f., R. Merkelbach (1984) S. 201, Ulansey (1998) S. 92–98. – Man kann auch an eine «Zweieinigkeit denken, mit Mithras als dem personhaft wirkenden alter ego des Sonnengottes.

273 Beide Zeitpunkte spielen auch im Isis-und-Osiris-Mythos eine Rolle, vgl. o. S. 156 f.

274 Vgl. G. Seiterle, Die Urform der phrygischen Mütze, in: Antike Welt 16, Heft 3, 1985, S. 3–13

275 Heros und Mutterarchetyp, in: Grundwerk C. G. Jung Bd. 8, Olten–Freiburg 1985, S. 286, 288. – Eine Identität erwägt auch M. Vermaseren (1965), vgl. S. 54, 83. An Perseus, der von der Gorgo wegschaut, als Vorbild denkt Ulansey (1998) S. 30 ff.

276 Mithräum von S. Prisca in Rom, Ende des 2. Jh. n. Chr. eingerichtet, wohl das Haupttheiligtum der römischen Mithrasanhänger, vgl. M. Vermaseren (1965) S. 31 ff.

277 Z. B. Firmicus Maternus und Tertullian

278 Abb. 32 und 33 bei E. Schwertheim (1979). Das Göttermahl: Abb. 70, 103, 118 bei R. Merkelbach (1984). Das Mahl der Mysten mit Tiermasken: Abb. 148 ebd.

279 Firmicus Maternus *De errore profanarum religionum – Vom Irrtum der heidnischen Religionen* versteht *Nymphus* als *sponsus*, Bräutigam, und verweist auf Christus, den wahren Bräutigam. Ein Relief mit Amor und Psyche (vgl. R. Merkelbach (1984) Abb. 27 und S. 92) zeigt eine männliche Psychegestalt mit Schmetterlingsflügeln und einem Frauengewand, die von Amor offenbar dem Gott zugeführt wird. Im platonischen Phaidrosmythos sollen der Seele für ihren Aufstieg Flügel wachsen.

280 *De corona – Vom Kranz* 15

281 Das sog. Kultschwert von Riegel, vgl. E. Schwertheim (1979) S. 72–74 mit Abb. 38. – Von Kaiser Commodus heißt es, er habe die Mithrasmysterien entweiht, indem er einen Mord verübte, während dergleichen dort nur vorgespiegelt würde, um Schrecken zu erregen (Historia Augusta, Vita Commodi 9,6).

282 Vgl. E. Schwertheim (1979) S. 66

283 Aus dem Mithräum von S. Maria Capua Vetere, vgl. E. Schwertheim (1979) Abb. 46 auf S. 32

284 Her. 1, 136

285 Vgl. A. Dieterich, Eine Mithrasliturgie. Leipzig–Berlin 1923, S. 8; 65. Der Text ist auf einem Zauberpapyrus erhalten und bietet ein «Privatmysterium» mit magischen und hermetischen Elementen, in denen das visionäre Erlebnis einer «Himmelsreise» beschrieben wird. Vgl. auch W. M. Brashear (1992); W. Fauth, Helios Megistos. Zur synkretistischen Theologie der Spätantike. Leiden – New York – Köln 1995, S. 7–33

286 Die Versinschrift bei M. Vermaseren (1965) S. 111 f.

287 Vgl. F. Altheim, Der unbesiegte Gott. Hamburg 1957

288 Vgl. L. Vidman, Isis, Mithras und das Christentum. In: Das Korpus der griechischen christlichen Schriftsteller. Berlin 1977, S. 237–242

289 E. Renan, Marc-Aurèle et la fin du monde antique. Paris 1929, S. 579

290 Vgl. die These von E. Wynne Tyson, The Fellow in the Cap. London 1958, der von Konstantin eingeführte Christengott sei

eher mit dem kämpferisch-herrscherlichen Mithras-Sol invictus zu vergleichen als mit dem schlichten, milden Prediger aus Galiläa.

291 Z. B. die Purpurhändlerin Lydia in Philippi (Apg. 16,14), oder Prisca, die Frau des Aquila, in Korinth und Ephesus (Apg. 18,2 f.). Als sich überall eine christliche Hierarchie gebildet hatte, brauchte man die Frauen weniger, und ihr Einfluß nahm ab.

292 *De praescriptione haereticorum* – Vom Einwand gegen die Häretiker 40, vgl. R. Merkelbach (1984) S. 133, 189 f.; M. Clauss (1986) S. 267 ff., ebd. auch über Justin, Apologie 1,66

293 Vgl. R. Merkelbach (1984) S. 245 Anm. 2

294 *Protreptikos* XII 119,1, Motto des Aufsatzes von H. Rahner, Das christliche Mysterium und die heidnischen Mysterien, in: Griechische Mythen in christlicher Deutung. Freiburg u. a. 1992, der umfassend über Christentum und Mysterien informiert. Vgl. auch K. Prümm, Religionsgeschichtliches Handbuch für den Raum der altchristlichen Umwelt. Freiburg 1943; B. M. Metzger, Considerations of Methodology in the Study of the Mystery Religions and Early Christianity. In: The Harvard Theological Review XLVIII 1955, S. 1–20

295 1. Korinther 15,19

296 Joh. 3,1–10

297 Vgl. E. Peterson, Frühkirche, Judentum und Gnosis. Freiburg 1959, ND Darmstadt 1982; H. Jonas, Gnosis und spätantiker Geist. Göttingen [2]1964; K. Rudolph (Hg.), Gnosis und Gnostizismus (Wege der Forschung Bd. 262). Darmstadt 1975; C. Andresen (Hg.), Die Gnosis. Zürich–München [2]1979; P. Koslowski (Hg.), Gnosis und Mystik in der Geschichte der Philosophie. Zürich–München 1988

298 Vgl. B. Vaillant, Westliche Einweihungsriten. München 1986

299 Aus einem dem Plutarch zugeschriebenen Fragment (vgl. F. Graf, Eleusis und die orphische Dichtung Athens in vorhellenistischer Zeit. Berlin–New York 1974, S. 132 ff.). Sterben, τελευτᾶν – *teleutān*, wird hier mit dem Eingeweihtwerden, mit der Mysterienweihe, τελετή – *teletē*, verglichen. – Zu den «Sterbevisionen» vgl. u. a. R. A. Moody, Leben nach dem Tod. Stuttgart–Hamburg–München 1978, S. 72 ff.

Bibliographie

Allgemeine Literatur

S. Angus, The Mystery Religions and Christianity. London 1925
U. Bianchi, The Greek Mysteries. An Iconography. Leiden 1976
J. N. Bremmer, Götter, Mythen und Heiligtümer im antiken Griechenland, Darmstadt 1996
W. Burkert, Griechische Religion der archaischen und klassischen Epoche. Stuttgart–Berlin–Köln–Mainz 1977
W. Burkert, Antike Mysterien. Funktion und Gehalt. München 1990 / Darmstadt [3]1994
F. Cumont, Die orientalischen Religionen im römischen Heidentum. Darmstadt [9]1989
M. Eliade, Geschichte der religiösen Ideen Bd. 1 und 2. Freiburg–Basel–Wien 1978 / 1979
M. Eliade, Schamanen, Götter und Mysterien. Freiburg 1992
L. R. Farnell, The Cults of the Greek States. Oxford 1896–1909 Bd. III und V
M. L. Freyburger-Galland, Sectes religieuses en Grèce et à Rome dans l'Antiquité païenne. Paris 1986
L. M. Giani, Heilige Leidenschaften. Mythen, Kulte und Mysterien. München 1994
J. Godwin, Mystery Religions in the Ancient World. London 1981
F. Graf (Hg.), Ansichten griechischer Rituale. Stuttgart–Leipzig 1998
F. Graf, Griechische Mythologie, Düsseldorf 1999
O. Kern, Die griechischen Mysterien der klassischen Zeit. Berlin 1927
H. Kloft, Mysterienkulte der Antike. Götter – Menschen – Rituale. München 1999
Chr. A. Lobeck, Aglaophamus sive de theologiae mysticae Graecorum causis – Drei Bücher über die Grundlagen der Mysterien-

religionen der Griechen mit einer Sammlung der Fragmente der orphischen Dichter. Liber primus: Eleusinia. Liber secundus: Orphica. Liber tertius: Samothracia. Königsberg 1829, ND Darmstadt 1961 (2 Bde.)

L. M. Martin, Hellenistic Religions. An Introduction. New York–Oxford 1987

B. Metzger, A. Classified Bibliography of the Graeco-Roman Mystery Religions 1924–1973 with a Supplement 1974–1977. In: Aufstieg und Niedergang der römischen Welt (= ANRW), hg. von W. Haase. II 17.3, Berlin–New York 1984, S. 1259–1423

M. W. Meyer (Hg.), The Ancient Mysteries. A source book. Sacred texts of the mystery religions of the ancient Mediterranean world. New York 1987

M. P. Nilsson, Geschichte der griechischen Religion (Handbuch der Altertumswissenschaften V, 2,1). München [4]1974

A. D. Nock, Conversation. The Old and the New in Religion from Alexander the Great to Augustine of Hippo. Oxford 1933

R. Pettazzoni, I Misteri. Saggio di una teoria storico-religiosa. Bologna 1924

R. Reitzenstein, Die hellenistischen Mysterienreligionen nach ihren Grundgedanken und Wirkungen. Leipzig–Berlin [3]1927

E. Rohde, Psyche. Seelencult und Unsterblichkeitsglaube der Griechen. Tübingen 1925, ND Darmstadt 1980

C. Schneider, Die antiken Mysterien nach ihrer Einheit und Vielfalt. Wesen und Wirkung der Einweihung. Hamburg 1979

R. Turcan, The Cults of the Roman Empire. Oxford 1996

N. Turchi (Hg.), Fontes historiae mysteriorum aevi Hellenistici e Graecis et Latinis scriptoribus. Roma 1923

N. Turchi, Le religioni misteriosofiche del mondo antico. Roma 1923

M. J. Vermaseren (Hg.), Die orientalischen Religionen im Römerreich. Etudes préliminaires aux religions orientales dans l'Empire romain (= EPRO) 93. Leiden 1981

U. v. Wilamowitz-Moellendorff, Der Glaube der Hellenen. Berlin 1932, ND Darmstadt [3]1959

H. Willoughby, Pagan Regeneration. A Study of Mystery Initiations in the Graeco-Roman World. Chicago 1960

Zu I.: Die Mysterien von Eleusis

L. J. Alderink, The Eleusinian Mysteries in Roman Imperial Times, in: ANRW II 18.2, 1989, S. 1457–1498
W. Burkert, Homo necans. Interpretationen altgriechischer Opferriten und Mythen. Berlin–New York 1972
K. Clinton, Myth and Cult. The Iconography of the Eleusinian Mysteries. Stockholm 1992
K. Deichgräber, Eleusinische Frömmigkeit und homerische Vorstellungswelt im Homerischen Demeterhymnus. Abhandl. d. Akad. d. Wiss. Mainz 1950 Nr. 6. Wiesbaden 1950
L. Deubner, Attische Feste. Berlin 1932
Chr. Gallant, A Jungian Interpretation of the Eleusinian Myths and Mysteries, in: ANRW II 18.2, 1989, S. 1540–1563
F. Graf, Eleusis und die orphische Dichtung Athens in vorhellenistischer Zeit. Religionsgeschichtliche Versuche und Vorarbeiten Bd. 33, Berlin–New York 1974
V. Hinz, Der Kult von Demeter und Kore auf Sizilien und in der Magna Graecia. Berlin 1998 (Palilia Bd. 4)
K. Kerényi, Die Mysterien von Eleusis. Zürich 1962
K. Kerényi, Eleusis. Archetypical Image of Mother and Daughter. London–New York 1967
D. Lauenstein, Die Mysterien von Eleusis. Stuttgart 1987
G. E. Mylonas, Eleusis and the Eleusinian Mysteries. Princeton 1961
E. Neumann, Die Große Mutter. Eine Phänomenologie der weiblichen Gestaltungen des Unbewußten. Zürich 1956, Olten–Freiburg 1985
M. P. Nilsson, Die eleusinischen Gottheiten (1935). In: Opuscula Selecta II. Lund 1952, S. 542–623
F. Noack, Eleusis. Die baugeschichtliche Entwicklung des Heiligtums. Berlin–Leipzig 1927
I. Riedel, Demeters Suche. Mütter und Töchter. Zürich 1986
G. Sfameni Gasparro, Misteri e culti mistici di Demetra. Roma 1986
Chr. Sourvinou-Inwood, Reconstructing change: ideology and the Eleusinian Mysteries, in: M. Golden / P. Toohey (Hg.), Inventing Ancient Culture. London–New York 1997, S. 132–164
G. Weiler, Der enteignete Mythos. München 1985

Zu II.: Dionysos und seine Mysterien

W. Burkert u. a., Orphism and Bacchic Mysteries: New Evidence and old Problems of Interpretation. Univ. of California, Colloqui. 28. Berkeley 1977

M. Detienne, Dionysos. Göttliche Wildheit. Frankfurt a. M. 1992

E. R. Dodds, Die Griechen und das Irrationale. Darmstadt 1970

R. Eisler, Orphisch-dionysische Mysteriengedanken in der christlichen Antike. Leipzig 1925, ND Hildesheim 1966

A. J. Festugière, Les mystères de Dionysos. Paris 1935 / Berkeley (Sather Lectures 26) 1954

W. K. C. Guthrie, Orpheus and Greek Religion. London ²1952

F. W. Hamdorf, Dionysos-Bacchus. Kult und Wandlungen des Weingottes. München 1986

W. Heilmann. Coniuratio impia. Die Unterdrückung der Bacchanalia als Beispiel für römische Religionspolitik. In: Der altsprachliche Unterricht 28 (2) 1985, S. 22–37

H. Jeanmaire, Dionysos, Histoire du culte de Bacchus. Paris 1951

K. Kérenyi, Dionysos, Urbild des unzerstörbaren Lebens. München–Wien 1976

O. Kern, Orphicorum fragmenta. Berlin 1922, ND Dublin–Zürich 1972

R. S. Kraemer, Ecstasy and Possession. The Attraction of Women to the Cult of Dionysos. In: The Harvard Theological Review 72, 1979, S. 66–80

I. M. Linforth, The Arts of Orpheus. Berkeley 1941

F. Matz, Dionysiakē Teletē. Archäologische Untersuchungen zum Dionysoskult in hellenistischer und römischer Zeit. Abhandl. d. Akad. d. Wiss. Mainz 1963 Nr. 15. Wiesbaden 1963

R. Merkelbach, Die Hirten des Dionysos. Die Dionysos-Mysterien der römischen Kaiserzeit und der bukolische Roman des Longos. Stuttgart 1988

M. P. Nilsson, The Dionysiac Mysteries of the Hellenistic and Roman Age. Lund 1957

W. F. Otto, Dionysos. Mythos und Kultus. Frankfurt a. M. 1933, ⁴1980

R. J. Rousselle, The Roman Persecution of the Bacchic Cult 186–180 B. C. Ann Arbor (Mich.) 1982

M. Schmidt u. a., Eine Gruppe apulischer Grabvasen in Basel. Basel 1976
R. Seaford, Dionysiac Drama and the Dionysiac Mysteries. In: Classical Quarterly 31, 1981, S. 252–275
E. Simon, Zum Fries der Mysterienvilla bei Pompeji. In: Jahrbuch des Dt. Archäol. Inst. 76, 1961, S. 111–172
R. Turcan, Du nouveau sur l'initiation dionysiaque. In: Latomus 24, 1965, S. 101–119

Zu III.: Die Mysterien von Samothrake

H. Ehrhardt, Samothrake. Heiligtümer in ihrer Landschaft und Geschichte als Zeugen antiken Geisteslebens. Stuttgart 1985
H. Gsänger, Mysterienstätten der Menschheit. Samothrake. Freiburg 1960
S. Guettel Cole, The Samothracian Mysteries and the Samothracian Gods: Initiates, Theoroi and Worshippers. Ann Arbor (Mich.) 1976
S. Guettel Cole, Theoi Megaloi. The Cult of the Great Gods of Samothrake. Leiden 1984 (EPRO Nr. 96)
S. Guettel Cole, The Mysteries of Samothrake during the Roman Period, in: ANRW II 18.2, S. 1564–1598
B. Hemberg, Die Kabiren. Uppsala 1950
K. Lehmann, Samothrace. A Guide to the Excavations and the Museum. New York [4]1975
Th. von Scheffer, Die Mysterien von Samothrake. In: Hellenistische Mysterien und Orakel. Stuttgart 1940, S. 71–93

Zu IV.: Die Große Mutter Kybele und Attis

F. Boemer, Kybele in Rom. Die Geschichte ihres Kultes als politisches Phänomen. In: Römische Mitteilungen des Dt. Archäol. Inst. 71, 1964, S. 130–151
R. Duthoy, The Taurobolium. Its Evolution and Terminology. Leiden 1969 (EPRO 10)
H. Graillot, Le culte de Cybèle, Mère des Dieux. Paris 1912

H. Hepding, Attis, seine Mythen und sein Kult. (Religionsgeschichtliche Versuche und Vorarbeiten 1). Gießen 1903 (mit Quellen) ND 1967
B. Johnson, Die Große Mutter in ihren Tieren. Olten–Freiburg 1990
K. Kerényi, Arbor intrat. In: Apollon und Niobe. Werke in Einzelausgaben Bd. IV. München–Wien 1980, S. 420–426
F. Naumann, Die Ikonographie der Kybele in der phrygischen und griechischen Kunst. Istanbuler Mitteilungen Beiheft 28. Tübingen 1983
J. Podeman Sørensen, The Myth of Attis. In: ders., Rethinking Religion. Studies in the Hellenistic Process. Kopenhagen 1989, S. 23–29
G. Sanders, Kybele und Attis. In: M. J. Vermaseren, Die orientalischen Religionen im Römerreich. Leiden 1981, S. 264–297 (EPRO 93)
G. Sfameni Gasparro, Soteriology and mystic aspects in the Cult of Cybele and Attis. Leiden 1985 (EPRO 103) mit Lit.
D. Stutzinger, Kybele und Attis. In: Spätantike und frühes Christentum. Katalog der Ausstellung Liebieghaus Frankfurt a. M. 1983 (= Spätantike und frühes Christentum) S. 111–123 (mit Lit.)
G. Thomas, Magna Mater and Attis. In: ANRW II 17.3, 1984 S. 1500–1535 (mit Lit.)
M. J. Vermaseren, The legend of Attis in Greek and Roman Art. Leiden 1966 (EPRO 9)
M. J. Vermaseren, Cybele and Attis, the Myth and the Cult. London 1977
M. J. Vermaseren, Der Kult der Kybele und des Attis im römischen Germanien. Kleine Schriften des Limesmuseums Aalen Nr. 23. Stuttgart 1979
T. P. Wiseman, Cybele, Virgil and Augustus. In: T. Woodman / D. West, Poetry and Politics in the Age of Augustus. Cambridge u. a. 1984, S. 117–128
M. S. Woodley, The sacred precincts of Cybele. Diss. Univ. of California, Los Angeles 1989

Zu V.: Isis und Osiris und die Isismysterien im Römischen Reich

J. Bergman, Ich bin Isis. Studien zum memphitischen Hintergrund der griechischen Isisaretalogien. Uppsala 1968

U. Bianchi, Iside dea misterica. Quando? In: Perennitas. Studi in onore di A. Brelich. Rom 1980, S. 9–36

M. Dibelius, Die Isisweihe bei Apuleius und verwandte Initiationsriten. SB Heidelberger Akad. d. Wiss. 1917, 4. ND Tübingen 1956 (Botschaft und Geschichte Bd. 2)

J. Eingartner, Isis und ihre Dienerinnen in der Kunst der römischen Kaiserzeit. Mnemosyne Suppl. 115, Leiden 1991

A.-J. Festugière, Popular Piety. Lucius and Isis. In: Personal Religion among the Greeks. Berkeley–Los Angeles 1954, S. 68–84

J. Gwyn Griffiths, Apuleius of Madauros: The Isis-Book (Metamorphoses Book XI). Leiden 1975

G. Hölbl, Ägyptische Religionen im Römischen Reich. In: Spätantike und frühes Christentum S. 98–110

W. Hornbostel, Sarapis. Studien zur Überlieferungsgeschichte, den Erscheinungsformen und Wandlungen der Gestalt eines Gottes. Leiden 1973

R. Merkelbach, Roman und Mysterium in der Antike. München–Berlin 1962

R. Merkelbach, Isis regina – Zeus Sarapis. Stuttgart–Leipzig 1995

H.-W. Müller, Der Isiskult im antiken Benevent. Münchner Ägypt. Studien 16

M. Münster, Untersuchungen zur Göttin Isis vom Alten Reich bis zum Ende des Neuen Reiches. München 1968

A. D. Nock, Conversion. The Old and the New in Religion from Alexander the Great to Augustine of Hippo. London 1961

Plutarch's De Iside et Osiride, griech.-engl. mit Kommentar, hg. von J. Gwyn Griffiths. Cambridge 1970

Plutarch, Über Isis und Osiris. Übersetzung und Kommentar von Th. Hopfner. Prag 1941, ND Hildesheim 1974 / 1991

F. Solmsen, Isis among the Greeks and Romans. Harvard Univ. Press–Cambridge / Mass.–London 1979

S. A. Tacács, Isis and Sarapis in the Roman World. Leiden 1995

M. Totti, Ausgewählte Texte der Isis- und Sarapisreligion. Hildesheim 1985

Tran Tam Tinh, Essai sur le culte d'Isis à Pompéi. Paris 1964
L. Vidman, Isis und Sarapis bei den Griechen und Römern. Berlin 1970
L. Vidman, Isis und Sarapis. In: M. J. Vermaseren (Hg.), Die orientalischen Religionen im Römerreich. Leiden 1981, S. 121–156
R. E. Witt, Isis in the Graeco-Roman World. London–Ithaca / N. Y. 1971
W. Wittmann, Das Isisbuch des Apuleius. Forschungen zur Kirchen- und Geistesgeschichte 12. Suttgart 1938

Zu VI.: Die Mysterien des Mithras

R. Beck, Mithraism since Franz Cumont. In: ANRW II 17.4, 1984 S. 2002–2115 (mit Bibliogr.)
R. Beck, Planetary Gods and Planetary Orders in the Mysteries of Mithras. Leiden 1988 (EPRO 109)
U. Bianchi, La tipologia storica dei misteri di Mithra, in: ANRW II 17.4, 1984, S. 2116–2134
U. Bianchi (Hg.), Mysteria Mithrae. Leiden 1979 (EPRO 80)
U. Bianchi / M. Vermaseren, La soteriologia dei Culti Orientali nell' Impero Romano. Leiden 1981 (EPRO 92)
W. M. Brashear, A Mithraic Catechism from Egypt. Wien 1992 (Tyche Suppl. I)
L. A. Campbell, Mithraic Iconography and Ideology. Leiden 1968 (EPRO 11)
M. Clauss, Mithras und Christus. In: Historische Zeitschrift Bd. 243, 1986, S. 265–285
M. Clauss, Mithras, Kult und Mysterien. München 1990
M. Clauss, Cultores Mithrae. Die Anhängerschaft des Mithras-Kultes. Stuttgart 1992
F. Cumont, Textes et monuments figurés relatifs aux mystères de Mithra I–II. Brüssel 1896–1898
F. Cumont, Die Mysterien des Mithra. Leipzig [3]1923, ND Darmstadt [5]1981
J. Garbsch, Das Mithraeum von Pons Aeni. In: Bayer. Vorgeschichtsblätter 50, 1985, S. 355–462
R. L. Gordon, Reality, evocation and boundary in the Mysteries of

Mithras. In: Journal of Mithraic Studies 3. London 1980, S. 19–99
J. R. Hinnels (Hg.), Mithraic Studies I–II. Manchester 1975
I. Huld-Zetsche, Mithras in Nidda-Heddernheim. Archäolog. Reihe 6, Museum für Vor- und Frühgeschichte Frankfurt a. M., 1985
H. Koepf, Mithras oder Christus. Sigmaringen 1987
G. Lease, Mithraism and Christianity; Borrowings and Transformations. In: ANRW II 23.2, 1980, S. 1306–1332 (mit Lit.)
R. Merkelbach, Die Römischen Mithrasmysterien. In: Spätantike und frühes Christentum. 1983, S. 124–137
R. Merkelbach, Mithras. Königstein 1984, Wiesbaden 1998
L. Patterson, Mithraism and Christianity, a Study in Comparative Religion. Cambridge 1922
M. Rainer, Die Mithrasverehrung in Ostia. In: Klio LXVI 1984, S. 104–113
F. Saxl, Mithras. Typengeschichtliche Untersuchungen. Berlin 1931
A. Schütze, Mithras. Mysterien und Urchristentum. Stuttgart 1937, ND 1972
E. Schwertheim, Die Denkmäler orientalischer Gottheiten im römischen Deutschland. Leiden 1974 (EPRO 40)
E. Schwertheim, Mithras. Sondernr. Antike Welt, Jg. 10, 1979
M. Speidel, Mithras-Orion. Leiden 1980
R. Turcan, Mithras Platonicus. Leiden 1975 (EPRO 47)
R. Turcan, Mithra et le mithriacisme. Paris 1981
D. Ulansey, Die Ursprünge des Mithraskultes. Kosmologie und Erlösung in der Antike. Stuttgart 1998 / Darmstadt 1998
M. J. Vermaseren, Corpus inscriptionum et monumentorum religionis Mithriacae, 2 Bde. Den Haag 1956–1960
M. J. Vermaseren, Mithras. Geschichte eines Kultes. Stuttgart 1965
M. J. Vermaseren / C. C. van Essen, The Excavations in the Mithraeum of the Church of Santa Prisca in Rome. Leiden 1965
M. J. Vermaseren, Der Kult des Mithras im römischen Germanien. Kl. Schriften des Württ. Landesmuseums Nr. 10. Stuttgart 1974
M. Weiß, Als Sonne verkannt – Mithras. Osterburken 1996
G. Widengren, Reflections on the Origin of the Mithraic Mysteries. In: Perennitas. Studi in onore di A. Brelich. Rom 1980, S. 645–668